365일 자동 절약 시스템,
이런 분들에게 필요합니다!

자칭 오픈마켓
핫딜계의 큰손임을
자부하는
2030 전업주부

편의점에서 매일 하루 몇천 원씩
쓸데없는 거 사면서 소액소비만 하니까
자기는 사치 안 부린다고 생각하는
2030 직장인

일주일에 세 번 이상
외식하는 게 습관인
워킹맘

365일
자동 절약
시스템

카드 명세서가 오면
심장이 쿵 내려앉는
3040 전업주부

사회생활 5년 차 이상인데
아직도 통장 안 쪼개서
지출 통제가 안 되는 사람

마트 가면 이 달의
할인품목, 묶음상품은
죄다 사오는
전업주부

주변에서 돈 모아 재테크로
집 사는 거 보면
가슴이 타들어 가는 사람!

책을 읽은 후 궁금한 사항이 있다면 직접 질문해보세요.

오미옥 저자가 직접 답변해 드립니다.

👉 카카오톡 더보기 – 돋보기 클릭 – '머니잇수다' 검색 후 채널 탭에 나오는 머니잇수다로 질문해주세요.

👉 네이버 카페 '머니잇수다(http://cafe.naver.com/moneyitsuda)'의 가계부 Q&A 게시판에 질문해주세요.

365일
자동 절약 시스템

365일
자동 절약 시스템

오미옥 지음

무리하지 않으면서 푼돈을 목돈으로 만드는 비밀

BM 황금부엉이

가정경제 재무장관표 짠테크 기본기!

나 자신과 혹은 가족들과 돈에 대해 대화해보세요.

나에게, 우리 가족에게 돈은 어떤 의미인지, 어떻게 벌어 어떻게 모아 어떻게 행복하게 쓰고 싶은지 솔직하게 속마음을 나눠봐야 진정한 목표를 세울 수 있습니다.

가정경제 재무장관표 가계부 시스템을 통해서 자동으로 돈이 모이도록 하세요.

돈을 모으고 싶다면 돈을 컨트롤할 줄 아는 게 먼저입니다. 그러나 그게 쉽지 않아 매일 돈 관리에 실패하는 거겠죠. 그래서 바쁜 여러분들을 위해 가정경제 재무장관이 자동으로 돈이 모이는 가계부 시스템을 개발했습니다. 짠테크 달인이 시행착오 끝에 개발한 가계부 시스템으로 여러분은 편안히 활용하기만 하면 됩니다. 아마 통장 잔고가 순식간에 불어날 겁니다.

소비 다이어트? 거창한 거 아닙니다. 나와의 대화를 통해 불필요한 소비를 줄이면 됩니다.

돈은 잘 쓰일 때 의미가 있습니다. 기분에 따라 충동적으로 소비하는 습관만 잡아도 돈이 모일 겁니다. 매일 나 자신과 대화하세요. 내가 진정 원하는 게 뭔지 마음속 깊은 곳의 진짜 마음을 들여다보고 알아차려야 충동 소비가 멈춥니다. 그래서 돈과의 대화가 중요합니다.

돈이 나를 통해 흐르게 하세요.

지속 가능한 돈 관리법을 알려드릴 테니 돈을 방치하거나 외면하지 마세요. 지난날의 과소비는 지난날의 것입니다. 우리는 언제든 다시 새로 시작할 수 있습니다. 돌아보기 민망하고 후회스러운 재정 상황일지라도 마주보고 한눈에 보이도록 정리하세요. 당신의 돈이 어디서 와서 어디로 흐르는지 그것만 알아도 절약이 시작됩니다.

**하루 5천 원으로
살며 집을 산
짠테크 이야기**

하루 5천 원으로 살며 매일 가계부를 쓰고 집밥을 하는 일상이 즐겁다. '2020년 내 나이 마흔에 1억을 모아 내 집을 마련한다'라는 꿈을 가계부에 적었다. 간절히 원하면 온 우주가 도와준다는 말처럼 2018년 여름, 꿈에 그리던 내 집 마련에 성공했다. 꿈을 이루었지만 아직도 가계부를 쓰고 절약하는 생활을 한다.

2012년에 금융복지상담사 자격증 과정을 통해 가계부 시스템 만드는 방법을 배웠다. 가계부 쓰는 법을 배우며 나만 혼자 즐거웠던 시절이다. 그 이후로 꾸준히 가계부를 작성해오고 있다. 2018년 EBS 〈호모 이코노미쿠스〉 김유라 멘토의 가계부 다이어트를 통해 하루 살기 금액을 정하고 3개월에 500만 원 모으기에 성공했다. 더 이상 혼자가 아니라 함께 가계부를 쓰고 집밥을 하는 동료가 생겼다는 것에 큰 힘을 얻었다. 가족과 함께 가계부를 쓰는 행복한 일상을 1년 넘게 블로그에 기록하고 있다.

가난을 탈출하게 한 기적의 가계부, 머니잇수다

남편 월급 120만 원으로 세 식구 먹고사니 아끼는 거 말고는 답이 안보였다. 절약 DNA를 장착할 수밖에 없었다. 그때부터 '머니수다'가 시작되었다. '돈과 대화'를 하듯 가계부를 쓰고 나에게 질문을 하면서 내 진짜 마음을 알아갔다. 가계부 쓰기는 결혼하고 외벌이가 되면서부터 가난하고 싶지 않았던 내가 선택한 유일한 방법이다.

'이게 정말 필요한 걸까'
'아니면 그냥 갖고 싶은 건가'
'그게 없으면 못 살만큼 힘든가'
'그거 말고 다른 방법은 없나'
'대체할 만한 건 뭘까, 꼭 지금 사야 할까'
'다음에 사도 괜찮지 않을까'

끝없이 되풀이하는 그 질문 속에서 결국 답을 찾았다. 답은 이미 내 안에 있었다. 다른 사람의 시선이나 기준이 아닌 오로지 내 마음, 나와 가족을 중심에 두고 돈과 대화를 하자 가계부 쓰기와 절약이 즐거운 놀이가 되었다.

**머니잇수다를 통해
만난 부의 행복차선**

내 어린 시절의 돈과 관련된 부정적인 신념과 돈에 대한 두려움을 직면해온 이야기부터 시작하고 싶다. 내가 선택할 수 없었던 아니, 선택하지 않았지만 그렇게 살 수 밖에 없었던 가난과 결핍의 세월을 어떻게 극복했는지 봐주었으면 한다. 더불어 자신의 돈과 관련된 신념은 어떠한지 돌아볼 수 있는 용기를 얻었으면 한다.

다음은 가계부 시스템이다. 하루 살기 금액을 정하고 매일 가계부를 기록하며 머니수다를 통해 진짜 내 마음을 들여다보는 과정을 기록했다. 가계부 시스템 만들기 과정을 따라 하기만 해도 가계부 쓰는 데 드는 노력의 50%를 줄일 수 있다. 내 책을 읽고 지금 당장 시작하고 싶은 마음이 들었으면 좋겠다.

가계부는 혼자 쓰는 것이 아니라 함께 쓰는 것이다. 가족에게 먼저 함께 쓰자고 용기 내서 말해보자. 그리고 가계부를 함께 쓰는 동료를 만들어도 좋다. 집밥 레시피를 나누고 하루 살기금액을 실천하며 절약하는 모습을 보면 서로 동기부여가 된다.

**세 아이 워킹맘을
부자로 만들게 한
기적의 가계부**

나처럼 과거에 가난이라는 결핍을 겪은 사람이라면, 둘 중 하나일 확률이 높다. 가계부를 열심히 쓰고 있거나 아니면 꼴도 보기 싫어서 피하고 있거나. 나는 가난을 벗어나기 위해 가계부를 늘 옆에 두고 위안을 얻었다. 가계부는 숫자를 기록하고 그 안에 내 마음을 기록하는 일기장이다. 가계부 쓰기가 두려운 사람, 한 번 쓰다가 멈추었지만 다시 시작하기 어려운 사람, 매번 가계부를 쓰지만 돈이 새고 있는 사람이라면 부담 없이 '세 아이를 키우는 워킹맘이 하루 5천 원으로 어떻게 가계부를 쓰면서 잘 먹고 잘 사는지' 마음을 열고 읽어줬으면 좋겠다.

결혼 전이나 신혼 초에는 가계부 쓰면서 알콩달콩 절약하며 부푼 꿈을 안고 살았지만 출산과 육아를 거치면서 가계부는 멈추고, 어느새 택배 기사님이 가장 반가운 소비요정으로 살고 있지는 않은가? 그러다 문득 아이 초등학교 입학에 맞춰 교육비, 양육비, 학자금, 밀린 카드값, 전세자금대출 상환, 마이너스 통장만기일 걱정만 하다가는 내 집 마련의 꿈은 점점 더 멀어진다. 발등에 불이 떨어져 불안해진다. 그때 가계부를 계속 썼더라면, 저축을 꾸준히 잘 했었더라면 하는 아쉬움과 후회만 남는다.

나 또한 결혼하고 처음 쓴 가계부를 보면서 '그때 더 잘 썼더라면... 그때부터 조금이라도 더 아꼈다면...' 하는 아쉬움이 남는다. 나의 첫 가계부는 그야말로 금전출납부였다. 언제 얼마가 들어왔고 나갔는지를 단순히 적기만 했을 뿐 주간결산이나 월말결산은 하지 않았다. '외벌이니까, 수입이 얼마 안 되니까'라는 핑계로, 모아뒀던 돈에서 부족한 생활비를 충당하면서 가계부를 쓴다는 것만으로 만족하며 살았었다.

이제 더 이상 '~했더라면' 하고 과거에 머무르지 말자. 당당히 오늘부터 가계부를 쓰고 짠테크하자. 그러면 우리의 미래는 오늘보다 조금 더 여유가 있을 것이다. 돈 걱정 없는 삶, 지금 나와 우리 가족이 변해 야 가능하다. 아직 늦지 않았다. 지금 당장 다시 가계부를 펼치고 새는 돈은 잡고 막힌 돈은 뚫어주는 '가계부 시스템'을 만들자. 그리고 가족 과 꿈을 꾸고 기록하고 함께 가계부를 쓰면서 머니수다를 시작하자. 내 가 진짜 원하는 것이 무엇인지 아는 순간 돈은 나를 따라온다.

'도대체 하루 정해진 돈으로 어떻게 산다는 거야?' 궁금하다면 가정경제 재무장관이 가계부 시 스템을 만들고 머니잇수다를 하면서 어떻게 하루 정해진 돈으로 사는지 이 책에 오롯이 담았으니 천천히 하나씩 실천해 나가길 바란다. 하루 정해진 돈으로 살 기 위해 마트 세일하는 날 두 근에 5천 원 하는 앞다리살을 사기 위해 할머니들 뒤에 막내를 아기 띠로 안고 줄을 섰다. 계란 한 판만 딱 사서 계산하고 나오던 때에 "이것만 계산하면 되나요?" 하던 점원의 질문이 얼마나 뿌듯했는지 모른다. 수많은 물건들 속에서 꼭 사기로 한 것만 결제하고 나오면서 무언가 미션을 해낸 사람처럼 즐거웠다. "오늘은 뭘 해 먹을까? 뭘 사면 좋을까?"라며 남편과의 소소한 대화가 느니 관계도 더 좋아졌다.

함께 꾸는 꿈, 함께 실천하는 즐거움을 위해 나의 경험을 나누는 머 니잇수다 가계부 절약 모임을 진행하고 있다. 20대에 가졌던 돈에 어려 움을 가진 사람들을 위한 내 역할은 무엇일까라는 물음에 대한 답을 40

대를 눈앞에 둔 지금 비로소 찾아가는 중이다. 돈에 대한 어려움, 두려움, 불안과 걱정을 가진 사람들에게 작은 오솔길이 되길 바란다. 그 길에서 자신만의 빛을 찾아 나가길 바라는 진심을 담았다.

　나의 블로그에 맞벌이 수입과 지출을 낱낱이 밝히며 살아온 과정을 그대로 담았다. 책의 마지막 페이지를 넘기면서 어느새 '나도 할 수 있겠네!'라는 자신감을 얻게 되길 바란다.

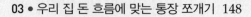

<table>
<tr><td>Chapter
5</td><td>내 집 마련을 넘어
내 꿈 마련으로</td></tr>
</table>

<table>
<tr><td>특별
부록</td><td>가정경제 재무장관표
홈 재테크 체크리스트</td></tr>
</table>

Chapter 1

절약만으로
일 년에 3천만 원을
모으다

01

한 살 아이의 수술, 1억을 모으기로 결심했다

그때부터였다. 나와 우리 가족의 새로운 꿈이 생겼던 때가. 첫아이를 임신하기 전 자궁 외 임신으로 유산을 경험했다. 몸도 마음도 많이 힘들어서 하던 일을 그만두었다. 그때부터 남편 혼자 벌어오는 돈으로 살았다. 벌어오는 돈은 적어 걱정인데 아이는 무럭무럭 자라 출산일에 딱 맞춰서 태어났다. 태어난 지 30일이 되던 저녁, 아이를 씻기는데 오른쪽 사타구니가 이상했다. 서혜부 탈장이라고 했다.

생활이 빠듯해서 태아보험도 들지 않았던 상황이었다. 황달기가 빠지고 막 살이 오르고 있던 아이의 팔에 주사 바늘이 꽂혔고 수술을 위해 수유를 끊었다. 2박 3일간의 수술을 마쳤고 시부모님이 병원비를 결제해주셨다. 외벌이 120만 원으로 병원비를 온전히 감당하지 못하고 돌아온 날, 나는 가계부 한쪽에 큰 글씨로 이렇게 썼다.

"내 나이 마흔에 1억을 모아서 내 집을 마련한다."

집에 있는 노트에 줄을 그어가며 만들어 쓴 일기장 같은 가계부. 그 안에 나와 우리 가족의 꿈을 썼다. 이제부터는 아이가 아플 때 병원비 걱정을 하지 않아도 되는 부모가 되기로 했다. 살고 있던 전세임대를 벗어나 우리 가족이 따뜻하게 살 집을 마련하고 돈 걱정 없이 살고 싶었다.

그날부터 1억을 모으는 날을 계산했다. 남편 혼자 벌어오는 돈으로는 길이 보이지 않았다. 내가 취업하고 둘 중 한 사람의 월급으로 매달 100만 원을 저금하면 적어도 8년 3개월 안에 1억을 모을 수 있겠다는 그림이 나왔다. 2014년 1월, 나는 직장에 취업했고 그때부터 종잣돈 모으기에 집중했다. 절약은 선택이 아니라 필수였고, 가계부 쓰기는 나의 친구이자 유일한 재테크 방법이었다.

2020년 1억 모으기

그때부터 '우리 집 행복가계부'라고 이름 붙인 가계부의 맨 앞에 "2020년 1억 모으기"라고 적었다. 그리고 방 3개 있는 아파트 평면도를 붙였다. 상상만으로 기분이 좋아졌다. 꼭 현실이 될 거라고 믿었다. 아이를 셋이나 낳을 거라고는 꿈에도 생각하지 못했지만, 2018년 1월 셋째가 태어나고 같은 해 7월 공공분양 아파트 청약에 당첨됐다.

2013년에 내 집 마련이란 목표를 세우고 이듬해에 맞벌이로 종잣돈을 모으기 시작했으니 목표했던 2020년보다 2년이나 빨리 꿈을 이뤘다. "하루 5천 원으로 살면서 뭐 하게? 집이라도 사게?"라는 말들과 주변의 걱정 어린 시선에도 불구하고 꿈을 꾸고 매일 가계부를 쓴 결과다.

02   씁쓸한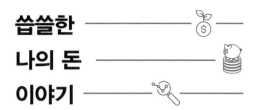
나의 돈
이야기

정확히 기억나지 않는 시간 속, 내가 마루에서 신나게 춤을 추며 노래를 하면 아빠는 "우리 미옥이 노래 소리가 안 들린다. TV 꺼라"라고 말할 정도로 늘 사랑스러운 눈빛으로 나를 바라봐주셨다. 그래서일까. 나는 아빠에게 집 안에 화장실 있는, TV에서 보는 그런 집에 살고 싶다고 투정을 부렸다. 우리 가족은 아궁이에 불을 때서 밥을 해야 하는 정말 옛날 집에서 살았다. 목욕이라도 하려면 솥에 한가득 물을 끓여서 갈색 큰 대야에 물을 받아놓고 씻곤 했다. 화장실에 가려면 딸깍 소리를 내는 손 조명을 비추며 가야 했는데, 사실 이게 가장 무섭고 싫었다. 사랑하는 막내딸의 말에, 솜씨 좋던 아빠는 손수 집수리를 시작했다.

아궁이가 있던 부엌에 싱크대를 만들었다. 방마다 보일러를 깔고, 화장실에는 양변기와 세면대, 그리고 하얀 욕조까지 들였다. 그렇게

TV에서나 볼 수 있던 집으로 바꿔놓고 정작 아빠는 아팠다. 아빠는 어린 시절에 뜨거운 물에 팔을 데여 화상을 입었는데 그것으로 인한 피부암이었다. 겨드랑이에 수포처럼 혹이 올라왔고 그걸 제거하면 나을 줄만 알았는데 결국 암이라는 혹 덩어리에 넘어져 하늘나라로 일찍 가셨다. 아빠를 떠나보내는 날, 하얀 눈이 내렸다. 쓰러진 엄마 옆에서 '내가 괜히 좋은 집을 원해서 아빠가 돌아가셨어. 나는 좋은 집을 원하면 안 되는 거였구나'라고 생각했다.

"엄마, 문제집 사게 돈 줘" 이 한마디가 무서웠다

"땡그랑~!"

나는 초등학교 1학년 때, 학교가 끝나자마자 면사무소 앞에 있는 정육식당부터 갔었다. 그곳은 아빠가 퇴근길에 나를 자전거에 태워 집으로 갈 때까지 기다리는 곳이자 큰집이 운영하는 식당이었다. 아빠가 나를 데리러 올 때까지 눈치 빠르게 손님들 신발 정리와 수저 세팅 같은 일을 하던 나의 놀이터이자 일터였다. 이것저것 일손을 돕던 내게 큰아빠는 집에 갈 때마다 500원씩 쥐어주셨다. 내 인생에 첫 아르바이트였던 셈이다. 집에 돌아와서 엄마의 화장품 케이스에 매일의 일당을 담을 때마다 나던 그 소리가 아직도 생생하다.

초등학교 5학년으로 올라가는 초겨울, 아빠를 하늘로 보내던 날 쓰러진 엄마는 한 달 후에야 가까스로 몸을 추슬렀다. 비닐하우스에서 모내기를 준비하던 축 처진 엄마를 보면서 많이 낯설었다. 그해 가을 우리는 광주로 이사를 했다. 시골에서 농사를 짓던 아낙이 도시에서 땀 흘리며 식당일을 하고, 남의 집 청소를 하면서 딸 셋을 키웠다. 그런 엄마에게 내가 '짐'이 되면 안 됐다.

무언가를 사기 위해 돈을 달라는 말을 할 때마다 내 마음은 저리고 울렁였다. 다행히도 내 첫 아르바이트로 하루하루 모은 500원이 쌓이고 쌓여 15만 원이 됐었다. 내 인생의 첫 종잣돈. 차마 돈 달라고 말하지 못 할 때마다 빼서 썼다. 그러고는 명절에 친척들이 주는 용돈으로 다시 채우고, 또 필요할 때 쓰기를 반복하면서 살았다. 어쩌면 그때부터 '돈은 미리 모아둬야 한다. 그러기 위해서는 평소에 아끼며 살아야 한다는 것'을 뼈저리게 배웠는지도 모른다.

카드빚이 무서웠다

"알았어."

내 인생에 가장 후회되는 그 한마디는 아직도 내 가슴을 찌르는 뾰족한 송곳이다. 엄마가 쓰러지기 전에 내 입에서 뱉어진 말이다.

"거시기가 신용카드를 썼는갑다. 근디 그 돈이 몇 백이나 되니 내가 어째야 쓰까?"

엄마와 언니 사이에는 건널 수 없는 기차 건널목 같은 평행선이 있었다. 자기보다 남을 더 챙기는 성향이 비슷해서였을까. 두 사람은 돈 씀씀이도 닮았었다. 아빠가 돌아가시기 전에는 신용카드라는 그 원수 같은 놈이 없었던 터라, 엄마는 아빠가 주는 월급 안에서 맞춰 살았을 거다. 정 돈이 부족할 때는 친척들에게 급전을 빌렸을지 모른다.

언니는 고등학교를 졸업하자마자 일찍 사회인이 되었다. IMF 외환 위기 이후 길거리에서 서명만 하면 바로 신용카드를 발급해주던 때에 자신이 관리하기조차 버거운 월급을 받고도 모자라 카드로 빚을 지기 시작했다. 결국 그 신용카드는 우리 집에 큰 화근이 됐다. 엄마는 카드 빚이라는 불덩이를 가슴에 안고 쓰러졌다. 정확히는 아빠가 돌아가시고 처음 쓰러진 지 10년 만의 일이었다.

엄마는 언니에게 어디에 그렇게 큰돈을 썼냐고 묻지 못하고 나에게 전화를 걸어서 넋두리를 했다. 이제 막 대학에 입학해서 자원봉사 활동을 마치고 무리를 지어 뒤풀이에 참석하고 있던 그날, 나는 엄마의 걱정 섞인 두려움과 불안을 푸념이라고 무시한 채 "알았어"라고만 답했다. 만약 내가 그때 그 한마디에 그치지 않았더라면, "알았어, 엄마! 내가 지금 당장 집으로 갈게"라고 말하고 언니와 신용카드 내역서에 찍힌 몇백만 원의 빚을 직면할 수 있었더라면, 어땠을까.

그랬다면 엄마는 그 날 이후 10년을 요양병원에서 지내지 않았을지도 모른다. 결국은 내가 엄마를 일찍 저 세상으로 보낸 것 같아서 미안함과 두려움에 떨며 죄를 진 기분으로 살았다. 그때의 경험으로 나에게 신용카드와 빚은 가장 무서운 게 됐다. 가장 사랑하는 든든한 나의 버팀목인 가족을 한순간에 무너뜨릴 수 있고, 고통스럽게 죽음으로 몰고

갈 수도 있는 존재라 여겼다.

　내 나이 스무 살에 카드빚으로 엄마가 쓰러지고 나서 간호해야 했던 긴 어둠의 시간은 '돈은 두렵고 불안한 거'라는 부정적인 신념을 만들어 냈다. 내 집 마련을 위한 대출이라는 빚은 지렛대가 아닌 살인 무기처럼 느껴졌다. 그래서 내내 나에겐 내 집 마련을 위한 꿈은 늘 불안하고 두려운 일이었는지 모른다. 왜냐면 빚 없이는 언제 이루어질지 모를 현실이란 걸 알아가고 있었으니까.

　돈에 대한 두려움과 불안함은 절제하는 삶을 살아야 하는 간절함이 됐다. 7살 때, 모아서 필요할 때 쓰던 그때의 내 인생 첫 종잣돈 15만 원이 1억이 됐다. 이제는 신용카드, 그리고 대출까지 통제하고 관리할 수 있는 힘을 키우고 있음에 감사하다. 더 이상 두렵지 않다. 그때의 신용카드 빚이 나를 더 강하게 만들고 건전한 가정경제를 만들어가는 재무장관으로 성장하게 했다.

카드빚 400만 원에게 띄우는 편지

《다시 시작하는 돈 공부》에서 저자 이즈미 아키코는 자신의 내면에 가지고 있는 돈, 성공, 수입에 대한 무의식적인 고정관념이나 신념을 정리해야 한다고 이야기한다. 자신이 가지고 있는 돈에 대한 고정관념 안에서 돈이 자신의 인생에 어떤 도움을 주었는지, 지금까지 자신을 어떻게 지켜왔는지 확인하고 감사하라고 조언한다.

이 책을 읽고 과거에 내가 겪은 돈에 대한 부정적인 신념을 마주하게 됐다. 그 경험이 내 인생에 어떤 도움을 주었는지 확인한 이후로 돈에 대해 긍정적으로 생각하기로 마음먹었다. 그리고 잠재의식 속에서 나를 불안하게 했던 카드빚 400만 원에게 편지를 띄웠다.

"400만 원 카드빚아, 고마워. 네 덕분에 빚, 대출은 생각하기도 싫어서 지난 5년 동안 오로지 적금과 예금만으로 1억을 모을 수 있었어. 그 종잣돈을 모으면서 힘들기도 했지만 돌아보니 좋은 습관을 만들게 됐어. 더욱이 돈을 잘 관리할 수 있다는 자신감도 생겼단다. 빚아, 이제는 너를 무서워하지 않으려고 해. 살아보니 건강하고 필요한 빚도 있다는 걸 배웠어. 대출아, 카드비야. 이제 너로부터 자유로워지고 싶다. 이제 나는 너를 잘 관리하고 통제할 수 있는 힘을 가진 어른이 됐어. 이제는 나랑 친하게 지내자. 이렇게 성장할 수 있게 해줘서 고맙다."

편지를 고이 접어 가난했던 어린 시절의 나에게 건넸다.

"네 탓이 아니야. 네가 잘못한 게 아니야. 너 때문에 그런 게 아니니 그만 힘들어해도 된단다. 열심히 저축하고 돈을 모으느라 정말 애썼다. 잘 했어. 이제 너는 빚도 잘 관리할 수 있을 정도로 능력 있는 사람이 됐어. 정말 대견하다."

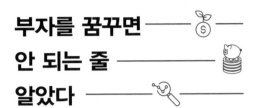

03 부자를 꿈꾸면
안 되는 줄
알았다

　　결혼을 한 2011년, 그해 3월 시립미술관에
서 열린 샤갈전시회를 다녀왔다. 화려한 색깔을 잘 쓰는 샤갈인데, 그
때 유난히 내 마음을 잡아끈 작품이 있었다. 바로 푸른빛에 노란 달빛
이 강렬한 〈아라비안 나이트 삽화 12〉였다. 남여 주인공이 말을 타고
달을 넘어 여행을 떠나는 듯 보이는 다소 몽환적인 작품인데, 나는 이
그림을 보고 결혼을 결심했다.

　　결혼 전 나는 동자동 쪽방촌에서 주민들이 5천 원에서 1만 원 단위
로 모은 출자금으로 무신용, 무담보 소액대출을 하는 마을은행을 만드
는 일에 주민들을 돕는 시민사회단체 활동가였다. 남편도 비슷한 일을
했다. 활동가, 사람이 좋고 궁금해서 시작한 우리 두 사람에게 주어진
또 다른 이름이었다. 하지만 현실은 두 사람이 벌어도 220만 원이었다.
그럼에도 불구하고 '그 돈으로 살 수 있어. 혼자 벌 때보다 낫잖아!'라는 마음으로 결혼했다. 그때는 무슨 용기가 났는지 정말 모르겠다.

20대의 나는, 가난한 사람들에게 마음이 쏠렸다. 우리나라 60년~70년대 청계천 판자촌이 떠오르는 필리핀 빈민촌에 있던 빈민운동 시민단체에서 인턴 생활을 하며 아홉 달을 보냈던 2006년, 그 후 내 안에는 '가장 가난한 사람, 낮은 사람은 누구이고 어떻게 살고 있는가?'라는 질문이 생겼다.

내가 일하게 된 한국주민운동교육원은 가난이 개인의 죄가 아니라 사회구조적인 원인으로 생긴 문제이며 당사자가 스스로 해결할 수 있다는 믿음으로 주민이 주인이 되는 삶을 조직화하는 방법을 교육하는 곳이다. 자연스럽게 한국에서 가장 가난하고 낮은 사람을 찾다가 남영동, 회현역, 서울역 거리의 노숙인을 만나는 아웃리치 활동을 시작했다.

한때는 잘 나가는 회사의 직장인이었고 아이들의 아빠이자 사랑하는 아내를 지키는 남편으로 한 가정의 가장이고 청년이었던 사람들이 IMF를 만나 꺾이고 벼랑 끝에 몰렸다. 가족들에게 미안해서, 사채업자를 피해 쫓겨나듯 집에서 나온 사람도 있었다. 옛 서울역 건물 앞에서 매주 목요일마다 촛불문화제를 할 때마다 우리가 앉아있던 길바닥 맞은편 고층 빌딩들의 불빛을 보면서 생각했다. '누구는 길 위에서 잠을 자고, 누구는 밤늦은 시간까지 일하는구나. 이건 뭐지?'

답은 없었다. 그냥 그 물음이 20대의 내 가슴을 뜨겁게 했다. 무언가 세상이 기울어진 듯 보였고, 균형을 잃은 듯했다. 그 가운데서 내가 할 수 있는 일이 무엇일까를 고민하던 나날이었다. 그러다가 동자동 쪽방촌에서 '급전 문제'로 아파도 병원에 가기 어려운 사람들이 십시일반 한 달에 5천 원씩, 1만원씩 모아서 우리들의 마을은행을 만들어보자는 일에 함께하게 됐었다. 가난하지만 조금씩 돈을 모으고 무신용으로 대출을 하면서 서로의 어려움을 해결하려고 하는 쪽방촌 주민들의 모습을 보면서 하루는 울고 하루는 웃고 그렇게 살았다.

그곳에서 일을 하다가 지금의 신랑을 만나 결혼했다. 시민사회 활동가로 일하던 우리 두 사람의 벌이는 적었다. 둘이 벌다가 외벌이가 됐고 120만 원으로 갓 태어난 아이와 셋이서 살아야 했다. 가난이 내 삶이 되니 정말 싫었다. 경제적인 여유가 생기길 바랐다. 내 아이가 아플 때 병원비 걱정을 하지 않아도 되는, 외풍 걱정 없이 따뜻하고 곰팡이 걱정 없이 깨끗한 내 집을 가진, 하고 싶은 일을 하면서 행복하게 사는 그런 사람이 되고 싶었다.

그런데도 나는 '부자'는 꿈꾸면 안 되는 줄 알았다. 여유 있는 삶을 갈망하면서도 항상 소박해야 한다고 생각했다. 어린 시절의 결핍을 안고 살았고, 가난한 사람들의 어려운 삶을 보았기에 나도 모르게 부자들을 원망했다. 더 많이 가져간 부자들 때문이라고 탓하며 자연스럽게 부자는 되면 안 되는 것이라고 생각했다. 가난한 사람이 가지지 못하는 것은 누군가 더 많이 가져가는 구조적인 문제 때문이라며 불평등하다고 여겼다.

그런데 '진짜 부자'를 내가 직접 주위에서 본 적은 있던가. 가난이 내 삶이 되면서부터 부자가 되는 것도 결국 내 선택과 결정에 따라 달라지는 게 아닐까 막연하게 생각하기 시작했다. 나는 사람은 누구나 다른 이에게 해를 입히며 살고 싶어 하지 않는다고 믿는다. 그렇기에 내가 그동안 '부자' 하면 나쁜 사람이라고 생각한 그들도 누군가의 건강이나 행복, 돈을 뺏어오는 게 아니라 스스로 노력하고 공부해서 열심히 자신의 꿈을 위해 살아가는 사람이라고 믿게 됐다.

부자를 마음이 넉넉하고 경제적으로도 여유가 있으며 자신이 가진 경험과 노하우를 다른 사람들과 나누고 함께 성장하려는 사람으로 새롭게 정의한다. 누군가의 성장을 진심으로 축하할 수 있는 사람이 부자라면, 나도 부자가 될 수 있다. 이미 내 안에 그런 부자 마인드가 있으니까.

아이를 낳고, 아끼고, 절약하며 돈을 모으고 내 집을 마련하기까지 8년이 걸렸다. 우리 두 부부는 맞벌이로 일하고 있다. 내 집 마련이라는 손에 잡히지 않을 것 같던 꿈을 이뤘다. 그리고 이제 나는 부자를 꿈꾼다. 시간에 구애받지 않고, '꿈꾸는 가계부 머니잇수다'로 더 많은 이들과 함께 절약을 통해 꿈을 이뤄 낼 수 있도록 돕는 일을 하고 있다. 내가 하고 싶은 일을 돈 걱정 없이 즐기면서 건강하고 행복하게 사는 삶, 내가 꿈꾸는 행복한 부자의 모습이다. 서로 배우고 함께 성장하며 꾸준히 더 많은 사람들과 행복한 관계를 맺는 진짜 부자가 되고 싶다. 그러면 자연스럽게 내가 꿈꾸던 세상도 더 건강해지지 않을까.

어린 시절의 가난은 내가 선택하지 않은 가난이었다. 나를 그 누구보다 행복한 눈으로 바라봐 주던 아빠가 좋은 집을 원한 나 때문에 돌아가셨다는 죄책감에 힘들었다. 설상가상 아빠가 돌아가신 날 엄마가 쓰러지는 아픔을 겪었다.

서울에서 한 달 동안 치료를 받고 돌아온 엄마에게 '돈 달라고 말하지 못하는 아이'가 된 나. 아빠를 잃고 힘없이 혼자가 된 엄마에게 문제집을 사거나 간식을 사 먹게 돈을 달라고 하는 일은 나를 더 힘들게 했다. 그때 나에게 힘이 됐던 건 다름 아닌 하루하루 500원으로 모은 내 인생의 첫 종잣돈 15만 원이었다.

가난했던 어린 시절 돈에 대한 부정적인 신념으로 가득 찼던 내가 아내로, 엄마로 성장하면서 고군분투했던 시간을 이 책에 담았다. 그 안에서 참 많이 울기도 했고 나 자신을 놓고 싶은 순간에 나를 맡기려고 한 적도 있었다. 그때마다 나 혼자가 아닌 누군가와 함께하는 삶을 선택하게 한 샤갈의 〈아라비안 나이트 삽화 12〉를 떠올렸다.

푸른빛 사이로 남루해 보이는 옷차림의 남녀가 말을 타고 하늘을 날며 노란 달을 넘는 그 그림. 언젠가는 나도 남편과 우리 아이들과 함께 그 어려운 상황을 잘 이겨내고 헤쳐 나갈 수 있지 않을까 하는 희망을 내려놓지 않았다. 돌아보니 샤갈의 그림 한 장이 내 삶의 은인이었음을, 덕분에 참 행복한 시간을 보내고 있음에 감사하다.

1억 종잣돈 모아 내 집 마련하기

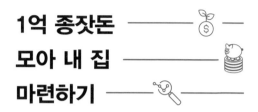

10년 안에 신혼부부 전세임대 졸업하기

영세민 아파트. 아빠가 세상을 떠난 후 우리는 한부모 가정이 됐었다. 외가 식구들이 가까이 사는 광주로 이사했고 방 두 개에 부엌이 있던 열두 평의 작은 집을 사람들은 그렇게 불렀다. 그곳에서 엄마가 세 번째 쓰러지고 요양병원에 입원하면서, 나는 대학을 졸업하고 서울에 올라왔다. 지인의 옥탑방에 얹혀 지내다가 지금의 남편을 만나 결혼해서 2020년까지 전세임대로 다세대 빌라에 살았다.

첫아이를 임신하고 신혼부부 전세임대를 신청했던 2012년에는 전년도 도시근로자 가구원수별 월평균소득이 50% 이하인 (예비)신혼부부들에게 신청할 자격이 주어졌다. 2년마다 재계약을 할 때는 소득수준을 70%까지 허용하고 총 10년(당시엔 4회 재계약, 현재는 총 20년 동안 9회 재계약으로 확대되었다) 동안 거주할 수 있었다. 이대로 서울에서 안정적으로 주거지를 해결할 수 있다는 달콤한 유혹에 흔들려, 중간에 가구소득이 증가하면 재계약이 불가하니, 그 상한선에 맞춰서 살자고 스스로 포기하는 순간도 찾아왔다.

그러나 결국 '10년 안에 신혼부부 전세임대를 졸업하고 내 집을 마련하자'는 목표를 떠올렸다. 10년 정도 이 제도를 잘 이용한 다음에 다른 신혼부부에게 이 혜택이 돌아가도록 하자. 그리고 우리는 내 집을 마련해서 독립하는 걸 선택했다.

사회복지기관과 시민단체에서 일하던 우리 부부가 생각할 수 있었던 내 집 마련의 선택지는 많지 않았다. 그렇게 신혼부부 전세임대로 오래된 다세대 주택에서 아이 셋을 낳았다. 겨울이면 외풍을 막기 위해 뽁뽁이를 창문에 붙이고 커튼을 치고 살았다. 욕실에서는 세면대 없이 플라스틱 대야에 물을 직접 받아 썼다. 그런 집이지만 우리의 보금자리로 여기고 감사하며 살았다.

하지만 우리의 목표인 '10년 안에 전세임대 졸업과 내 집 마련'을 위해서는 무엇을 어떻게 해야 하는지 막막했다. 나 스스로에게 어느 지역에 어떤 곳이 좋을까라고 질문하기보다는 1억을 열심히 모아도 그 돈으로 살 수 있는 집이나 있을까라는 현실적인 질문을 던졌다. 내 집 마련의 꿈을 위해 무엇을 어떻게 준비할까 고민할 때, 남은 거라고는 '매달 2만 원씩 납입한 청약 통장' 하나뿐이었다. 남편의 주택청약종합저축 통장은 전세임대 본인보증금의 부족한 부분을 채우는 데 썼다. 청약 공부를 하면서 알게 된 사실이지만, 청약 통장은 웬만하면 해지하지 말아야 한다. 통장 가입 유지기간이 가점에 반영되기 때문이다. 청약 통장에 있는 돈까지 깨야 할 상황이 온다면, 예금담보대출을 이용하는 편이 낫다.

그렇게 서울에 올라와서 만든 10년 된 내 청약 통장 하나로 어떻게 내 집을 마련할 수 있을까 고민하던 참에 떠오른 게 임대아파트였다. 내 주변에 그 이상의 집을 마련해본 사람이 없었다. 내 집 마련에 대해 고민하던 시기에 내가 관심을 가졌던 것 또한 국민임대 아파트였다.

국민임대 아파트는 거주기간이 30년, 50년으로 장기간 보장되지만 입주 신청을 할 때 소득기준이 전년도 도시근로자 가구원수별 월평균 소득의 70% 이하를 충족해야 한다. 무주택 저소득층(소득 1~4분위 계층)의 주거안정을 도모하기 위해 국가재정과 주택도시기금을 지원받아 건설하고 공급하는 공공임대주택인 거다.

외벌이에 아이 한 명이 있는 우리 가족에게 방 두 개짜리 국민임대 아파트 정도면 월 임대료와 관리비가 저렴하니 '괜찮다'라고 생각했다. 그러나 내가 일을 시작하고 둘째를 낳으면서 소득도 늘어나고 아이들이 조금 더 클 때까지를 생각하니 뭔가 부족한 느낌이었다. 그래서 다음으로 알아본 게 '분양아파트'였다. LH 한국토지주택공사의 사이트를 수시로 들어가 보니 '5년, 10년 분양 전환' '공공분양' 아파트가 눈에 띄었다. 임대 의무기간(5년, 10년) 동안 임대하고, 이후 분양 전환하는 임대주택이었는데 일반공급과 특별공급이 있다는 걸 알게 됐다.

분양전환 임대아파트의 경우, 5년 또는 10년 동안 정해진 거주기간을 채운 후에 감정액에 따라 분양가가 정해진다. 그때 먼저 임대 거주한 사람들에게 우선분양을 해주는 조건이다. 아파트 가격이 앞으로 어떻게 될지 모르는 상황에서 5년 또는 10년 동안 월 임대료(보증금 하한선과 상한선을 정하고 최대금액으로 보증금을 내면 월 임대료가 줄어든다)와 관리비를 내고 거주기간이 지나고 준비해야 할 분양금액까지 생각하니 배보다 배꼽이 더 큰 기분이었다.

설상가상 그 시기에 분양전환 임대아파트에서 처음 분양을 전환한 사례가 나왔는데, 고분양가 논란이 있었다. 10년 전 입주할 때의 아파트 임대가격과 이후에 분양받을 때의 가격 차이가 커지는 만큼 실제 분양전환 될 때 '내 집'이 될 수 있을까 하는 물음표만 남았다.

그렇다면 차라리 '지금 바로 분양 받을 수 있는 방법이 뭘까?'로 관심이 옮겨졌다. 분양아파트는 크게 민간 건설사에서 짓고 청약자를 모집하는 민간분양 아파트(민영주택)와, LH에서 공공택지 등에 분양해서 청약을 통해 소유권을 취득하는 공공분양 아파트(공공주택)가 있다.

결론적으로 민간분양 아파트보다는 분양가가 주변 시세에 비해 80% 정도 저렴하고, 소득기준 등의 조건에 맞으면 1억 종잣돈을 모아서 '공공분양' 청약에 한번 도전해봐도 좋겠다는 결론을 얻었다. 추가적으로 1억이 넘는 대출이 발생하겠지만 그 정도는 첫 내 집 마련을 위한 투자이니 앞으로 계속 갚아나갈 수 있겠다는 희망이 싹텄다. 게다가 그 사이 우리는 셋째 아이를 낳게 됐고 공공분양 청약에서 '다자녀 특별공급(특공)'으로 청약에 도전할 수 있다는 걸 알게 됐다.

주의해야 할 점은 특별공급(다자녀, 생애최초, 신혼부부, 노부모부양, 기관 추천)은 일생에 단 한 번만 사용할 수 있다는 거다. 민간분양 아파트에서도 공공분양과 같은 '특별공급' 세대수가 분양가구수에 일정 비율을 정해서 공급한다. 그러므로 내가 살고 싶은 지역과 가용할 수 있는 금액(대출 포함)을 정하고 민간 또는 공공 분양 중에서 본인이 잘 선택해야 한다. 내 경우는 '시세보다 저렴하다'는 장점과 1억이라는 종잣돈에서 추가로 1억 정도의 대출을 받으면 '감당할 수 있다'는 결론에서 우리 부부의 집과 일터가 있는 지역과는 거리가 멀지만 공공분양 아파트 청약에 도전했다. 내가 살고 싶은 곳에 대한 생각보다는 예산 범위에 맞춰서 지역을 선택했다.

공공분양 당첨, 그다음에 민영주택 청약은 언제?

결혼하고 나서 5년을 안 쓰고 모은 종잣돈 1억으로 공공분양 다자녀 특공으로 첫 내 집을 마련했다. 그때는 빚내서 집을 사는 건 상상도 못했기에 그 종잣돈을 중도금으로 다 선납했다. 그런데 자꾸만 못내 아쉬웠다. 직장은 서울인데 어린 아이 셋을 경기도에 두고 출퇴근할 생각을 하니 걱정되기 시작했다. '왜 그렇게 조급했을까' '조금만 더 기다렸더라면 직장이랑도 가까운 서울에 다자녀 특공을 사용할 수 있었을텐데' 하는 마음. 그리고 뭔가 모를 벽이 나를 에워싸고 있는 기분이었다. 나는 아직도 뭔가 아쉽고 부족한데 남편은 달랐다. 남편이 어렸을 때 살던 곳이 재개발되면서 새 아파트에 살아봤기 때문일까. '어쨌든 내 집은 마련했으니까 그냥 그거면 된다'라는 남편과 달리 나는 못내 아쉬웠다. 그래서 아임해피 정지영 님의 《대한민국 청약지도》 책을 읽고 나서 내 상황을 객관적으로 분석했다. 공공분양 아파트에 다자녀 특별 공급으로 당첨됐으니 5년 간 재당첨 제한이 걸렸다. 우선 내 청약 통장을 공공분양 청약에 사용했으니, 새로 가입한 남편의 청약 통장 가입기간을 확인했다. 현재 상황에서 청약으로 서울에 내 집을 마련하기는 어렵다는 결론을 얻었다. 그렇다고 내가 가만히 있을까? 그러고 싶지 않았다. 그래서 청약 강의를 들으며 더 좋은 게 오고 있다는 믿음으로 '지금 내가 할 수 있는 거에 집중하자'는 긍정마인드로 나를 다독였다.

결국 첫 내 집 마련 과정에 미련이 남는 이유를 찾고 싶어서 '열정로즈의 내.꿈.사(내 집 마련을 꿈꾸는 사람들)' 청약 강의의 문을 두드렸다.

'조금 멀긴 하지만 내 집은 마련했으니까.'
'당첨된 경험이 있는 내가 또 될 수 있겠어?'
'토요일 아침 10시부터 4주 강의를 들어 말아?'

많은 걱정과 두려움, 그리고 욕망이 내 머릿속에서 뒤죽박죽 섞였다. '그래! 고민되면 일단 저질러보자!' 하는 심정으로 청약 강의를 들으면서 내 진짜 마음을 마주할 수 있었다. 나 스스로에게 '만약 과거의 내가 가진 부정적인 신념들이 없었다면 나는 어떤 걸 원했을까?'라고 물으니, '직장 가까운 서울에 내 집을 마련하고 싶었을 거야'라고 답했다. 결국 직장이 있는 서울에, 아니면 아이들을 함께 돌봐줄 수 있는 시부모님이 가까이 계시는 곳에 내 집을 마련하고 싶어졌다.

그러던 어느 날 우연히 단체 카톡방에서 분양 소식을 보고 '앗! 여기다!' 하고 무릎을 탁 쳤다. 시부모님이 살고 계신 지역, 한 달에 한 번은 찾아가는 곳에 새 아파트 분양 계획이 있다니 뭔가 운명처럼 느껴졌다. 거기라면 가까이 계신 시부모님께 아이들 돌봄도 부탁드릴 수 있으니 멀더라도 출퇴근하기에 한결 마음이 놓였다. 그렇게 7월 마지막 주 휴가를 다녀와서 홍보관에 가는 길에 남편과 대화를 나누다가 눈물이 터졌다.

"공공분양 아파트 당첨도 됐는데 왜 그렇게 청약을 또 하려고 하는 거야?"

"여보, 나는 어려서 부터 내 집이라고는 가져본 적이 없더라고. 아니 그냥 어디 얹혀서 살아보기만 했어. 내 인생에는 누군가가 집을 마련할 때 좋은 아파트를 청약하거나 사면 된다고 알려준 사람이 없었어. 영세민 아파트에 살았던 내가 꿈꿀 수 있는 건 LH아파트밖에 없었어. 물론 그것만으로도 정말 기쁘고 좋아. 근데 당첨은 됐는데 아직도 뭔가 채워지지 않는 느낌이 들어. 왜 그런지는 나도 잘 모르겠어. 그냥 뭐랄까... 내 안에 벽이 가로막고 있는 것 같은 기분이야. 내 인생에 대출도 한번 받아보고 싶어. 웃기지? 그동안은 빚이라면 무서워서 벌벌 떨었는데 이제는 그러고 싶지 않아"라며 눈물을 쏟으며 내 마음속을 억누르고 있던 두려움과 불안을 토해냈다.

"그래도 우리의 첫 아파트는 좋은 기회였어. 그걸 디딤돌 삼아 다음을 생각할 수 있는 거잖아. 당신 말처럼 나는 부모님이랑 살면서 결핍이 채워진 걸 수도 있겠네… 당신 뜻에 맞춰볼게. 당신이 원하는 대로 해보자"며 남편이 손을 잡아주었다.

그렇게 2019년 7월과 8월을 그 어느 때보다 뜨겁게 보냈다. 난생 처음 근처 부동산에도 가보고 모델하우스 전체 오픈 기간 나흘 동안 하루는 아기 띠에 막내를 메고 가고, 하루는 혼자 가기도 했다. 갈 때마다 상담도 받고, 오신 분들의 말소리에 귀도 기울여 보면서 어느 평형대로 넣어야 당첨이 가능할까 머리도 굴려봤다. 전시해놓은 모형도를 보고 아파트 내부를 보면서 우리 다섯 식구 도란도란 밥 먹으며 이야기꽃을 피우는 모습도 상상했다.

기다리던 청약 당첨자 발표 날. 당첨이다! 이 얼마나 짜릿한가. 하루 5천 원 살기를 열심히 하면서 모은 돈으로 새 아파트 계약금을 냈다. 그리고 내 인생 처음으로 중도금 대출 신청을 했다. 나는 충분히 좋은 집을 원해도 되고 간절히 바라면 이루어진다는 현실을 새롭게 경험했다. 그리고 이제는 대출도 얼마든지 갚을 수 있다는 자신감이 생겼다. 또 가계부를 쓰고 절약하면서 돈을 모으면 된다. 나는 오늘도 돈을 모으는 재미와 행복으로 산다.

먼저 국민주택 공공분양 특별공급에 당첨됐기에 "청약 한 번 당첨됐는데, 또 가능해?"라는 질문을 많이 받았다. 정말 열심히 공부하고 부딪힌 결과 첫 공공분양 아파트 청약 이후 1년 만에 민간분양 일반공급에 다시 당첨되기까지, '나는 좋은 집을 원하면 안 돼!' '빚은 위험하고 힘든 것이야!'라고만 생각했던 지난 시간을 뚫어낸 기분이었다.

홀로 남은 엄마에게 짐이 되기 싫어 돈 달라고 말하기가 미안했던 10대의 나, 신용카드 빚으로 세상에서 제일 싫은 게 '남의 돈'이라는 생각으로 살았던 20대의 나, 결혼하고 세 아이의 엄마로 악착같이 절약하며 푼돈을 종잣돈 1억이 될 때까지 모았던 30대의 나.

긴 시간 동안 참 무수히 많은 나와 싸우며 살았다. 이제는 좋은 집을 원하면 안 되는 줄 알았던 과거의 나와 이별하고 당당히 우리만의 보금자리에서 행복을 누리며 살 거다. 누군가 예전의 나처럼 '내 집 마련'이라는 꿈을 가슴에 품고 '과연 할 수 있을까?'라는 질문 틈에서 포기하고 좌절하고 있다면, 내 이야기가 '나도 할 수 있겠구나!'라는 메아리가 되어 희망이 전해지기를 바란다.

가정경제 재무장관이 공공분양과 민간분양 청약을 통해 배운 것들

1. 공공임대와 같은 국민주택은 청약 통장 납입회차, 납입총액이 많은 순서대로, 민영주택은 가점이 높은 순(또는 추첨)으로 당첨자를 선정한다. 본인이 국민주택이나 민영주택 중 어느 것에 청약하는 게 좋을지 잘 따져보고 선택해야 한다.

2. 청약 통장을 절대 중간에 해지하지 마라. 급전이 필요할 때는 예금담보대출을 이용해서라도 청약 통장을 지켜야 한다. 언제 어떻게 필요할

지 모르고 지난 후에 크게 후회한다.

3. 청약 통장 종류는 2015년 9월 1일 이전에 가입한 청약저축, 청약예금, 청약부금, 그리고 주택청약종합저축이 있다. 청약저축은 국민주택에만, 청약예금과 청약부금은 민영주택에 사용 가능하다. 이때 청약저축의 경우 1회에 한해서만 청약예금으로 전환 가능하다. 단, 입주자 모집 공고일 전날까지 영업점에 직접 방문해서 전환을 완료해야 한다. 주택청약종합저축은 국민주택과 민영주택 모두에 사용 가능하다. 지금은 은행에 가서 '청약저축 통장을 만들고 싶다'고 말하면 '주택청약종합저축통장'을 만들어준다.

4. 청약저축 통장의 경우는 1회 납입회차당 인정금액이 10만 원이기 때문에 최대한 매달 10만 원씩 납입하는 게 좋다. 그 외에 주택청약종합저축은 2만 원~50만 원 이내로 납입 가능하다. 아이들 청약 통장은 만 15세가 되는 생일 직전에 개설하는 게 가장 좋다. 왜냐하면 만 19세 이전에 가입하더라도 최대 5년만 가점으로 인정되기 때문이다. 미리 만들어준 상황이라면 납입을 중지했다가 만 15세가 되는 시점부터 다시 매달 적립을 시작하면 된다.

5. 민영주택 청약 시 자신이 현재 거주하는 지역을 기준으로 청약예치금 기준을 맞춰야 원하는 평형에 청약을 신청할 수 있다.

〔민영주택 청약 시 지역·전용면적별 예치금액 (단위 : 만 원)〕

구분	서울·부산	기타 광역시	기타 시·군
85m² 이하	300	250	200
102m² 이하	600	400	300
135m² 이하	1,000	700	400
모든 면적	1,500	1,000	500

6. 입주자 모집공고문을 볼 때는 1순위 자격[국민주택의 경우 무주택 세대주, 민영주택의 경우 지역에 따라 1주택 세대주까지 포함인지 여부 확인, 지역에 따라 거주기간 요건(해당 지역 거주기간 1년~2년 이상 등) 확인], 특별공급 대상에 따른 소득기준 여부, 중도금 대출 가능 여부, 과거 5년 내 다른 주택 당첨 여부, 청약통장 가입 기간과 기준 예치금액 충족 여부를 확인해야 한다. 중도금 대출은 2023년 7월 현재를 기준으로 주택가격과 지역, 주택 소유 수에 따라 차이가 있다. 단, 건설사 보증이라면 대출이 가능할 수도 있으니 모집공고기간에 꼭 확인해야 한다. 또 청약통장 가입 기간은 1순위라면 2년 이상, 그 외 수도권은 1년, 수도권 외는 6개월 이상이어야 청약할 수 있다.

7. 공공분양이든 민간분양이든 특별공급은 평생에 단 한 번, 1세대당 1주택에 한해 1회만 신청할 수 있다. 특별공급 종류에 따라 본인이 청약할 수 있는 게 있는지 잘 파악한다(생애최초, 신혼부부, 기관추천, 노부모부양). 생애최초 특별공급은 기존에는 국민주택에만 있었다. 하지만 정부가 2020년 7월 10일 '주택시장 안정 보완대책'을 발표함으로써 공공분

양에서만 뽑던 '생애최초 특별공급'이 민영주택에도 새롭게 공급되도록 확대하였다. 종전에 공공분양에서 20%로 뽑던 비율도 25%까지 모집 비중이 늘어났다. 민영주택은 공공택지와 민간택지에 따라 20%와 10%까지 신규로 모집한다.

뿐만 아니라 생애최초 특별공급의 소득기준은 국민주택인 공공분양은 월평균소득 100%, 민영주택은 맞벌이의 경우 140%까지 확대됐다. 단, 혼인 상태이거나 미혼인 자녀가 있어야 하며 무주택 세대구성원으로 5년 이내 당첨이력이 없어야 한다. 가장 중요한 것은 무주택 세대구성원 전원이 과거에 주택을 소유한 경력이 없어야 한다. 말 그대로 생애 단 한 번, 최초, 주택을 청약으로 준비하려는 사람에게 해당되는 내용이다.

생애최초 특별공급 확대안

구분			특별공급						일반 공급
			합계	기관 추천	다자녀	노부모	신혼	생애 최초	
국민 주택		종전	80%	15%	10%	5%	30%	20%	20%
		변경	85%	15%	10%	5%	30%	25%	15%
민영 주택		종전	43%	10%	10%	3%	20%	–	57%
	변 경	공공택지	58%	10%	10%	3%	20%	20%	42%
		민간택지	50%	10%	10%	3%	20%	10%	50%

— (소득기준) 국민주택은 도시근로자 월평균소득 100%를 유지하되, 민영주택은 도시근로자 월평균소득 130% 이하까지 확대

* '19년 도시근로자 월평균소득 130% : (2인가구)569만원 (3인가구)731만원 (4인가구)809만원

8. 특별공급에서 소득제한 여부도 확인한다. 공공분양 다자녀가구, 신혼부부, 생애최초, 노부모부양 특별공급과 전용면적 60m² 이하 일반 공급은 소득제한이 있다. 민간분양의 특별공급에서는 신혼부부 특별공급만 소득제한이 있다. 2021년 9월 8일 〈민영주택 신혼부부 생애최초 특별공급 사각지대 개선방안〉을 통해 소득기준이 바뀌었다. 국민주택인 공공분양은 월평균소득 우선은 100%, 맞벌이는 130%까지이며, 민영주택은 월평균소득 우선은 130%, 맞벌이와 일반인 경우 160%까지 특별공급 소득기준이 완화되었다. 신혼부부와 생애최초 특별공급을 통해 1인 가구와 무자녀 신혼부부의 당첨 기회가 확대되었다. 특별공급과 일반공급 중복 신청이 가능하지만, 특별공급 당첨자로 선정되면 일반공급 주택 청약은 무효가 된다.

9. 공공분양과 민간분양 특별공급 소득요건과 자격요건이 완화되었다. 그러나 자재와 인건비 상승으로 분양가가 10억을 넘어서면서, 서민들이 '청약을 통해 내 집 마련하기'란 여전히 하늘의 별 따기나 다름없다. LH와 SH 국민주택(공공주택), 그리고 공공분양 공급 정보를 각 홈페이지에서 정기적으로 검색하고, 정보를 챙겨야 한다. 서울에 거주 중이라면 SH 홈페이지를 참고해 서울 내 25곳의 '주거안심종합센터'를 찾아보자. 각자에게 맞는 주거복지 서비스 및 청약 정보 상담을 받을 수 있으니 추천한다. 민영주택 공급 정보는 청약정보 사이트를 통해 알 수 있다. 미리 아는 만큼 먼저 준비할 수 있다는 걸 기억하자. 어느 지역에 모집공고가 예정돼 있는지 미리 아는 만큼 먼저 준비할 수 있다. 청약

할 지역이 정해지고 청약을 위한 종잣돈도 준비됐다면 전문 청약강의를 수강하는 걸 추천한다. 부동산 정책(청약 및 대출 등)이 수시로 변하고 있는 만큼 청약은 공부하고 전략을 세우는 만큼 기회가 보인다. 꼭 수강 후 청약하길 권한다.

10. 청약, 뜻이 있는 곳에 길이 있다. 청약을 '대학입시' 또는 '고시'에 비유한다. 그만큼 공부해야 당첨될 확률이 높아진다. 부동산 정책이 자주 바뀌어서 내게 맞는 청약 공부는 꼭 필요하다. 실제 거주를 할 무주택 서민들을 위한 정책이기에, 거주의무 기간을 생각한다면 꼭 내가 살고 싶은 '지역'을 먼저 정하고 청약을 해야 한다.

이제부터 청약으로 내 집 마련을 꿈꾸는 사람이라면 꼭 관련 청약강의를 들어야 한다. '청약은 하늘에 별 따기'라는 생각에 지레 겁먹고 포기하는 사람들을 주변에서 많이 본다. 무엇을 어떻게 해야 할지 몰라 불안하고 걱정된다면 청약전문가에게 배우고 당첨을 위한 전략을 세워야 한다. 하늘은 스스로 돕는 자를 돕는다. 청약으로 첫 내 집을 마련하고 싶은 분들이라면 꼭 책을 펼치고, 관련 사이트에 들어가서 정보를 찾아봤으면 한다.

가정경제 재무장관이 참고한 내 집 마련 및 청약 정보 사이트

〈공공임대 주택 관련 정보〉

– LH 청약센터 apply.lh.or.kr

– SH 홈페이지 i-sh.co.kr

– 서울주거상담 seoulhousing.kr

– 『집코드』 부동산 정보, 신혼부부전세임대 네이버대표카페
   cafe.naver.com/rentalhouse1

〈민간분양 청약 관련 및 강의 정보〉

– 부동산114 r114.com

– 〈내집장만 아카데미〉 cafe.naver.com/ishift

– 똑똑한 부동산 투자 by 아임해피 cafe.naver.com/iamhappyschool

– 열정로즈의 내꿈사– 청약/분양권/내집마련/부동산/재테크
   cafe.naver.com/20thlindy

LH신혼부부 전세임대 짚어보기

공공분양이든 민간분양이든 청약에 당첨되면 바로 계약금의 10~20%를 본인이 납부해야 한다. '자납'이라고 불리는데, 예를 들어 6억 원짜리 아파트에 당첨되었다면 분양가의 10%에 해당하는 6천만 원에서 최대 20%인 1억2천만 원의 계약금을 가지고 있어야 한다. 현실적으로 그만한 종잣돈이 없다면, 소득기준을 따져보고 정부의 '주거안정제도'를 활용해야 한다.

나의 경우도 2012년부터 2020년까지 LH에서 지원하는 신혼부부 전세임대에 거주하면서 청약을 준비했다. 간혹 이런 지원제도를 이용해서 '지원'받는 것을 부끄러워하는 분들이 있는데 나는 당당히 이용하라고 말하고 싶다. 사회적 안전망이라고 생각하면 되고 따박따박 임대료 잘 내면서 정해진 기간 동안 잘 살면 된다. 그리고 경제적 상황이 나아지면 이후에 나보다 더 어려운 분들에게 지원될 수 있도록 내 집 마련을 해서 졸업하면 되지 않겠는가.

그런 마음으로 LH 신혼부부 전세임대에 대한 정보를 싣는다. 우리가 처음 신청했을 때와는 달리 현재는 소득에 따라 Ⅰ·Ⅱ형으로 구분하여 공급하고 있다. Ⅰ형은 해당 세대의 전년도 도시근로자 가구원수별 월평균소득이 70% 이하인 자(맞벌이일 경우 90% 이하인 자), Ⅱ형은 해당 세대의 전년도 도시근로자 가구원수별 월평균소득이 100% 이하인 자(맞벌이일 경우 120% 이하인 자)로, 무주택 요건 및 소득·자산 기준을 충족하는 신혼부부, 예비신혼부부, 한부모 가족까지 신청 대상에도 폭이 많이 넓어졌다.

여기서 신혼부부란 혼인기간 7년 이내 무주택 세대, 예비신혼부부란 혼인 예정인 사람으로서 입주일 전일까지 혼인신고를 한 사람, 한부모가족은 만 6세 이하의 자녀를 둔 한부모 가족의 부 또는 모(한부모 가족지원법 제4조 제1호에 해당하는 자 포함)까지를 말한다. 소득에 따라 신청 유형이 나뉘고, 거주할 수 있는 기간도 20년과 10년으로 차이가 있다.

구분	2인가구	3인가구	4인가구	5인가구	6인가구
70%	4,004,301	4,702,739	5,335,439	5,628,344	6,091,147
90%	5,005,376	6,046,378	6,859,850	7,236,443	7,831,475

소득기준은 전년도 도시근로자 가구원수별 월평균소득을 보는데, 세전 금액으로 해당 세대 구성원의 월평균소득액을 모두 합산한 금액이다. 여기에 자산도 본다. 보유 자산(건물+토지+금융자산), 자동차의 가액이 기준금액 이하인 자로 2023년도 기준으로 총자산이 36,100만 원 이하, 자동차가 3,683만 원 이하여야 최종 신청대상이 된다.

신청절차에 따라 최종으로 LH 신혼부부 전세임대에 선정되면 Ⅰ형의 경우 한도액 범위 내에서 전세지원금의 5%, Ⅱ형의 경우 한도액 범위 내에서 전세지원금의 20%의 임대보증금을 본인 부담으로 준비하면 된다. 거기에 전세지원금 중 임대보증금을 제외한 금액에 대한 약 연 2% 이자에 해당하는 금액을 월 임대료로 납부하면 된다. 예를 들어, 신혼부부 전세임대 Ⅰ형 당첨자가 1억 원짜리 전세를 얻으면 그중 5%인 500만 원은 본인부담금으로 준비해야 하고 나머지 9,500만 원에 대한 이자를 월 임대료로 납부하는 방식이다.

〔전세금 지원 한도액〕

공급유형	수도권	광역시	그 밖의 지역
신혼부부 전세임대 Ⅰ형	14,500만 원	11,000만 원	9,500만 원
신혼부부 전세임대 Ⅱ형	24,000만 원	16,000만 원	13,000만 원

LH에서 지원하는 한도액을 초과하는 전세주택은 초과하는 전세금액을 입주자가 부담할 경우 지원 가능하다. 단, 전세금은 지원한도액의 250% 이내로 제한하되 가구원 수가 5인 이상이면 예외다. 지원 한도액은 2023년 3월 기준이며 추후 변동될 수 있다.

신혼부부 전세임대 I·II형, 상시 온라인 신청이 가능하다

(예비)신혼부부뿐만 아니라 한부모 가족으로 LH 신혼부부 전세임대를 신청하고 입주대상자로 선정되면 자신이 살고자 하는 지역에 미리 지어진 주택(다세대, 다가구, 빌라, 아파트 등)을 지원한도액 범위 내에서 본인이 직접 전세주택을 알아봐야 한다. 이후에 LH에서 임대인과 계약할 집의 권리분석까지 마치고 나면 한국토지주택공사가 해당 주택 소유자와 전세계약을 체결하고 이를 입주대상자에게 재임대하는 방식이다.

우리가 처음 계약할 때였던 2012년에는 임대인들이 LH와 계약을 하는 과정에서 불편하다고 거부하는 경우가 많아서 조건에 맞는 집을 찾는 게 쉽지 않았다. 요즘은 집주인들의 LH 전세임대에 대한 인식도 변하고 있다. 임차인들이 임대료와 부분전세(월세)를 밀리지 않고 잘 납부하면 살면서 크게 불편한 일이 없다.

신청 절차

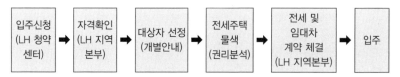

- 한국토지주택공사 인터넷 홈페이지 내 청약센터에서 상시 신청을 받는다. 신청기한은 신혼부부 전세임대 입주자 모집 공고 시 해당 접수 기간 내에 LH청약센터에서 신청 가능하다.
- 인터넷 청약시스템을 이용할 경우, 신청접수일 이전까지 개인용 공동인증서가 미리 준비되어야 한다.
- LH청약센터(apply.lh.or.kr)에서만 신청 가능하다.
- LH청약센터 접속 → 청약신청(전세임대) 클릭.
- 인터넷 청약시스템을 이용할 경우, 신청접수일 이전까지 개인용 공동인증서가 미리 준비되어야 한다.
- 공동인증서는 5대 인증기관(금융결제원, ㈜코스콤, 한국정보인증㈜, 한국전자인증, 한국무역정보통신)의 공동인증서를 사용하고 있으므로 이들 기관의 공동인증서 중 하나를 소지해야 한다(인터넷뱅킹 사용을 위해 금융기관으로부터 발급받은 인증서 사용 가능).
- LH청약센터에서 주거복지 정보(전세임대, 매입임대)와 임대주택(공공임대아파트)과 분양주택(공공분양아파트)의 정보와 공급계획을 살펴보면 유익하다.
- LH청약센터 내 분양·임대 공고문에서 관심 있는 지역과 상태를 설정해서 검색하면 된다. 공급계획도 미리 확인할 수 있다.

■서울특별시의 경우에는 'SH서울주택도시공사'를 통해 서울시민들을 위한 주거복지, 임대주택 및 분양주택 정보와 청약에 대해서 관리하고 있다. 홈페이지(i-sh.co.kr)를 통해 보다 구체적인 정보를 확인할 수 있다.

분양전환 임대아파트는 5년 또는 10년 후 분양전환 되기까지 임대 형식으로 거주하는 아파트다. 분양전환 할 시점에 시가에 맞춰 잔금을 치러야 한다. 반면에 공공분양 아파트는 청약에 신청해서 당첨되면 바로 소유권을 인정받는다. 두 유형 모두 공통적으로 일반공급은 청약 통장 가입 12개월, 12회 이상 납부(투기과열지구 및 청약과열지역은 24개월 경과 24회 이상 납부)한 사람들에게 1순위 자격이 주어진다.

60㎡ 이하의 평형대에 청약을 신청할 경우 소득기준을 만족해야 한다. 뿐만 아니라 전 평형에 자산기준을 만족해야 한다. 그리고 투기과열지구 및 청약과열지역은 세대주만 청약 가능하며, 과거 5년 내 세대구성원의 당첨사실이 없어야 청약자격이 주어진다. 즉 과거 5년 내에 당첨사실이 있으면 청약을 할 수 없다.

분양전환 임대아파트와 공공분양 아파트 모두 특별공급 유형이 있다. 기관추천, 신혼부부, 노부모부양, 생애최초, 다자녀 가구마다 입주자 저축 가입 기간의 기준(최소 6개월 6회부터)을 확인한다. 그리고 신혼부부 유형의 경우는 혼인기간 7년 이내에 출산(임신)한 신혼부부, 6세 이하 한부모 가족에게 1순위 자격이 주어진다.

그리고 생애최초는 말 그대로 지금까지 주택을 구입한 경험이 없는 무주택 세대구성원만 청약 가능하며, 과거 5년 내 세대구성원의 당첨사실이 없어야 한다. 다자녀 가구는 미성년(태아 포함)인 자녀가 3명 이상인 무주택세대구성원이 소득기준을 충족해야 한다. 노부모부양은 만 65세 이상의 직계존속(배우자의 직계존속 포함)을 3년 이상 계속하여 부양

하고 있는 무주택세대주에게 자격이 주어진다. 마지막으로 기관추천의 경우는 국가유공자, 장애인, 철거민 등을 제외한 대상자 중 해당 기관에서 입주대상자로 확정된 분들에게만 자격이 있다.

우선 본인과 세대의 소득기준을 살펴보고 해당되는 자격조건을 확인한다. 그리고 분양전환 임대아파트가 좋을지 아니면 공공분양 아파트가 나을지 선택한다. 각각의 자산기준(부동산, 자동차)도 확인한다.

2023년 전년도 도시근로자 가구원 수별 가구당 월평균소득 기준

공급유형	구분	3인 이하	4인	5인	6인
60㎡ 이하 일반공급, 생애최초, 신혼부부(배우자소득이 없는 경우)	도시근로자 가구당 월평균소득액의 100%	6,718,198	7,622,056	8,010,492	8,701,639
노부모 부양, 다자녀, 신혼부부(배우자소득이 있는 경우)	도시근로자 가구당 월평균소득액의 120%	8,061,838	9,146,467	9,618,590	10,411,967

■ 소득기준 : 전년도 도시 근로자 가구원수별 가구당 월평균소득이 기준금액 이하인 자

- 생애최초, 신혼부부(배우자소득이 없는 경우), 일반공급(공공주택 중 전용면적 60㎡ 이하)의 경우 월평균 소득 100% 기준을 적용한다.

- 노부모부양, 다자녀가구, 신혼부부(배우자가 근로소득 또는 사업소득이 있는 맞벌이 부부에 한함)의 경우 월평균 소득 120% 기준을 적용한다.

- 배우자소득에서 '소득'은 근로소득 또는 사업소득을 말한다.

– 소득기준 표를 참고해서 나와 우리 가족이 지원할 수 있는지 파악하면
　　된다.

■ 자산기준 : 보유 부동산(건물+토지), 자동차 가액이 기준금액 이하인 자(기
　관추천은 미적용)
　– 부동산 : 21,550만 원 이하(2023년도 적용 기준)
　– 자동차 : 3,683만 원 이하(2023년도 적용 기준)

■ 두 국민주택의 공급대상별 청약자격의 세부적인 내용은 '마이홈' 홈페이지
　(myhome.go.kr) → 자가진단 → 공공주택(통합) 기능을 통해 나에게 맞는
　주거서비스를 직접 쉽게 찾아볼 수 있다.

Chapter 2

돈은
나를 통해
흐른다

가계부 뒤로 숨었다

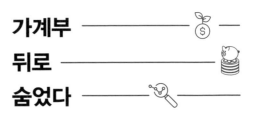

불안했다. 결혼하고 자궁 외 임신으로 아이를 잃고 외벌이가 됐다. 수입은 반 토막이 났다. 어린 시절 가난은 내가 선택할 수 없는 거였다. 하지만 내 가정을 일군 이상 더 이상은 가난하게 살고 싶지 않았다. 지금부터는 온전히 우리 부부가 책임져야 한다는 생각뿐이었다.

그래서 손에 잡은 게 가계부다. 솔직하게 말하면 가계부 뒤로 숨었다. 지금 다시 봐도 가계부라고 부르기에도 민망한 "CASH BOOK"이라고 써진 빨간색 노트가 나의 첫 가계부였다. 동네 문구점 어디에 가도 볼 수 있는 금전출납부였다. 결혼하고 3개월이 지나면서 막연하게 '이대로는 안 되겠구나!' 싶었다. 내 집을 마련하겠다고 마음은 먹었지만 무엇을 어떻게 해야 할지 방향을 몰라 현실에 부딪혔다.

나는 왜 가계부를 쓰기 시작했을까?

다시 생각해보니, 많이 불안했다. 아이는 떠났는데 내 몸은 여전히 아프다는 사실이 싫었고, 임신한 사람들을 보는 게 싫어서 밖에 나가 사람을 만나는 거조차 무서웠다. 그러다 보니 다시 일을 하기 위해 사회로 나가는 게 가능할까 싶을 정도로 자존감이 바닥을 쳤다. 정신을 차려도 외벌이로 계속 살아갈 생각을 하니 더 불안하고 걱정됐다.

다시 생각해보니 그 불안을 달랠 수 있는 도구로 '가계부'를 택한 게 아닐까 싶다. 외벌이로 '앞날'이 걱정되던 그때에 생각난 게 돈을 쓸 때마다 기록하는 가계부였다니. "돈을 모으려면 무엇보다 가계부를 먼저 써야 한다"는 조언에 따라 내 인생에서도 가계부를 쓰는 삶이 시작됐다.

그런데 용기를 가지고 쓰기 시작했던 가계부를 지금 와서 다시 들여다보니, 먹는 거 이외에도 이것저것 사면서 예산을 정하지 않고 무작정 신용카드도 썼었다. 일자별로 어디에 무엇을 얼마나 썼는지 잊지 않고 다 적었을 뿐이었다. 그때는 가계부에 기록한다는 거만으로 불안을 잠시 내려놓고, '나 가계부 쓰는 여자야! 돈 관리 잘 하고 있어!'라고 나 스스로를 위로하며 만족하고 살았다.

과연 그때 행복했을까? 불만이 크게 있지는 않았던 거 같다. 하지만 내 안의 불안은 여전히 해소되지 않았다. 몸이 회복되면서 지금의 첫째가 금방 찾아와 주었다. 운동 삼아 산책을 나가기 시작했고 덕분에 대인기피증도 이겨낼 수 있었다. 하지만 돈 걱정은 더 커져갔다. '아이는 곧 태어날 텐데, 남편 혼자 벌어오는 돈으로 어떻게 살아갈까' 싶은 현실적인 걱정과 불안이 더 크게 다가오고 있었다. 그럼에도 불구하고 그때 가계부에 기록된 지출내역들을 보면 절약보다는 '임신했으니 잘 먹어야 하잖아. 지금을 즐기자'라며 결혼 전에 모아두었던 돈들을 끌어다 쓰며 살았다. 지금은 하루 5천 원, 만 원으로만 살아도 행복한데 그때는 그렇게 많은 돈을 쓰면서도 늘 불안하고 걱정이 많았다.

무엇이 문제였을까? 왜 가계부를 쓰고 있으면서도 불안하고 걱정이 줄지 않았을까? 바로 가계부 월말 결산을 하지 않았기 때문이다. 단순히 언제, 어디에, 얼마를 썼는지 기록만 했을 뿐, 그 총합이 얼마였는지 평가하고 다음에 어떤 것을 줄일지 계획할 용기가 없었다. 마치 월말 결산 결과가 한 달 동안 얼마나 잘 아끼고 살았는지 평가하는 성적표처럼 느껴졌다.

그래서 더 그 숫자들을 객관적으로 대하지 못했다. 분명 돈이 새고 있는 걸 알면서도 모르는 체하며 살았다. 그러다가 신혼부부 전세임대에 당첨되고 첫아이 출산과 이사를 겪으면서 내 가계부에도 큰 변화가 찾아왔다.

아이를 출산하고 퇴원하자마자 모유수유를 하겠다는 각오로 오로지 내 따뜻한 가슴과 손수건만 준비했었다. 하지만 아이의 황달로 수유를 중단해야 했다. 분유수유를 하기 위해 급하게 젖병과 분유, 보온병이 필요했다.

예상하지 않았던 소비는 '결제' 버튼과 함께 진행됐다. 천기저귀를 준비했지만 6개월 이후부터는 선물로 받아 사용했던 일반기저귀의 편리함에 빠져 추가적인 지출이 늘었다. 출산과 양육을 겪으며 불어나는 지출 앞에서 '가계부 제대로 한번 써보자. 이런 식으로 쓰면 변할 게 아무것도 없구나' 싶었다. 게다가 갑작스러운 수술을 마치고 돌아온 날, 다시는 아이 병원비를 책임지지 못하는 부모가 되고 싶지 않았다. 다른 건 그렇다 치더라도 가계부는 내게 그런 가르침을 주었다. 있는 그대로 내 상태를 확인해야 한다고. 지금과 다른 내일을 원한다면 어제와 다르게 살아야 한다고. 지금까지 결산도 제대로 하지 않는 가계부로는 안 된다고.

이번에는 제대로 새는 돈을 잡아야 했다. 자연스럽게 그날 어디에, 얼마를 썼는지 숫자를 쓰고 빈 여백에 '지출'이라고 쓰고 나서 '내 생각과 느낌'을 적어내려가기 시작했다. 어렵게 얻은 아이를 건강하게 키우고 싶어서 자연스레 건강한 먹거리를 챙겼다. 그러니 다른 건 포기하더라도 생협에서 콩으로 만든 두부나 간장은 꼭 사야한다는 식으로 소비 기준을 만들게 됐다.

이런 과정이 반복되면서 '지금 그게 꼭 필요해? 정말 필요한 걸까? 아니면 다른 사람들이 쓰니까 갖고 싶은 걸까? 내가 진짜 원하는 게 뭐지? 그거 없으면 못 살만큼 힘든가? 지금 말고 내일이나 모레 사는 건 어떨까? 집에 그거 말고 대체할 만한 다른 건 없나?'라며 자연스럽게 스스로 무언가를 살 때 꼭 돈과 대화를 하기 시작했다. 그리고 아이들 용돈기입장 수준이던 빨간 캐시북에 지출만 기록하던 걸 멈추고, 결산하기 쉽게 아예 항목별로 지출내역을 적는 나만의 스타일로 가계부 양식을 만들었다. 그렇게 탄생한 것이 '머니잇수다 가계부'다.

02

당신의 가계부 패턴은 어떤가요?

　　월급날 하면 떠오르는 추억이 있는가? 시골 중학교 주사님이셨던 아빠는 매달 25일이면 습자지 같은 황토색 봉투에 월급을 받아왔다. 그리고 한 손에는 기름이 배인 봉투를 들고 왔다. 현금이 담긴 월급봉투보다 나와 언니는 사실 고소한 기름 냄새가 진동하는 통닭을 보고 '오늘이 아빠 월급날이구나'를 알아차렸다. 그때는 돈보다 통닭이 더 좋았다. 시골에서 튀긴 닭 한 마리에 모든 게 행복해지는 날이었다. 작은언니는 아빠가 오면 "닭다리~ 닭다리~ 내 닭다리" 노래를 부르며 개다리 춤을 추고 신나했다.

　　예전에는 이렇게 월급을 현금으로 받았다. 현금으로 한 달에 필요한 돈을 나누고 쪼개서 계획을 세워 사는 게 당연했다. 하지만 지금은 어떤가? 신용카드로 먼저 당겨 쓴다. 한 달 열심히 일해서 월급이 통장에 들어오면 미리 쓴 돈들을 갚느라 정작 내 손에 쥐는 돈은 얼마 없다. 그래서 또 다시 돈이 부족해서 신용카드나 마이너스통장을 쓴다. 먼저 빌려 쓰고 열심히 벌어서 갚고 또 빌려 쓰는 패턴이 무한 반복된다.

매일 지출을 기록하기만 하던 나의 첫 금전출납부도 '먼저 빌려 쓰고, 벌면 갚고, 또 빌려 쓰고' 하다 보니 늘 제자리걸음이었다. 그래서 머니잇수다 가계부는, 현금으로 월급을 받으면 한 달 써야 할 곳에 미리 정해진 금액만큼만 사용하던 방식으로 돌아가는 걸 목표로 했다. '열심히 벌면(수입), 가장 먼저 모으고(저축) 갚은(상환) 다음에, 남는 돈으로 쓰는(지출)' 패턴을 만들어야 한다. 머니잇수다 가계부 시스템은 궁극적으로 짧게는 3개월, 길면 6개월 후에는 미리 당겨서 쓰는 신용카드는 모두 털어버리고 새는 돈을 잡아 '푼돈까지 종잣돈'으로 모으기 위해 만들어졌다.

예산을 세우고, 절약하고, 결산하는 시스템

매달 예산을 세우고 그 돈 안에서 아끼면서 사는 게 바로 절약이다. 내가 정한 기준을 넘나들며 실패와 성공을 반복하는 것. 그 기록을 가계부에 적어나가면서 하루하루, 매주, 매달 되돌아본다. 잘 했는지 잘 못했는지, 실패했는지 성공했는지를 평가하는 게 아니라 결국은 내가 정한 목표를 향해 잘 가고 있는지 혹은 멈추었는지를 확인하는 거다. 그래서 가계부는 단순한 기록의 결과물이 아니라 나를 돌아보는 하나의 '시스템'이다. 가계부를 무작정 쓰기만 하지 말자. 하루하루, 매주,

매달, 매년 나와 우리 가족의 상태를 파악하고 점검하면서 방향을 다시 세우는 시스템으로 활용하자. 그래야 제자리걸음을 하지 않고 앞으로 나아갈 수 있다. '느리더라도 멈추지만 않는다면' 언젠가 종잣돈은 차곡차곡 쌓인다.

나에게 맞는 가계부를 만들다

2018년 9월 14일, 김유라 멘토의 가계부 다이어트 프로젝트를 시작하면서 하루에 한 번 블로그에 가계부를 쓰기 시작했다. 혼자서 가계부를 쓰던 지난 시간과 달리 블로그 댓글로 보내주는 여러 이웃들의 응원에 신이 났다.

"블로그 글을 보고 저도 가계부 쓰기를 시작했어요."
"하루 살기 금액을 정해서 살기 시작했어요."
"가계부도 쓰고 집밥도 해 먹어 볼게요."

나에게 직접 피드백을 주는 분들을 보면서 나 또한 꿈을 꾸기 시작했다. 하나같이 내 글로 자극을 받아 가계부를 쓰고 절약을 하면서 집밥을 하게 됐다는 댓글들이 나를 또 움직이게 했다.

'돈 관리가 어려운 분들에게 돈과 대화하는 가계부, 머니잇수다를 통해 새는 돈을 잡고 종잣돈을 모아 꿈을 이루는 돈 관리의 성취감을 경험하도록 돕는다'는 비전을 세웠다. 블로그라는 공간에서 이웃들에게 받은 응원의 힘을 돌려주고 싶다. '혼자서만 가계부 쓰고 잘 살면 무슨 재미인가. 함께 쓰고 절약하자'는 마음이다. 그래서 난생 처음 가계부를 써보고 싶은 분, 혼자 하다가 멈추신 분, 밀린 가계부를 덮은 지 오래되신 분, 가계부를 왜 써야 하는지 모르겠는 분들을 대상으로 '누구나 함께, 다시 쓰는 가계부'라는 타이틀로 가계부 모임인 '머니잇수다'를 2019년 6월부터 시작했다. 매일 가계부를 쓰고 집밥을 하는 습관 만들기 프로젝트 '세이브머니챌린지'를 운영하고 있다.

돈과 대화를 시작하다

매일 매 순간 우리는 돈 앞에서 많은 선택과 결정을 한다. 그때마다 아무 생각 없이 돈을 쓸 사람이 얼마나 될까? 필연적으로 '이거 꼭 필요한 건가?' '그냥 사람들이 사니까 사고 싶은 거 아니야?' '그냥 가지고 싶은 건 아닌가?' '이 돈을 여기에 쓰는 게 맞나?' '합리적인 금액인가?' '사놓고 후회하는 거 아니야?' '이거 말고 다른 방법은 없을까?' 등등 짧은 순간 많은 이야기들과 물음표가 머릿속을 헤집고 다닌다. 그 많은 질문들 속에서 나는 매 순간 '머니수다(돈과의 대화)'를 나눈다. 사람과 사람 사이에만 소통이 중요한 게 아니라, 돈과 나 사이에도 대화가 필요하다. 돈과 대화하는 과정에서도 부담 없이 '수다'를 떨듯이 진솔하게 '툭툭' 이야기를 나눠야 정말 내가 원하는 게 뭔지 또 정말 필요한 건 뭔지 알 수 있다.

첫아이를 낳고 산후우울증을 앓으면서 가장 힘들었던 게 한 달 120만 원의 예산으로 살아내야 하는 일이었다. 정말 10원 한 장, 100원 한 장이 아쉬웠고, 솔직히 분유 살 돈이 없어서 모유수유를 해야만 했었다. 그때 그 힘든 시간을 나는 가계부 안에 일기를 쓰면서 버텼다. 돌아보니 그 안에 날 것 그대로 돈과 나의 대화가 담겨있었다. 다른 누구도 침범하지 않은 온전한 돈과 나의 솔직한 대화.

당연히 옷도 안 사고 언니들이 주는 옷을 입었고, 남편이 좋아하는 여행이나 좋아하는 가수의 음반을 사서 듣던 취미생활도 멈추고, 용돈도 수입의 10%로 제한하며 살았다. 자연스레 나는 남편과 언니들에게 짠순이로 통했다. 하루 1만 원에서 5천 원으로 하루 살기 금액을 실천하면서 이제는 남편도 함께 돈과 대화하게 됐다. 그렇게 1년을 살면서 '가계부 쓰기와 절약을 나 혼자만 하는 게 아니라 배우자와 함께할 때 진정한 가정경제 재무장관이 되는 거구나!'라고 깨달았다.

흔히 가계부는 부부 중에 한 명이 책임지고 관리하는 거라고 착각한다. 하지만 결국 가계부는 우리 집의 수입을 어디에 어떻게 쓸지 함께 결정하고 하루하루 절약을 실천하는 일이다. 머니잇수다, 함께 쓰는 가계부는 우리 가족들이 같이 머리를 맞대고 세운 목표를 향해 나아가는 과정이다. 그 순간 순간 머니대화로 소통도 많아지면서 그동안 몰랐던 서로를 알아간다. 머니잇수다는 그 일련의 과정을 동료들과 함께 가계부를 쓰는 습관을 들이며 우리 집의 재무 상태를 스스로 점검할 수 있는 프로그램이다. 결국 모든 답은 내 안에, 우리 가족 안에 있다. 그 속에서 진솔한 '머니×수다'를 이어나갈 수 있도록 돕고 싶은 내 진심이 '머니잇수다'라는 이름 안에 담겨 있다.

머니잇수다 가계부 양식은 어떻게 쓰나요?

어차피 나갈 돈은 이미 정해져 있다. 대부분 지출되는 날짜와 금액은 고정돼 있다. 그래서 가계부 예산은 미리 쓰고 시작한다. 가계부에는 우리 집 돈의 흐름을 적는 거다. 수입과 저축 항목을 정리하고 고정 지출의 경우는 언제, 어디에, 얼마가 나갈지 예상되는 금액을 적는다. 거의 모든 항목에 예상되는 금액과 지출내역을 적어 내려가다 보면 어느새 새로운 달의 가계부 절반이 채워진다.

뭐랄까. 내가 예측하는 대로 소비될 수 있도록 하는 가이드라인이 잡힌다고나 할까. 예를 들면, 주거비와 공과금, 보험료, 아이들 학원비, 용돈 등이 그렇다. 고정적으로 나가는 지출들은 한 번만 잘 정리하면 계속해서 반복되기 때문에 매달 예산을 잡기 쉬워진다.

그다음으로 실제로 지출이 발생하면 돈을 쓴 날에 사용한 내역과 금액을 적는다. 거의 대부분이 매일매일 지출되는 변동지출(식비, 외식비, 생필품비)이 이에 해당한다. 마지막으로 월말에 항목별로 소계를 내면 그게 곧 결산이 된다. 분기마다 또는 1년에 한 번씩 고정지출이 크게 늘어났을 때, 왜 그런지 이유를 찾고 줄이기 위한 점검을 하면 된다. 이 방법이 가계부 시스템으로 자리 잡고 손에 익으면 어떤 항목에서 예산보다 지출이 많아지고 있는지 쉽게 한눈에 볼 수 있다. 결국 우리가 매일 잘 관리해야 하는 건 '변동지출'이다. 하루 살기 금액을 정하고, 주별 생활비 시스템을 만들어서 변동지출을 관리하는 방법은 다음에서 더 자세히 다루겠다.

이제 세부적으로 영역을 크게 수입(소득), 대출 상환, 저축, 지출(고정과 변동)로 나누고 하나씩 설명하겠다.

버는 돈 : 수입

들어오는 돈이 있어야 나가는 돈이 생긴다. 가계부에서 가장 중요한 부분이 바로 이 '소득'이다. 대부분은 수입이 정해져 있다. 하지만 요즘은 고정적인 소득 이외에 추가적으로 돈이 들어오는 파이프라인, 수입 구조를 만드는 라이프 스타일이 흔해지고 있다. 수입의 종류를 어느 것 하나로 한정 짓지 말고 추가적인 소득 수단에는 어떤 게 있는지 알아보고 어떻게 하면 수입을 늘릴 수 있는지 끊임없이 방법을 찾아야 한다. 들어오는 돈에는 한계를 짓지 말자.

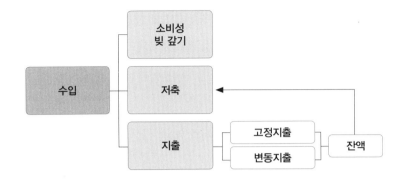

수입-지출의 황금비율을 찾아라

가계부는 간단하다. 수입과 소비성 빚 갚기, 저축, 그리고 지출이라는 네 가지 부분으로 이루어져 있다.

'수입-(소비성 빚 갚기+저축+지출)=0'이라고 하는 기본 구조에서 수입이 늘어난다고 가정하면, '저축'을 늘리고 '지출'은 현재 상태를 유지한다. 그러면 자연스럽게 가계부는 플러스가 된다. 반면에 마이너스 대출이 생기면, 저축할 수 있는 여유는 없어지고 지출이 더 커진다. 예를 들어, 맞벌이 소득이 500만 원인 우리 집에서는 월급날 가장 먼저 300만 원을 저축한다. 그리고 남는 돈 200만 원으로 생활한다. 일단 미래에 쓸 돈을 위해 300만 원을 쌓아놓는다.

그런데 혹시라도 300만 원으로 신용카드비를 갚아야 한다고 하면, 500만 원 수입에서 300만 원으로 빚을 갚고 남는 생활비로 빠듯하게 지출하며 살게 된다. 그럼 수입에서 지출하고 남는 돈은 0원이다. 정말 운이 좋지 않게도 카드비를 400만 원이나 내야 한다고 하면, 한 달 생활비가 100만 원이나 부족해지는 마이너스 상황을 겪게 된다.

그러므로 우리 집의 수입에 맞게 저축과 지출을 하는 황금비율을 조금씩 찾아야 한다. 우리 집의 경우, 부수입이 늘어나서 한 달 600만 원을 벌게 된다면 어떻게 할까. 200만 원 지출은 그대로 두고 저축을 400만 원으로 늘린다. 수입이 늘어나는 만큼 저축을 늘리고 지출은 현재 상태를 유지한다. 결국 자기에게 맞는 현금 흐름을 파악하고, 플러스 흐름을 만들 수 있는 방법을 찾기 위해 가계부를 써야 한다.

수입-지출의 황금비율 예시(단위 : 만 원)

수입	저축	지출	누적액
500	300	200	300
500		500	0
500		600	−100
600	400	200	400

가장 먼저 수입 부분의 근로소득은 세전금액이 아닌 월급통장에 찍힌 세후금액을 적는다. 대부분의 직장인들은 매달 들어오는 돈이 정해져 있다. 반면에 자영업을 하는 분들의 경우는 고정적인 소득은 아니지만 주 소득원으로서의 매달 수입을 '근로소득' 란에 적어도 된다. 프리랜서도 마찬가지다. 본인의 수입이 비정기적이더라도 자신이 일을 해서 벌어들이는 소득인 만큼 근로소득에 넣어도 좋다. 아르바이트로 벌어들이는 수입도 근로소득에 적는다. 내가 일을 해서 버는 돈을 기본으

로 적는다. 근로소득 이외에는 사업소득과 부동산 임대를 통한 임대소득 등이 있다.

내게 정기적으로 들어오는 기타소득은 미취학 아동들을 가정에서 키우면 받는 양육수당(자녀의 연령에 따라 받는 금액이 다르다. 만 12개월 미만은 매월 20만 원, 만 12개월~24개월은 매월 15만 원, 24개월~7세 미만은 매달 10만 원)과 만 7세 아이들에게 동일하게 매달 10만 원씩 지급되는 아동수당이 대표적이다. 뿐만 아니라 근로소득 이외에 부가적인 수입이 매달 고정적으로 들어오는 경우에도 정기수입으로 적는다.

직장인이지만 사이드로 자신만의 경험이나 노하우를 콘텐츠로 만들어 적게라도 비고정적인 수입을 올리는 분들이 있다. 그렇게 발생하는 소득이 몇 년 후에는 회사에서 받는 월급보다 많아지는 날, 나만의 사업으로 독립을 하는 경우도 있다. 책이나 콘텐츠 등을 생산하고 벌어들이는 계약금 등의 수입은 기타소득으로 볼 수 있다.

덧붙여 내 경우는 소소하지만 블로그에 글을 쓰고 애드포스트를 시작하면서 방문자들이 내 글을 읽은 조회 수와 클릭 수에 따라 수익금을 받고 있다(월 5만 원 기준 이상 시 지급). 뿐만 아니라 비정기적으로 회사에서 받는 상여금이나 인센티브, 연말정산 환급금, 근로장려금이나 자녀장려금, 선물 받은 상품권이나 쿠폰, 기프티콘(일정 금액 이상을 적는다. 나의 경우는 5천 원 이상) 등도 적는다. 간혹 명절이나 특별한 날 아이들이 가족들에게 받는 용돈이나 축하금도 해당된다. 마지막으로 현금흐름이 원활하지 않아 지인에게, 또는 평소에 모아둔 예비비나 비상금 통장에서 빌린 돈 등을 비정기수입에 '차입'으로 기록한다. 그리고 다음에 돈이 남으면 예비비/비상금 통장에서 빌린 돈을 다시 채워놓는다.

😊 아동수당 · 양육수당 신청하기

■ 아동수당과 가정양육수당의 지급일은 매월 25일 같은 날이다.

■ 출생신고 시 아동수당과 양육수당을 한 번에 신청하면 편리하다.

■ 가정양육수당은 아이의 개월 수에 따라 '가정 보육'을 할 때 받는다.
(0~11개월 20만 원, 12~23개월 15만 원, 36~84개월 이하 10만 원)

■ 가정양육수당은 보육기관(어린이집, 유치원) 입소 결정이 나면 동사무소 또는 복지로 사이트에서 보육료 전환을 신청해야 한다. 즉, 아이가 보육기관에 다니기 시작하면 양육수당은 현금으로 지급되지 않는다.
※ '22. 1. 1. 이후 출생 아동이라면 만 0~23개월까지는 부모급여(영아수당)로, 24개월부터는 가정양육수당으로 지급된다.

■ 아동수당은 초등학교 취학연도 2월까지 아동당 10만 원씩 지급된다.

■ 아동수당은 거주지 동사무소 또는 복지로 사이트에서 신청한다.
(복지로 사이트 www.online.bokjiro.go.kr)

수입			선지출		
1. 근로소득			소비성 빚 갚기		
날짜	내용	금액	날짜	내용	금액
	남편월급			신용카드 할부금	
	아내월급			소비성 대출이자	
	육아휴직급여			마이너스통장 이자	
	단축근로급여				
	아르바이트				
소계			소계		
2. 기타소득 – 정기수입			저축		
	양육수당		1. 대출 상환		
	아동수당			주택자금 마련	
	이자소득			학자금	
	배당소득		2. 정기저축		
	사업소득			종잣돈적금	
	연금소득			가족여행	
	기타소득			자녀학자금	
				부부청약	
				출자금	
				차량보험 준비	
소계			소계		

	3. 기타소득 – 비정기수입(부수입)			3. 비정기저축	
	나만의 콘텐츠			나만의 콘텐츠	
	애드포스트			애드포스트	
	설문조사			설문조사	
	앱테크			앱테크	
	상품권			상품권	
	축하금/용돈			축하금/용돈	
	근로 · 자녀장려금			근로 · 자녀장려금	
	보너스/인센티브			보너스/인센티브	
	수당			수당	
	당근마켓 등 중고마켓 판매 수익			당근마켓 등 중고마켓 판매 수익	
	소계			소계	

모으는 돈 : 저축

저축은 미래의 소비를 위해 현재의 지출을 미리 일정 부분 떼어서 모아두는 거다. 저축의 종류는 주거 안정과 교육을 위한 대출 상환, 정기저축과 비정기저축으로 구분한다. 주거 안정과 교육을 위한 대출 상환을 저축으로 넣은 이유는, 한 달에 열심히 일해서 매달 대출 원금을 상환하는 데 쓰는데 그걸 지출로 생각하면서 무기력을 느끼는 경우를 많이 봤다. 그럴 바에는 매달 은행에 갚는 대출 원금, 학자금 상환은 마이너스 상태에서 0으로 회복하는 과정으로 보자는 의미다.

단, 미래에 쓸 돈을 미리 당겨서 소비해버리고 매달 현금흐름에 부정적인 영향을 미치는 신용카드, 약관대출 등은 제외다. 큰 틀에서 내 집 마련을 위한 대출원금을 갚아나가는 건 장기적으로 내 자산으로 쌓이고, 학자금 또한 나를 위한 투자로 볼 수 있다. 대부분의 사람들이 0에서 100이 되어야만 플러스고 저축이라고 여긴다. 하지만 나는 −100에서 −50이 되고, 0이 되는 것도 플러스라고 생각한다. 한 계단씩 올라가는 과정에서 성취감과 만족감을 느끼는 게 더 큰 수익이지 않을까.

정기저축은 매달 정해진 금액을 꼬박꼬박 모으는 '종잣돈'이다. 현재의 지출을 관리해서 미래에 쓸 노후자금, 내 집 마련 자금, 나와 자녀의 학자금 등을 준비하는 거다. 1년에서 3년 후에 사용하기 위한 목적을 가지고 정기적으로 매달 저축하는 작은 목표도 저축에 포함한다.

예를 들어, '가족여행' '가전제품 교체를 위한 적금'이 이에 해당한다. 그 이외에는 비정기적으로 들어오는 수입을 그대로 모으는 비정기저축이 있다. 나의 경우는 네이버 애드포스트, 주변으로부터 나와 아이들이 받는 용돈(축하금), 기타소득(인센티브나 보너스, 연말정산환급금, 근로장려금, 자녀장려금, 출판 인세), 앱테크 등의 부수입과 매달 정해진 고정비나 비고정비 예산에서 남은 돈을 예비비 통장으로 보낸다. 이 모든 '저축' 내용은 한 달에 얼마의 돈이 새지 않고 잘 모이는지 쉽게 볼 수 있게 한 페이지에 적는다.

저축을 위한 팁

− 저축의 목적을 분명히 한다.

- 목적에 맞는 기간을 설정한다.
- 단기, 중기, 장기에 맞는 저축 금액을 정한다.
- 단기, 중기는 '저축상품'을 중심으로 하고, 장기는 저축과 투자를 병행한다.
- 수입의 몇 %를 저축할 수 있는지를 먼저 정하고, 강제 저축 후 지출을 관리한다.

쓰는 돈 : 고정지출

수입은 상황과 노력에 따라 늘어나고 줄어들 수 있지만 우리가 한 달 동안 쓸 수 있는 돈은 정해져 있다. 즉, 얼마를 쓸지 미리 정해야 한다. 그래야 지출을 잘 관리할 수 있다. 다른 많은 가계부에서 고정지출을 대부분 공과금, 보험료, 월세, 용돈 정도로만 정한다. 하지만 나는 대부분의 지출, 거의 매일 지출하는 식비와 외식비, 생필품비를 제외한 모든 항목들을 고정지출화 한다.

같은 주차비라도 고정비 항목이 달라질 수 있다. 예를 들어, 마트나 병원에 가서 나온 주차비는 '교통비' 항목에, 여행 가서 나온 '주차비'는 '문화생활비' 항목에 넣는 등 상황에 따라 다르다. 또 집마다 다른 고정지출도 있을 것이다. 마지막 페이지 공란에 우리 집에 맞는 항목을 추가하고, 매달 금액을 적어 관리한다(예. 내 용돈, 차량 운영비, 프리랜서 활동비 등).

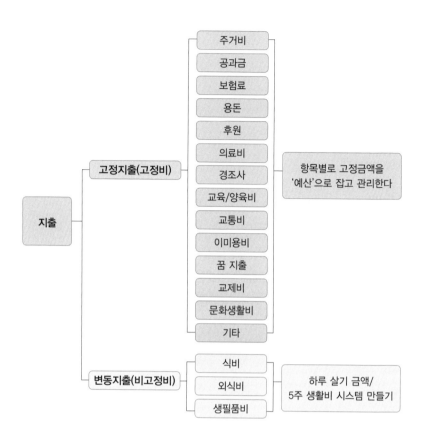

항목	내용
주거비/공과금	월세, 전기요금, 가스요금, 수도요금, 인터넷요금, 통신비, 정수기 렌탈비 등
용돈	양가 부모님, 부부, 자녀
보험료	가족 실손보험, 생명보험, 암보험, 치아, 연금저축 등 보험성 저축
후원	비영리 단체 후원금, 교회 십일조 등
교육비	육성회비, 방과후 활동, 특별활동비, 학원비, 학습지, 교복비 등
양육비	대체로 두 돌 전 아이를 키우기 위해 드는 비용 (기저귀, 물티슈, 이유식, 장난감 등)

교통비	주유비, 통행료, 선불 교통카드, 후불 교통카드
경조사	명절, 생일, 결혼식, 장례식 등
의료비	실손보험으로 처리되지 않는 진료비, 연고나 밴드 등 의약품 구입
이미용	헤어, 화장품, 의류 등 품위유지비
꿈지출	자기계발 비용, 책 구매, 강의 수강, 대학원 등록금, 내적 성장을 위한 모임 참가비 등
문화생활비	여행, 공연 관람, 캠핑 등 문화적 향유를 위한 비용. 가족 여행을 가면서 발생하는 통행료, 주차비 등은 문화생활비로 기록
기타지출	쌀, 차량수리비, 가전제품 수리 및 점검 등 예상하지 못한 지출
교제비	가족 모임 회비, 동료나 친구들 계모임처럼 고정적으로 '회비'가 나가는 것
소비성 빚 갚기	미리 당겨 쓰고 나중에 갚는 돈 (신용카드, 단기대출, 카드론, 리볼빙 등)

가계부 코칭을 해보면 각 항목별로 예산을 정해놓는다는 게 낯설어 헷갈려 하는 경우를 종종 본다. 내 경우는 경조사비에 30만 원, 의료비에 5만 원, 양육비와 교육비에 20만 원, 이미용비와 교통비에 5만 원씩 매달 예산을 정해놓는다. 이런 항목을 대부분의 다른 가계부에서는 대표적인 변동지출이라고 한다. 하지만 나는 변동지출은 식비, 외식비, 생필품비만으로 정하고 나머지 항목은 정해진 예산을 잡아 사용하고 남으면 예비비(비상금) 통장이나 푼돈 적금 통장으로 보내서 새는 돈을 잡는다.

그중에 이미용비와 교통비는 봉투에 현금으로 담아놓고 쓴다. 이번 달에 잔액이 남으면 자연스럽게 다음 달로 넘기거나, 예비비/비상금 통장으로 보내 필요한 곳에 쓰기도 한다. 예를 들어 미용비 예산이 5만 원인데, 이번 달에 1만 원으로 머리를 잘랐다면 4만 원이 남는다. 잔액을

다음 달로 넘기면, 다음 달에도 똑같이 5만 원이 들어오니 총 9만 원이
된다. 이런 식으로 예산에 여유가 생기면 한 번씩 펌을 하거나 다른 물
건을 구매한다.

고정지출					
1. 주거비/공과금		300,000	4. 후원		70,000
날짜	내용	금액	날짜	내용	금액
9/25	월세	100,000	9/25	비영리단체	70,000
9/30	전기세	10,000		교회 십일조	
9/30	가스비	10,000			
9/30	수도세	46,900			
9/30	인터넷 요금	20,690			
9/30	휴대폰 요금	30,000			
9/30	임대료	83,120			
9/30	정수기 렌탈비				
소계		300,710	소계		70,000
2. 용돈		450,000	5. 교제비		50,000
	친정 어머니		9/30	가족 모임 회비	20,000
	친정 아버지			계모임 회비	
9/25	시어머니	50,000		모임 회비	
9/25	시아버지	50,000			
9/30	남편	250,000			
	첫째				
	둘째				
	셋째				
9/30	나	100,000			
소계		450,000	소계		20,000
3. 보험		200,000	6. 의료비		50,000
9/30	실손보험	203,000		병원 진료비	
	생명보험			의약품 구입	
	암보험			검진 외	
	치아보험				
	연금저축보험				
소계		203,000	소계		

고정지출					
7. 경조사		300,000	**10. 이미용**		50,000
날짜	내용	금액	날짜	내용	금액
9/30	명절비	100,000		헤어	
9/28	생일 용돈	50,000		화장품	
	결혼식 축의금			의류	
	장례식 부의금			액세서리	
	김장				
	이벤트(크리스마스)				
9/26	친정 방문	200,000			
9/14	시댁 방문	50,000			
	졸업·입학 축하금				
소계		400,000	소계		
8. 양육비/교육비		300,000	**11. 문화생활/여가**		50,000
9/1	기저귀	30,000		여행	
	물티슈			공연 관람	
	이유식 재료			캠핑	
	장난감			영화 관람	
	동화책 구입			콘서트 관람	
	학습지 이용료				
9/5	특별활동비	50,000			
9/20	학원비	130,000			
	교복비				
소계		210,000	소계		
9. 교통비		50,000	**12. 기타지출**		50,000
9/2	주유비	30,000	9/1	쌀 구입	50,000
9/5	통행료	20,000		차량 수리비	
	후불 교통카드 사용			가전제품 수리비	
9/7	선불 교통카드 충전	30,000		세금	
				예상 이외 지출	
소계		80,000	소계		50,000

고정지출					
13. 꿈지출			16.		
날짜	내용	금액	날짜	내용	금액
	자기계발비				
9/5	도서 구입	30,000			
9/6	강의 수강	50,000			
	대학원 등록금				
	워크숍 참여				
	모임(독서 등)				
9/4	프로젝트 참가비	30,000			
소계		110,000	소계		
14. 예비비		50,000	17.		
소계			소계		
15.			18.		
소계			소계		

매일 쓰는 돈 : 변동지출

고정지출 이외에 식비, 외식비, 생필품비만 변동지출로 매일 관리한다. 변동지출을 한 달 기준으로 일주일 단위로 쪼개서 하루 살기 금액을 정해 지출 및 관리하는 방법은 다음에서 자세히 다루겠다.

식비는 온 가족이 먹는 식사를 준비하는 금액이다. 내가 회사에서 먹는 점심식사와 식후에 마시는 커피 등은 내 용돈으로 해결한다. 식비는 우리 가족이 집에서 얼굴을 마주보고 먹는 데 쓰는 식재료비와 간식비이다.

집에 가족들이 없을 때 나 혼자서 먹는 배달 음식은 내 용돈으로 사먹어야 한다. 생필품으로는 세제류(세탁, 주방), 욕실용품(샴푸, 휴지 등 소모품) 등이 있다. 여기에서 말하는 식비, 외식비, 생필품비는 나 혼자가 아니라 '가족'을 기준으로 함께 사용하는 비용으로 보면 된다.

이 세 가지 항목에 드는 예산을 총 5주 단위로 쪼개고, 그 일주일 예산을 또 7일로 나눠서 하루에 쓸 수 있는 금액을 정해서 관리한다. 하루 살기 금액 안에서 '잘 쓰면' 된다. 그리고 매일 장을 보러 가기 전과 후에 나 자신과, 가족과 함께 머니수다를 실천한다.

'머니수다'란, 돈을 쓰기 전에 '돈과 대화' 하는 것으로 자연스럽게 내가 진짜 원하는 게 무엇이고 지금 나와 우리 가족에게 꼭 필요한 게 무엇인지 답을 찾도록 도와준다. 머니수다를 하면서 스스로 해볼 수 있는 질문이다.

'오늘 지출 중에서 가장 큰 만족 또는 아쉬움을 느낀 것은 무엇인가?'

'꼭 필요한 것이었는가. 지금 사지 않으면 안 되는 것이었는가?'

'장을 보러 가기 전에 먼저 냉장고와 찬장은 열어봤는가?'

'집에 있는 것 중에서 대체할 것은 없었는가?'

'다음에 살 때는 어떤 것을 가장 먼저 고려하고 싶은가?'

'내가 진짜 원하는 것이 무엇이었는가?' 등이 있다.

가계부는 돈과 내가 대화하는 도구다. 내가 진짜 원하는 게 무엇인지 자신에게 묻지 않고 그냥 지나친 감정을 기록해 보자. 참 많은 순간, 선택까지 있었던 다양한 감정들을 마주하게 된다. 때로는 피하거나 도망치고 싶지만, 가계부를 쓰며 나와 우리 가족의 소비 기준과 원칙을 꾸준히 세울 수 있었다.

이보네 젠의 《돈의 감정》을 보면, 저자는 감정 다스림을 통해 지출을 줄이는 방법으로 감정 가계부를 써보라고 권한다. 먼저 감정의 척도를 −10에서 10으로 정한다. 부족, 회피, 중립, 충만이라는 감정 척도에 맞춰 어떤 지출이 발생했을 때 거부감 또는 부정적인 마음이 들거나 회피성 구매를 했다면 음수(−) 값으로, 긍정적인 마음이 드는 지출은 양수(+) 값으로 표시한다. 이렇게 일주일간 수입과 지출을 기입하고, 그 돈을 지출할 때마다 어떤 기분이 들었는지 적어보는 방법이다. 이것을 보며 앞으로 지출하지 않을 것인지, 지출을 바꾸거나 개선할 것인지 등 지출에 대한 해석을 바꿔보며 긍정적인 지출만을 하나씩 남기는 방식이다.

이보네 젠의 '감정 가계부' 방식을 응용해 보고 싶었다. 지금까지 '머니수다'라고 불렀던 '내가 진짜 원하는 진짜 욕구'를 알아보기 위해 가계부 한쪽에 숫자로 감정 점수를 기록했다.

머니잇수다 가계부 & 감정척도 기록하기

1) 부족/회피(-10∽-3)

무력감, 불안, 죄책감, 걱정, 분노, 압도, 힐책, 질투, 시샘, 복수, 탐욕, 인색함

2) 중립(-2∽+2)

안도감, 편안함, 중립적인 감정, 차분함, 평화, 만족감

3) 충만(+3∽+10)

기쁨, 사랑, 감사, 관대함, 풍요로움, 행복, 자신감, 희망, 결단, 열정

365일 자동 절약 시스템 가계부 적용 예시

같은 무지출이지만 23일은 전날 장을 충분히 보고 난 후에 '풍요로움, 만족, 행복'이라는 감정을 느꼈고, 다음 날 돈을 전혀 쓰지 않아도 충분히 5점이라는 점수를 줄 정도로 기뻤다. 하지만 그다음부터는 3일 연속 조금씩, 매일 지출하다 보니 27일에는 쟁이고 싶은 마음을 참아야 했기에 '아쉬움'이 남았는지 0점이었다. 이런 식으로 지출 후 '내 감정'이 어디에 속하는지 −와 + 숫자로 기록한다. 그리고 지출 선택 전후 내 행동과 기분을 관찰하고, 어떤 감정이었는지 나 자신과 더 깊게 '머니수다'를 나눈다.

매 순간 떠오르는 많은 기분과 감정은 내가 '어떤 생각'을 가지고 '선택'하느냐에 따라 달라진다. 이것을 '기어모델'이라고 부른다. '어떤 상황'에서 내가 '가진 생각'이 무엇이고, 그것에 따라 어떻게 '해석'하고 '선택'하는지를 가계부에 기록하면서, 내가 진짜 원하는 것이 무엇이었는지 알아차릴 수 있게 된다.

적용할 점

− 돈을 쓰기 전에 그 '상황'을 내가 어떻게 '생각'하고 있는지 물어본다.

− 내가 '진짜 원하는 것'을 묻고 선택한다.

− 돈을 쓰고 난 후에 그 상황을 내가 어떻게 생각했고, 어떤 선택을 했는지 물어본다.

− 다음에 다시 그 상황이 온다면 그때는 어떻게 선택할지 '방법'을 적어보자.

돈을 쓰면 행복할까? 돈을 쓰지 않아도 행복할까?

우리는 매일 '돈'과 '사람'과의 관계 속에서 살아간다. 돈이 없어도 살 수 있는 삶을 원하지만 현실은 그렇지 않다. 하지만 굳이 '돈을 쓰지 않아도' 행복할 수는 있다. 내가 지금 가진 돈이 얼마든, 그 돈을 어디에 어떻게 쓸지는 내 선택에 따라 결정된다. 하루 1만 원이라는 정해진 금액 안에서 살아도 충분하다고 느끼는 건 나의 선택과 결정이었기 때문이다.

김경일 교수의 《적정한 삶》에서도 감정이 중요한 이유를 찾을 수 있다. 인간이 내리는 모든 결정은 감정 없이는 불가능하다. 아무리 이성적이고 합리적인 과정을 통해 내린 결정이라도, 결국은 보이지 않게 감정이 개입한 결과다. 돈을 많이 쓰냐 적게 쓰냐가 중요한가. 액수와 상관없이 그 후 내가 얼마나 '만족'하는가. 이것이 중요하지 않을까?

머니수다를 하는 시간은 나와 우리 가족의 마음과 감정, 돈에 대한 생각을 쓰면서 객관적으로 바라보고 인정하는 시간이다. 그 과정에서 나와 우리 가족의 소비기준을 만든다. 이번에 산 물건이 만족스럽다면 다음에 또 구입할 때 참고하면 된다. 다음에는 결정 과정에서 갈등을 덜하고 피로감을 낮출 수 있다. 소비하고 난 이후에 나의 선택에 대한 만족감과 성취감을 느낄 수 있는 게 바로 머니잇수다 가계부를 쓰는 이유다.

자연스럽게 적다 보면 살림을 하며 겪는 어려움, 불안과 두려움, 기쁜 일과 축하할 일들을 다 쓰게 된다. 단순히 숫자와 내용만 적어 내려가는 가계부와는 다른 '우리 집의 이야기'를 기록하는 하나의 책이 완성되어 가는 거다.

😊 머니수다 & 풍요선언 적어보기

꼭 필요한 것이었는가?

지금 아니면 안 되는 것이었는가?

먼저 냉장고와 찬장은 열어봤는가?

대체할 것은 없었는가?

오늘 구매한 것 중 가장 마음에 쓰이는 지출은?

가장 큰 만족 또는 아쉬움을 느끼는 것은?

다음에 살 때는 어떤 것을 먼저 고려하고 싶은가?

나의 마음을 풍요롭게 하는 문장을 매일 쓰며 선언해보세요.

저는 실제로 힘들 때 매일 풍요선언을 쓰면서 힘을 냈습니다.

마음에 드는 문장 하나를 만들었다면 반복해서 써도 괜찮습니다.

예) 나는 나를 믿는다. 돈은 충분하고 나를 통해 흐르며 나와 가족, 사회
   를 건강하게 한다.

매일 체크리스트	V	V	V	V	V	V	V
☐ 오늘 가계부 썼나요?							
☐ 구매 전 머니수다 했나요?							
☐ 냉파 & 집밥 했나요?							
☐ 하루 살기 금액 실천했나요?							
☐ 오늘의 머니수다 별점은?							

변동지출			예산 :	
1주차 식비(A)			★ 머니수다 & 풍요선언 ★	
날짜	내용	금액		
소계				
1주차 외식비(B)				
소계				
1주차 생필품(C)				
소계				
총 지출액(A+B+C)				
잔액				
〈지출별점〉				

04

새는 돈 잡는 방법,
일주일 예산을
하루 단위로 쪼개자

**나에게 맞는
하루 살기 금액
정하고 실천하기**

하루 살기 금액의 핵심은 '쪼개기'다. 한 달 생활비보다는 일주일 생활비가, 일주일 생활비보다는 하루 생활비가 금액이 적고 관리하기

더 쉽다. 내가 관리하기 쉬운 하루 살기 금액을 정해서 '적은 돈'으로 다양한 선택과 결정을 연습해보는 거다. 나에게 맞는 하루 살기 금액을 정하고 실천해보기만 하면 된다.

'가계부를 꼬박꼬박 써서 돈의 흐름을 파악하는 게 효과적이라고 머리로는 알지만 막상 가계부 쓰기는 귀찮다'라는 생각이 든다면 우리가 매일 먹기 위해 쓰는 돈인 '식비'라는 항목에 집중해서 절약하는 습관을 만드는 과정이라 여기고 한번 해보자.

나 또한 2018년 9월부터 지금까지 하루 살기 금액으로 살고 있다. 예전에 혼자 가계부 쓸 때는 일주일에 10만 원 또는 7만 원으로 살았다.

간혹 일주일 예산이 들어오고 이삼 일 만에 다 쓰기도 하고 또 부족하면 다음 주 예산에서 당겨서 쓰기도 했었다. 결국 일주일 생활비를 통제하지 못해 예산을 초과하면서 살기를 반복했다. 그런데 신기하게 하루 1만 원이라는 예산에 맞춰서 살기 노력하면서 저절로 '지출 통제'가 쉬워졌다. 어느 순간 하루에 1만 원으로 사는 것에 자신감이 생기더니 더 적은 금액으로 사는 것에 도전하게 되었다. 하루 살기 금액을 한 번 정했다고, 변함없이 계속 그 금액으로 살아야 하는 것은 아니다. 처음 시작한 금액에 여유가 있으면 다음엔 조금 더 줄여보고, 너무 빡빡하면 조금 더 늘리면 된다. 상황에 맞춰 하루 살기 금액을 바꿀 수 있으니 가볍게 시작해보자.

하루 살기 금액 정하는 법

지출의 종류에는 고정지출, 변동지출이 있다. 주거비(임대료, 월세), 공과금(전기, 가스, 수도, 휴대폰 등), 소비성 빚 갚기, 용돈, 경조사비, 보험료, 교육비, 양육비, 의료비, 교통비, 이미용비, 꿈지출비, 문화생활비 등을 고정지출로 잡는다. 그리고 남는 식비(간식/외식 포함), 생필품비를 변동지출로 잡고 하루 살기 금액으로 지출한다.

식비와 생필품비에 사용하는 변동지출 금액을 5주로 나눈다. 4주로 잡으면 28일이지만 한 달이 대략 30일에서 31일이니 여유 있게 5주로 나눈다. 한 달에 28일로 끝나는 달은 2월뿐이다.

- 금액A : 변동지출(식비, 외식비, 생필품비) 총액 ÷ 5주 = 일주일 생활비
- 금액B : 일주일 생활비(금액A) ÷ 7일 = 나의 하루 살기 금액

예를 들어, 현재 35만 원 정도의 생활비를 사용하는 분이라면 35만 원/5주/7일=1만 원이 된다. 하루 1만 원×7일×5주=35만 원 예산을 잡고 절약하는 연습을 한다고 생각하면 쉽다. 5천 원, 1만 원 단위로 하루 살기 금액을 잡는 게 계산하기 편하다.

지금 대략 한 달 생활비로 얼마를 쓰는지 아래 표에서 찾아보고, 자기에게 맞는 하루 살기 금액을 정해보면 된다. 예를 들어 하루 5천 원으로 산다고 하면 5천 원×7일=3만5천 원×5주=17만5천 원이 되는 거다. 하루 1만 원 살기를 한다고 하면 1만 원×7일=7만 원×5주=35만 원이 되는 방식이다. 지금 한 달에 약 70만 원을 식비로 쓴다면, 하루에 2만 원 정도를 쓰고 있는 거다.

한 달 예산	일주일 예산	하루 살기 금액
175,000원	35,000원	5,000원
350,000원	70,000원	10,000원
525,000원	105,000원	15,000원
700,000원	140,000원	20,000원
875,000원	175,000원	25,000원
1,050,000원	210,000원	30,000원
1,225,000원	245,000원	35,000원
1,400,000원	280,000원	40,000원
1,575,000원	315,000원	45,000원
1,750,000원	350,000원	50,000원

**하루 살기 시스템
만들고 실천하기**

하루 살기 금액이 정해지고 나면 매월 1, 7, 14, 21, 28일에 일주일 동안 사용할 금액A를 세 가지 방법 중에서 자신에게 가장 잘 맞는 걸로 선택하고 실천한다. 총 5주 동안 주별 생활비를 받아서 사용하는 시스템을 만든다.

매월 1일부터 31일까지 5주 생활비 시스템 만들기

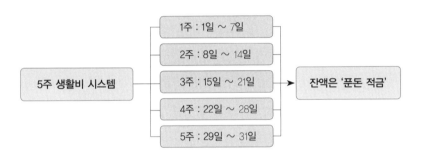

우리 집의 경우는 나와 남편의 급여일이 매달 25일과 30일이다. 새로운 한 달이 시작하는 1일이 되기까지 5일이 남는다. 5주 생활비 시스템을 처음 만들 때, 그 5일치 돈을 마련할 수 있다면 매달 1일부터 31일까지의 5주 생활비 시스템을 만들면 된다. 하지만 급여일은 천차만별이다. 만약 18일이 급여일이라면 아마도 2주치 생활비를 마련하는 게 어려울 수 있다. 그렇다면 나에게 맞는 5주 생활비 시스템을 만들면 된다. 예를 들어, 18일이 급여일이라면 그날부터 7일 간격으로 주별 생활비를 받아 생활하는 일정을 잡으면 된다.

매월 급여일이 18일일 때 5주 생활비 시스템 만들기

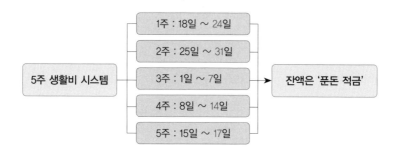

위의 예시를 보고 '5주 동안 생활비를 매주 받도록 해야지!'라고 생각만 하면 안 된다. 생각만 해서는 실천으로 이어지지 않는다. 매주 정해진 날에 직접 이체한다고 하면 시간과 정성이 많이 들고 깜박 잊을 수도 있다. 앞의 표에서 빨간색으로 표시한 날에, 즉 새로운 한 주가 시작될 때 자동으로 다음 일주일 예산을 받을 수 있는 시스템을 만들어야 한다. 대표적인 방법이 체크카드 계좌로 자동이체 하는 거다.

'주별 생활비 체크카드 자동이체 시스템'을 만들어서 매주 첫날에 일주일 예산을 이체시켜 사용하는 방식이다. 매월 1, 7, 14, 21, 28일에 일주일 동안 사용할 금액A를 자동이체 시켜서 체크카드로 사용하고 주간 결산을 한다. 계좌이체 방식은 처음에 자동이체를 설정하는 번거로움이 조금 있다. 하지만 한 번 설정할 때 20분만 투자하면 그 이후에는 크게 신경 쓰지 않아도 된다. 그냥 월급 통장(주 생활비)에서 5개의 주별 생활비 계좌로 정해진 돈이 이체되면 그 체크카드만 들고 장을 보면 된다. 매주 쓰고 남는 돈이 있으면 주별 생활비 계좌에서 푼돈을 모으는 자유적립 적금에 모아둔다.

두 번째는 주별 생활비를 봉투나 생활비 달력, 지갑에 넣고 현금으로 생활하는 거다. 월급을 받으면 바로 고정지출로 나갈 돈을 이체해두고, 5주 생활비를 한꺼번에 현금으로 찾는다. 그리고 봉투에 나눠 담거나 생활비 달력이나 지갑에 넣어두며 사용한다. 일주일치 생활비를 달력에 꽂아두고 장 보러 갈 때 하루 살기 금액만 가져가서 장을 본다.

또는 지갑에 일주일치 생활비를 넣어두고 하루 살기 금액대로 사는 방법이 있다. 그러면 하루 동안 써야 할 돈이 한눈에 보인다. 돈이 사라지는 것도 아주 명확히 보인다. 저절로 '아, 더 이상 쓰면 안 되겠구나!' 하는 각성 효과가 생긴다.

단, 생활비 달력의 모든 날짜에 하루 살기 금액을 꽂아두기보다 일주일 단위로 꽂아두면 좋다. 한눈에 한 달치 생활비가 보이는 순간 무의식 중에 '많다'라고 생각하고 하루 살기 금액을 지키려는 마음이 흔들릴 수 있다. 우리의 경우는 하루 장보기를 마치고 가계부를 마감했지만 남편이 다음날 쓸 예산에서 현금을 미리 당겨서 혼자 밤에 술과 안주를 사 먹는 데 쓰는 경우가 빈번했다. 그렇게 돈이 새는 걸 알아차리고 그 후부터는 일주일 단위로만 현금을 꽂아두었다. 그렇게 하니까 당겨 쓰는 돈이 눈에 바로 보이고 살짝 긴장도 하게 됐다.

오미옥	01일	35,000 / 0	2020.02.01	2020.09.01	1주차
			2020.12.01	2020.01.03	1주차
오미옥	07일	35,000 / 0	2020.01.07	2020.09.07	2주차
			2020.12.07	2019.12.29	2주차
오미옥	14일	35,000 / 0	2020.01.14	2020.08.14	3주차
			2020.12.14	2019.12.29	3주차
오미옥	21일	35,000 / 0	2020.01.21	2020.08.21	4주차
			2020.12.21	2019.12.29	4주차
오미옥	28일	35,000 / 0	2020.01.28	2020.08.28	5주차
			2020.12.28	2020.01.03	5주차

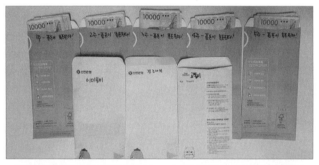

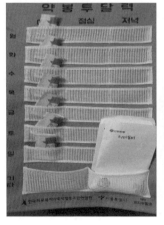

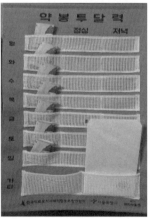

하루 살기 금액을 현금으로 사용하는 방법의 단점은 남은 돈을 다시 저축을 하려면 은행에 직접 가야 한다는 불편함이 있는 거다. 나도 육아 휴직 기간 동안에는 일부러 아이를 유모차에 태워 별일 없으면 동네에 마실 나가듯 은행에 갔었다. 그때는 현금봉투와 생활비 달력을 사용하면서 그날그날 남은 돈을 봉투에 담았다가 은행에 가져가 입금하는 재미까지 있었다.

하지만 직장에 복귀하면서 은행에 가는 문턱이 높아졌다. 무작정 내 순번을 기다리는 것도 시간이 아깝고 직장 눈치 보면서 점심시간을 보내는 것도 부담되었다. 그러면서 자연스럽게 자동이체로 주별 생활비를 받는 방법으로 바꾸었다.

가계부 쓰는 습관 만들기

가계부 시스템을 만들었다면 그다음으로는 매일 가계부 쓰는 습관을 만들어야 한다. 돈을 쓰고 나서 가계부에 기록하지 않아도 시간은 흘러간다. 매일 정해진 시간에 빠지지 않고 쓴다면, 한 달의 수입과 지출의 흐름이 보인다.

아무것도 하지 않으면 아무 일도 일어나지 않는다. 한 달의 지출 기록이 쌓이는 건 결코 작은 게 아니다. 할 수 있다는 자신감, 해냈다는 성취감, 새는 돈이 모이고 있다는 즐거움. 최소한 아직까지 가계부 쓰기가 잘 안 되는 이유가 뭔지 알게 되는 가장 좋은 방법이다.

매일 꾸준히 쓰는 거보다 좋은 습관은 없다. 나만의 가계부 습관 만드는 방법을 소개하자면 우선 일어나자마자 아침 공복에 따뜻한 물 한 잔을 마신다. 하루를 시작함과 동시에 몸도 마음도 따뜻한 물로 데우면서 상쾌하게 시작한다. 그리고 다음으로 아침에 할 일들을 한다. 주로 독서하고 블로그에 글도 쓴다. 마지막으로 매일 아침 7시, 같은 시간에 가계부를 펼치고 밥 먹듯이 쓴다. 밥을 굶으면 배꼽시계가 알려주듯이, 가계부를 꾸준히 쓰기 어렵다면 '알람'을 설정해놓자. 나는 아침 7시가 되면 하던 일을 멈추고 전날 모아둔 영수증을 가지고 가계부에 적는다.

많은 사람들이 처음 가계부를 쓰기 시작할 때 계속 마음속으로 준비만 할 뿐, 정작 한 장도 쓰지 못하고 우물쭈물 시간만 보낸다. 결국은 그대로 1년이 훌쩍 지나간다. 그러면 저절로 다음 해에 가계부 쓰는 게 어려워진다. 올해도 그렇게 남은 시간을 보내고 싶지 않다면, 오늘부터 가계부 쓰는 시간을 정하고 알람을 설정하자.

05 푼돈이 목돈이 된다

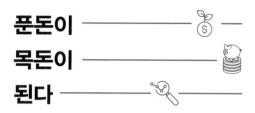

돈은 참 미꾸라지 같다. 요리조리 피해서 구멍이 있으면 잘 비집고 들어간다. 그런 틈새를 주지 않으려고 한 달 예산을 일주일 단위로 쪼갠다. 그리고 또 그 일주일 예산을 하루 단위로 쪼개서 쓴다. 신기하게도 얼마 안 되는 하루 살기 금액이라도 정해진 돈을 쓰게 되면 얼마라도 남는 돈이 생긴다. 그 돈을 우리는 '푼돈'으로 생각하고 흐지부지 쓰곤 한다. 그 새는 푼돈을 잡아 하나로 모으면 결국 목돈이 된다는 걸 가계부를 쓰고 일주일 지갑을 실천하면서 알게 됐다.

새는 돈을 잡고 싶다면, 가계부를 쓰면서 돈의 흐름을 기록하고 남는 돈을 그냥 흘려보내지 말자. 하루에 정해진 돈 안에서 살기 위해 외식보다 집밥을 하고 아끼다 보면 어느새 내 손에 푼돈이 아닌 목돈이 잡힐 거다. 그냥 놔두면 또 어디로 샐지 모르는 푼돈을 적금으로 모으는 거다. 뿐만 아니라 소액의 비정기수입이 발생할 때도 모은다. 2019년 1월 10일에 시작된 '푼돈 모아 목돈 적금(이후 푼돈 적금)'이 12월 기준으로 70여만 원까지 모였었다. 그리고 2020년 1월부터 7월까지 푼돈으로 73만 원을 모았다. 나는 매주 생활비에서 남는 돈, 또 각 항목에서 남는 돈들을 한데 뭉친다. 푼돈이 모이는 속도에 가속도가 붙는다. 더 빨리 더 많은 돈이 모인다. 신규 통장 발행이 쉽지 않은 사람도 있을 것이다. 그럴 때는 카카오뱅크나 토스 이용을 추천한다. 앱 스토어에서 '핀테크 은행'으로 검색한 후 내려받아 회원가입만 하면 된다. CMA처럼 하루를 쌓아도 이자 혜택을 받을 수 있으니 일거양득이다.

실수하고 때로는 실패하는 과정 속에서 '아, 이거다!' 하는 순간을 만난다. 그 타이밍을 위해 어쩌면 우리는 이렇게 해보고 저렇게 해보고 부딪히고 때로는 멈추게 되는지도 모른다. 잠시 멈출 수는 있지만 그것이 끝이 아니기를. 다시 시작할 수 있는 용기를 내어 자신만의 방법을 찾고 실천할 수 있다면 그걸로 이미 성공이다.

그러기 위해 매일 정해진 예산 안에서 머니수다를 하며 지출하는 연습을 한다. 한 달 생활비 예산을 일주일 단위로 쪼개고, 일주일 예산을 하루 단위로 쪼개서 자기가 가장 관리하기 편한 방법을 찾으면 된다. 얼마로 시작해도 상관없다. 그 누구도 당신에게 뭐라고 할 사람은 없다. 오늘 바로 2만 원부터 시작해보자.

**요요 없는 가계부,
하루 살기 금액은
조금씩 낮추자**

가계부를 처음 쓰는 분들이라면, 기존에 쓰던 생활비 금액에서 조금씩 하루 살기 금액을 낮춰나가는 방법을 추천한다. 하루에 쓸 수 있는 금액을 갑자기 낮추면 '난 가계부랑 안 맞아! 난 틀렸어! 너무 힘들어!' 등등 스트레스를 받고 의욕도 떨어지기 쉽다. 안 그러면 다이어트에 요요가 오는 거처럼, 가계부 절약에도 요요가 온다. 아낀다고 참다가 어느 순간 펑! 하고 터져서 마트에서 이것저것 예산을 초과해서 지출하고 자책하게 될 수가 있는데, 오히려 안 하느니만 못하는 상태로 돌아갈 수 있다.

마지막 5주차 기간은 7일이 아니라 3~4일 정도 되니 일주일 통 예산으로 보면 조금 여유가 생긴다. 그때는 정말 조금 숨통이 트인다. 이때 예산으로 정한 한 달 생활비 안에서 잘 살아냈다면 남은 돈을 모아서 자신을 위한 선물을 한다. 또는 푼돈 적금을 한다. 매주 남은 잔액을 푼돈이라고 생각하는 사람이 많다. 하지만 그 푼돈으로 여행자금을 모을 수도 있고, 예비비와 비상금을 모아 목돈을 만들 수도 있다.

나의 경우는 마지막 주에 남는 예산으로 혼자 카페에 가서 차를 마시는 시간을 갖거나, 책을 사서 읽고, 영양제를 챙겨 먹기도 했다. 다른 분들은 가방이나 옷을 사기도 했는데, 어떤 방법을 선택하든 마지막 주 잔액으로 자신만을 위한 다양한 선물을 하다 보면 절약하는 '즐거움'을 발견할 수 있다.

사람은 적응의 동물이다. 조금씩 천천히 나와 우리 가족의 예산에 맞는 하루 살기 금액을 찾아나가면 된다. 남들과 비교하지 말고, 오로지 나와 내 가족만 생각하고 예산 안에서 충분히 컨트롤 가능한 하루 살기 금액을 찾자. 그리고 그 금액 안에서 열심히 맞춰 살기 위해 노력하다 보면 어느새 하루 살기 금액으로 사는 게 간편하고 쉬워진다. 그 순간이 오면 조금은 돈으로부터 자유로워짐을 느낀다.

오늘과 다른 내일을 원한다면 어제와는 다른 오늘을 살아야 한다. 지금까지 자꾸만 가계부를 쓰다가 한 번에 많은 돈을 써버리고 좌절감에 덮고, 다시 펼치기 두려웠다면, 이제는 우리 집의 돈이 어떻게 흐르고 있고 어디로 새어 나가는지 한번 제대로 봐보자. 그러려면 일단 다시 가계부를 펼쳐야 한다. 이번에는 도망치듯 덮어버리지 말자. 그럴 때일수록 돈과 대화하면서 진짜 내 마음을 물어보고 가계부에 적어보자. 어느새 돈과 친해지는 나를 발견하는 그날이 금방 온다.

피드백 없는 월말 결산은 의미 없다

찬장 속에 물건이 뒤죽박죽 섞여 있다고 상상해보자. 필요한 걸 찾을 때마다 어떤 게 어디에 있는지 몰라서 심란한 마음에 아예 그 문을 열기조차 싫어질 거다. 하지만 물건들이 바구니에 용도와 쓰임에 따라 잘 정리돼 있다면? 내가 원하는 물건이 한눈에 보이면 찾기도 쉽고 사용하기에도 편하다.

그래서 머니잇수다 가계부는 항목별로 쪼개고 구분해서 한눈에 잘 파악될 수 있게 만들었다. 가계부는 곧 삶의 기록이다. 하루의 기록이 쌓이고 쌓여서 역사가 된다. 나와 우리 가족이 어디에 얼마의 돈을 쓰며 살고 있는지 한눈에 볼 수 있게 해보자. 우리가 어디에 더 가치를 두고 살고 있는지 알 수 있게 해줄 테니 말이다.

그래서 쓰면 쓸수록 결산이 쉽다. 거의 모든 항목을 고정비화 했기 때문에 미리 예산을 정하고 거기에 맞게 지출을 기록하고 바로 결산까지 한 번에 할 수 있다.

기존의 일자별 가계부라면 다시 처음부터 항목에 따른 지출내역을 확인하고 분류해서 계산해야 하는 번거로움이 있겠지만 머니잇수다 가계부에서는 그 번거로움이 사라진다. 따로 결산을 위한 시간이나 노력을 들이지 않아도 되니, 더 쉽고 간단하게 오랫동안 쓸 수 있다. 결산하고 나서 이번 달에는 어떤 항목에서 예상보다 더 많이 썼는지 아니면 상대적으로 적게 썼는지를 평가하고 성찰하면 된다. 그것을 바탕으로 또 다음 달 예산 세우기를 반복한다.

한 달 동안 열심히 수입과 저축, 지출을 기록하고 나면 표 한 장으로 월 결산표를 작성한다. 한눈에 보기 좋게 정리된 표 안에 적힌 숫자들을 보면서 '한 달 동안 고생했네! 잘 살았네!'라고 한 줄로 총평하고 끝내면 안 된다. 새로운 다음을 잘 계획하기 위해서 결산을 평가해야 한다.

이번 달에 가장 금액이 큰 소비항목 다섯 가지, 가장 금액이 적은 소비항목 다섯 가지를 순서대로 정리해보고 그중에서 가장 만족도가 높은 소비와 아쉬운 소비 내용은 무엇인지 자신에게 물어봐야 한다. 그래야 만족도가 높은 소비는 다음에 또 반복할 수 있고 향후 소비를 앞두고 한 번 더 생각해 볼 수 있는 동기가 되기 때문이다. 질문을 하고 답을 적으며 다음 달 가계부 예산을 세우고 꼭 늘리거나 줄여보고 싶은 항목은 뭔지 적는다. 또 다음 달에도 절약에 성공한 나를 위해 어떤 선물을 할지 상상하면서 동기부여를 한다.

머니잇수다 가계부 결산 셀프 피드백

이번 달
- 가장 금액이 큰 소비항목 5가지 리스트(예산 대비 초과 지출과 이유는?)
- 가장 금액이 작은 소비항목 5가지 리스트
- 가장 만족도가 높은 소비항목은?
- 가장 아쉬운 소비항목은?
- 나를 위한 선물은 무엇이었는가?

다음 달
- 새로운 가계부 예산 목표는?
- 예산을 꼭 늘리거나 줄여보고 싶은 항목은?
- 절약에 성공한 나를 위해 주고 싶은 선물은 무엇인가?

머니잇수다 가계부 시스템 3단계 과정

1. 가계부 미리 쓰기(예산 세우기)
2. 하루 살기 금액으로 살며 절약 실천하기(머니수다)
3. 결산을 스스로 평가해보기(동기부여)

월 결산					
지출				**수입**	
구분	항목	예산	결산	항목	결산
대출상환	소비성 빚갚기			근로소득	
빚갚기 총액				정기소득	
저축	정기저축			비정기소득	
	비정기저축			이자소득	
저축 총액				배당소득	
고정 지출	주거비/공과금			사업소득	
	용돈			연금소득	
	보험료			임대소득	
	후원			기타소득	
	교제비				
	의료비				
	경조사				
	양육/교육비				
	교통비				
	꾸밈비(이미용)				
	문화생활/여가비				
	기타지출				
	꿈지출/자기계발				
	예비비				
고정지출 총액				수입 총액	
변동 지출	식비				
	외식비				
	생필품비				
변동지출 총액				월 잔액	

돈은 나를 통해 흐른다

가계부를 쓰는 첫 달에는 미리 예산을 세워보자. 그런 다음 머니잇
수다 항목별 가계부를 일단 기록해보자. 그러면서 자연스럽게 내 돈이
어디로 많이 빠져나갔는지 돈의 흐름을 살펴보자. 그 기록을 바탕으로
한 달 결산을 하면 된다. 결산하면서 꼭 한 번씩 고정비 항목을 점검해
보자. 한 번만 제대로 신경 쓰면 매달 절약 효과로 모이는 돈이 크다.
매달의 현금흐름뿐만 아니라 일 년을 놓고 정기적, 비정기적으로 추가
지출되는 내용들도 꼼꼼히 점검해보자.(114쪽을 참고한다)

무한 반복되는 플러스와 마이너스 속에서도 지금까지 아홉 권의 가
계부를 썼다. 그 안에는 참 많은 마이너스 흔적이 난무하다. 실패를 많
이 한 거다. 그런데 나는 단연코 실패했다고만 생각하지 않는다. 왜냐
하면 마이너스가 나든 잔액이 남아 플러스가 나든, 나는 매주 그리고
매달 결산하면서 '이번에는 내가 좀 많이 흔들렸네. 다음에는 좀 더 긴
장해야겠다'라고 다독임의 시간으로 채웠기 때문이다. 성공한 달에는
'이번에 남은 돈은 예비비로 좀 모아둬야겠어. 다음 달에 마이너스 나면
그걸로 메꿔야. 한 달 고생했네. 잘했어. 대견하다!'라고 칭찬도 해주
고 스스로 박수도 쳐주면서 오늘까지 왔다.

**목표가 있는지
없는지, 그 차이가
전부다**

결국 나는 그 수많은 실패 속에서도 꾸준히
가계부를 손에서 놓지 않았다. 일단 월급을
받으면 가장 먼저 종잣돈 마련을 위해 소득의

50%는 강제로 저축을 하고 시작한다. 그럼 이미 큰 틀에서 한 달 저축은 성공한 거다. 매달 그 돈이 쌓여서 1년이 되면 목표한 종잣돈을 달성하게 된다.

누군가 나에게 "도대체 가계부가 어떤 의미냐?"고 묻는다면 나는 당당히 이야기하겠다. 실패하기 위해서 쓰는 거라고. 실패하지 않고 성공하는 사람이 얼마나 있을까. 어쩌면 하루에 5천 원으로 살기 시작하면서 더 자유로워진 게 있다면 실패하는 총 금액이 적어졌다는 거다. 어차피 일주일에 정해진 예산이 3만5천 원뿐이다. 그 돈에서 흥청망청 쓰려고 해도 애초에 초과하는 금액이 적다. 그러니 당연히 하루 1만 원으로 살 때의 한 주 예산인 7만 원보다는 적은 범위 안에서 초과하니 마이너스가 생겨도 결국은 실패하는 게 아닐 수 있다는 말이다. 다르게 생각하면 일주일 3만5천 원이라는 돈 안에서 수많은 실패를 경험할 수 있는 기회를 스스로에게 줬다고 볼 수 있다.

가계부를 쓰면서 수많은 실패를 경험하고 더 큰돈을 모으게 됐다. 돈을 쓸 때마다 매번 손해 보지 않고 가성비 좋은 거만 취할 수는 없다. 이미 우리는 무의식 속에는 소비를 자극하는 여러 가지 보이지 않는 장치들이 있어서 돈을 안 쓰고 살 수는 없다. 정해진 예산 안에서 예기치 않게 돈을 더 썼다면, 어김없이 또 기록한다. 흔들리는 정신줄을 부여잡았다가 다시 실패하고 또 성공하면서 그렇게 가계부를 쓴다. 이 노력의 끝에 내가 목표한 종잣돈이 기다린다고 믿으면서.

06

가계부를 ─────
바꿨더니 새는 ─────
돈이 보인다 ─────

"가계부 어떻게 기록해요?" 처음 한 달 동안 머니잇수다 참가자 분들에게 가장 많이 들었던 질문 중 하나다. 우리는 단톡방에서 '가계부 쓰는 어려움'에 대해 이야기를 나눴다. 다들 손으로 하루하루 지출한 것들을 기록하고 다시 엑셀로 입력해서 결산해야 하는 방식이 번거롭다고 했다. 나 또한 엑셀 가계부는 결산을 보기 좋게 블로그에 포스팅 하기 위한 용도로 사용하고 있었다. 그런데 블로그에 포스팅을 하지 않는다면? 꼭 엑셀로 입력하지 않아도 된다.

**수기냐 엑셀이냐,
그것이 문제로다!**

수기로 결산해도 충분하다. 엑셀로 작성하는 건 결산이 자동으로 계산되는 결과를 간편하게 얻을 수 있기 때문이지 그 자체가 목적이 아니다. 월마다 결산된 수치들을 보고 어디에 가장 많은 지출을 했는지, 다음에는 어디에서 조금 더 줄여볼지, 아니면 지출을 조금 더 늘려볼지 평가하고 계획을 세우는 게 더 중요하다. 머니잇수다 멤버들과 이야기를 나누면서 다시 한번 '보여주기 위한 가계부가 아닌, 나와 내 가족을 위한 가계부'에 집중해본다.

내게 가장 편하고 쉬운 걸로 선택하자

가계부를 꾸준히 쓰려면 그 '어려움'을 제거해야 한다. 괜히 예쁘게 보이기 위해서 엑셀로 가계부를 쓰다가 그 자체가 귀찮고 힘들어져 포기하고 싶어진다면 그거야말로 중요한 무언가를 놓치게 되는 게 아닐까.

나도 처음엔 호기롭게 엑셀로 기록하던 시절이 있었다. 그때마다 컴퓨터 부팅되는 시간이 왜 그리도 길게만 느껴지던지 기다리는 잠깐의 시간 동안 저절로 '가계부는 지루해'라고 생각하면서 자꾸 멀리하게 됐다. 그래서 그다음부터는 과감히 엑셀 작업은 포기하고 수기로 가계부를 기록하고 있다.

캘리포니아 도미니칸 대학교에서 심리학을 가르치는 게일 매튜스 교수는 267명의 참가자를 모아 목표 달성률에 관한 실험을 했다. 목표를 손으로 썼을 때와 키보드로 입력했을 때를 비교한 실험이었는데, 손으로 쓴 사람들이 목표를 이룰 가능성이 42%나 높다는 사실을 발견했다. 손으로 계산기를 두드리고, 직접 기록하는 것이 오래 남는다. 손으로 직접 어디에 얼마를 썼는지 기록하면 자연스럽게 '생각보다 많이 썼네?' '이번 달 식비가 예산보다 적게 들었네' '집밥 하느라 내가 애썼구나'라는 생각이 꼬리에 꼬리를 물듯이 반복된다. 그러면서 다음 달에는 이번 달에 많이 쓴 항목을 좀 더 신경 써야겠구나, 식비는 이 정도 금액을 유지해야겠다는 식의 계획도 세우게 된다. 나는 손으로 가계부를 쓰고 내 마음을 들여다보는 그 시간이 참 즐겁다. 오롯이 나와 대화하는 시간이 참 좋다.

가계부 쓰기 참 편한 세상이 됐다. 엑셀로 자신만의 양식을 만들어 가계부를 쓰거나 가계부 앱에 자신의 체크카드나 신용카드를 연동시켜서 자동으로 지출내역과 금액을 한 번에 정리한다. 손대지 않아도 지출의 흔적이 기록된다.

가계부 쓰기가 전보다 훨씬 편해졌지만 왜 사람들은 아직도 한 달 혹은 몇 달만 쓰다가 그만두기를 반복할까. 그러면서 왜 매년 가계부 쓰기를 신년 계획으로 잡는 걸까. 가계부 양식도, 쓰는 방법도 다양해지고 쉬워졌지만 자기에게 맞는 가계부 스타일을 찾는 시행착오는 겪을 수밖에 없기 때문이다.

내 경우만 봐도 신혼 초에는 열의에 넘쳐 그날 쓴 지출내역을 가계부 노트에 빠짐없이 기록했었다. 그렇게 써놓은 기록을 결산을 위해서 엑셀 양식에 옮겨서 입력하고 그랬는데 어느새 지쳐버렸었다. 뭐랄까, 매번 컴퓨터를 켜서 지출내역을 다시 적어내는 게 몹시 귀찮아졌다.

그러다가 손대지 않고 코를 풀 요량으로 가계부 앱과 인터넷 가계부 사이트도 한 번씩 사용해봤던 거 같다. 앱의 경우는 체크카드나 신용카드를 쓴 내역이 자동으로 기록되지만 현금을 쓴 경우에는 내가 따로 기입해야 해서 한두 번 입력을 놓치고 나면 결산 잔액이 안 맞았다. 그래서 '결국은 손을 거쳐야 하는구나!' 생각하면서 자연스레 관심이 시들해졌다.

그러다 보니 기존에 사용하던 '일자별' 가계부는 결산을 위해 한 번더 수고해야 한다는 게 불편했다. 그래서 '아예 처음부터 항목별로 지출내역을 정리하면 한 번에 결산까지 가능하지 않을까?'라는 생각으로 직접 가계부 양식을 만들어서 사용하기 시작했다. 그렇게 항목별로 예산을 세우고, 지출내역을 그때그때 기록하면 월말에는 결산까지 한 번에할 수 있는 나만의 가계부로 정착했다. 최근에는 온라인에서 머니잇수다 가계부 절약모임을 진행하고 있기에 항목별로 자동으로 합계가 계산되는 편의를 제공하기 위해 엑셀 파일도 만들어서 사용한다.

결국 수기가계부나 엑셀가계부나 가계부 앱이나 뭐가 됐든 핵심은내가 가계부를 쓸 때 쉽고 편해야 한다는 거다. 올해의 목표로 '가계부 쓰기'를 통한 종잣돈 모으기를 계획했다면, 우선 자신에게 맞는 가계부스타일을 경험해보고 찾아야 한다. 그리고 그 가계부 양식이 내 손에익을 수 있도록 꾸준히 최소한 세 달 정도 계속 써보자. 사람은 처음부터 의욕이 생겨서 행동하는 것이 아니라 꾸준히 행동함으로써 의욕이생긴다.

**가계부,
손으로 써보자**

개인적으로는 가계부를 처음 쓰는 사람들, 엑셀가계부나 앱 가계부를 쓰다가 실패했던 경험이 있는 사람들이라면 꼭 자기 손으로 가계부를 써보길 권한다. 손으로 써야 어디에 얼마를 썼는지 그 돈의 규모가 어느 정도인지 내 눈과 머리, 그리고 손으로 익힐 수 있기 때문이다. 적는 과정에서 내가 산 것과 그 가격이 적정한지를 반복해서 생각하게 된다. 예를 들어, '왜 그 옷을 사는데 그만큼의 돈을 썼지?' '지금 생각해보니 생각보다 비싼데?' '지금이라도 환불할까?' 하고 한 번 더 생각하는 식이다.

직접 내 손으로 어디에 얼마를 썼는지 기록하다 보면 매달 고정적으로 나가는 항목과 내용은 저절로 외워진다. 예를 들어, 임대료 110,830원, 인터넷 요금이 20,690원 등등 뭐에 얼마가 나가는지 생각하자마자 입에서 금액들이 술술 풀어져 나온다. 그러다가 차츰 그 숫자랑 친해지고 하루하루 안 빼놓고 잘 기록하는 내가 대견스러워진다. 특히 결산하고 잔액이 남은 달에는 아주 그냥 기분이 날아간다. 신나서 가계부를 기록하는 재미에 빠진다.

고정비는 특히나 한 번만 정리하면 매달 반복된다. 정기적인 수입과 지출 내용만 쫙 꿰고 있으면 다음은 변동지출에 집중하면 된다. 매달 결산하면서 변동지출 중에서 가장 큰 비중을 차지하는 게 뭔지 파악해본다. 그리고 다음 달에는 그 항목에서 절약할 계획을 예산 금액에 반영한다. 마지막으로 식비와 외식비, 생필품비에 드는 금액은 앞에서 설명한 대로 하루 살기 금액으로 잡고 관리하면 된다.

　나는 수기 가계부를 사랑한다. 내 손으로 내가 쓴 돈을 기록해야 머리에 남고, 자꾸 생각하게 된다. 내가 정말 필요해서 쓴 거와 사고 싶어서 산 게 정리되는 거다. 그래야 진짜 내 것이 된다. 내년에도 가계부 쓰기를 한 해 목표로 세우려고 한다면, 잊지 마시라. 꼭 최소한 세 달은 내 손으로 직접 가계부를 써야한다는 걸. 그래야 새는 돈이 보이고 진짜 내 돈의 주인이 될 수 있다. 돈 안에 숨겨진 진짜 내 마음에 질문을 던지는 일, 가계부를 쓰는 거에서부터 시작된다.

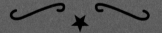

Chapter 3

명쾌한 돈 흐름에
최적화된
가계부 시스템

고정비를 돌아보자

매달 쓰지 않지만 한 번에 크게 나가는 돈은 어떻게 관리해요?

매달 쓰지 않지만 일 년에 한 번 나가는 지출은 어떻게 관리해야 할까? 나는 연간 비정기지출을 항목별로 나눠서 돈을 모았다가 사용한다. 예를 들어 옷 구매, 여행 경비, 병원비, 차량보험료, 세금, 경조사비 등이 이에 해당된다. 머니잇수다 참여자들은 일 년에 한 번 나가긴 하지만 매달 따로 빼는 이 돈을 이번 달 지출로 잡아야 할지 어떻게 처리해야 할지 모르겠다고 자주 질문한다. '연간 비정기지출표'에 자주 쓰는 항목들을 세분해 두었으니 참고하자.

첫째, 연간 비정기지출에 맞는 목적 적금을 통해 쓸 돈을 미리 준비한다. 연간 비정기지출표 왼쪽에 있는 각 항목의 연간 예산액을 계산하고 내년을 위해서 미리 돈을 모은다. 예를 들어 '자동차'라면 자동차 수리비, 자동차 보험료, 자동차 세금 등 자동차 유지비로 120만 원의 예산

연간 비정기지출(비정기적으로 지출되는 연간 지출 합계)

구분	지출사항	연 지출금액	비고	구분	지출사항	연 지출금액	비고
교통비 (자동차)	자동차 수리비	300,000		경조사	월별	지출금액	비고
	자동차세금 (1월·6월)	200,000			1월	100,000 50,000 100,000	설 막내 생일 아버님 생신
	과태료 등				2월	300,000	첫째 생일 시댁 제사
	자동차보험	700,000			3월		
	기타				4월		
					5월	50,000 100,000 50,000	어린이날 어버이날 둘째 생일
	소계	1,200,000			6월	100,000	친정 제사
병원비	부모님의료비	600,000	5만 원×12개월		7월	100,000	어머님 생신
	의료기구				8월	300,000	여름 휴가
	영양제	180,000	3만 원×6개월		9월	100,000 50,000	추석 내 생일
	기타				10월	50,000	남편 생일
					11월	100,000 50,000	김장 도련님 생일
	소계	780,000			12월	100,000	크리스마스
의류/ 신발 1,4,7,10월	겨울	500,000	10만 원×5인		기타	850,000	기타 경조사
	봄/가을	250,000	5만 원×5인		소계	2,550,000	
	여름	250,000	5만 원×5인				
	소계	1,000,000					
미용	화장품	100,000					
	남편헤어	60,000					
	아내헤어	100,000					
	자녀헤어	100,000					
	소계	360,000					
생활용품	수리비	300,000					
	가구/가전 교체	1,000,000					
	기타						
	소계	1,300,000					
교육비	1학기	300,000					
	2학기	300,000					
	소계	600,000					

세금	부동산 세금	500,000				
	기타 세금	100,000				
	소계	600,000				
연간 비정기지출 총계		5,840,000		연간 경조사 총계		2,550,000
월 비정기지출		487,000		월 경조사비		212,500

☺ 경조사비, 저는 이렇게 관리합니다

1. 가족 생일, 친인척 생일, 제사 등의 일정을 월별로 기입하고 예상 지출 금액을 적는다.

2. 예상되는 일정 이외에 추가적으로 친인척, 친구들의 경조사가 생길 걸 대비해 예비비를 마련한다.

3. 12개월로 필요 예상 비용을 나누고 매달 생활비에서 '경조사비'를 일정 금액으로 정해서 관리한다.

4. 경조사비에서 남은 돈은 예비비로 보내고 필요할 때 또 사용한다.(저수지 개념의 '예비비 통장' 관리)

* 연간 비정기지출 중에 큰 금액이 예상되는 경우에는, 미리 저축을 통해 내년의 예산을 마련한다.
   예) 가구가전 교체 통장, 차량유지비 마련 통장, 세금준비 통장, 꾸밈비 통장 등
* 목적적금으로 돈을 모아 중요한 일에 소비하면 빚지지 않고 내 돈으로 소비했다는 성취감을 느낄 수 있다!

을 정한다. 이 금액을 12달로 쪼개어 매달 10만 원씩 '자동차 유지비 마련'이라는 통장을 만들어 모으는 방식이다.

둘째, 연간 비정기지출표 오른쪽에 있는 항목은 대부분 1년 동안 지출될 '경조사비'를 추측해보는 내용이다. 명절, 생일(양가 부모님 포함), 제사처럼 일정하게 정해진 가족 이벤트에 지출할 기준 금액을 정한다. 결

116   chapter 3

혼과 장례식 등 갑작스러운 지출에 대비해서 한 달 경조사비 예산을 조금 더 준비한다. 참고로 나는 경조사 지출 예산을 매달 30만 원씩으로 정했다.

셋째, 나머지 비정기적인 지출을 위해 매달 결산 후 남는 잔액을 예비비로 모은다. 예를 들어 여행 경비, 병원비, 옷 구매비 같은 지출이다. 필요할 때 예비비에서 꺼내서 사용하고 그럴 때는 가계부 '기타 소득-비정기수입'에 예비비 차입으로 적는다. 그리고 지출 항목 안에 내용을 적고 금액을 기재한다. 다음 달에 남는 돈으로 다시 예비비를 갚으면 '저수지'처럼 여윳돈이 다시 모인다.

연간 비정기지출 목록에다 1년 동안 지출될 항목과 내용을 작성해보고 나에게 필요한 차량보험료, 세금, 경조사비 등 연간 비용이 대략 얼마 정도인지 파악해보자. 그 총액을 12개월로 나누면 매달 필요한 금액이 나온다. 일 년에 한두 번 정도 필요한 예산이라면 '저축'을 통해 그 지출을 미리 계획하고 준비한다.

미리 준비하고 안 하고는 큰 차이를 가져온다. 만약 미리 준비하지 않는다면 자연스럽게 카드빚을 내게 될 확률이 높다. 그러면 다시 매달의 현금 흐름에 영향을 미친다. 나뿐만 아니라 머니잇수다에 참여한 많은 분들이 일 년에 '한 번' 나가는 지출들을 미리 '저축'을 통해 준비하는 방법을 선호한다.

한 번 줄이면 2배의
절약 효과,
월 고정비 줄이기

보험료와 대출이자 갈아타기

많은 가정에서 큰 비중을 차지하는 고정비 항목은 다름 아닌 보험료와 주택마련 대출이자다. 많은 분들이 보험료나 대출이자를 갈아타서 굵직한 고정비를 정리하고 싶어 한다. 그중에서도 특히 보험 리모델링을 많이 문의한다. 나는 사회초년생이 되는 순간 가족과 친구들의 권유와 소개로 잘 알지도 못하는 보험을 가입했다. 임신하고 나서부터는 태아보험에 부부의 암보험, 종신보험, 그리고 불안하니 실손보험까지, 가족 수가 늘 때마다 보험 개수도 하나씩 늘어났다. 가입한 보험이 쌓이고 쌓여서 어디에서부터 어떻게 손대야 할지 몰라 마냥 유지하고만 있으면 한 달의 현금 흐름에 큰 영향을 미치게 된다.

내가 가장 중요하게 생각하는 보험에 대한 기준은 '지금 우리 가족이 건강한가' '합리적인 금액에 맞는 보장이 잘 갖추어져 있는가'이다. 보험료 내느라 한 달 우리 집 가정경제 흐름에 부담이 오고 지금 당장 내 건강을 돌볼 여유가 없다면, 그때는 보험 리모델링이 필요한 시점이다.

보험은 건강에 대한 불안을 건드려 판매하는 고도의 심리상품이다. 그렇기 때문에 먼저 우리 가족의 '건강'에 대한 원칙을 세우고 보험약관과 보장내용, 그리고 가입 가능 금액을 정리해야 한다. 이러한 과정을 통해 내가 가지고 있는 보험을 있는 그대로 볼 수 있다.

그다음은 대출 금리다. 머니잇수다 참여자 중 한 명은 집단 대출을 받아 3.29%의 이자를 내고 있었다. '저금리 시대라는데 내 대출이자는 좀 비싼 거 아닌가?'라는 생각에 은행이나 대출 상담사들에게 문의해보니 2019년 9월 기준으로 주택담보대출의 이자가 2% 대였다고 한다.

은행의 대출상품을 사용하고 있는 고객이라면 금리인하요구권을 요청할 수 있다. 매달 대출이자로 나가는 비용이 줄어들 수 있다면 어떻게 해야 할까? 번거롭더라도 대출심사 서류를 다시 제출하면 된다. 그리고 금리가 더 낮은 대출상품으로 갈아타는 방법이 있는지 알아보면 된다. 당장의 중도상환수수료를 아깝게 생각하기보다 매달 내는 이자 금액과 남은 대출 상환 기간 등을 계산해보면, 답은 간단하다. '대출이자는 정해져 있는 거니까 어쩔 수 없는 부분 아닌가?'라고 수동적으로 생각하지 말고 일단 한번 부딪혀보자. 한 번의 수고로 고정적인 고비용의 지출이 줄어든다면 당연히 절약 효과도 커진다. 그만큼 내가 가진 부담도 줄어드는 거다.

내 경우에는 복직하고 나서 6개월이 지난 시점에 급하게 돈이 필요해서 마이너스통장을 개설하게 됐다. 신용대출이라 대출심사를 위해 은행 영업점에 방문했는데 복직 후 '1년이 되지 않았다'는 기준 때문에 대출이자가 내가 생각한 거보다 높았다. 약 4% 대였다. 그래서 복직 1년이 되는 날을 핸드폰 알람으로 설정하고 다시 대출심사 자료를 준비했고 심사 결과, 대출이자를 1% 낮출 수 있었다.

금리인하요구권

직장 변동, 직위 변동, 소득 변경, 신용등급 상승, 자산 증가, 부채 감소 등 신용상태가 개선됐을 경우 일 년에 두 번 신청할 수 있다. 한 번 금리인하를 신청했으면 6개월 이내에 재신청할 수 없고, 신규 대출, 기존 대출의 기간 연장, 대출 재약정 이후 3개월 이내에는 활용할 수 없다. 영업점 방문 또는 은행 앱, 웹 사이트에서 신청할 수 있으며 재직증명서, 근로소득원천징수 영수증, 신용상태 개선 증빙자료 등이 필요하니 잘 챙겨야 한다. 더 자세한 내용은 추가로 검색해보길 바란다.

우리 집 보험내역 정리

대상	비고	납부일	납입방법	보험금액
엄마	무손보험	10일	신한은행	32,000
아빠	무손보험	10일	신한은행	30,000
아빠	무손보험	13일	신한은행	21,000
첫째	무손보험	25일	아이행복카드	142,500
첫째	무손보험	25일	아이행복카드	10,000
둘째	무손보험	19일	아이행복카드	16,600
둘째	무손보험	10일	아이행복카드	28,610
셋째	무손보험	10일	하나카드	43,550
엄마	무손보험	10일	하나카드	34,780
엄마	무손보험	19일	하나카드	15,000
아빠	무손보험	19일	아이행복카드	16,600
아빠	무손보험	10일	아이행복카드	28,610
첫째	무손보험	10일	하나카드	43,550
둘째	무손보험	10일	하나카드	34,780
셋째	무손보험	19일	하나카드	15,000
				512,580

(머니잇수다 참가자의 사례)

보험, 은행에서 절대 가입하지 말자

나는 보험설계사도, 보험을 판매할 수 있는 전문가도 아니다. 그렇지만 100% 직접 경험한 사례를 통해 내가 어떻게 보험에 대한 생각을 바꾸고, 나만의 기준을 가지고 리모델링 해왔는지 말해보려 한다.

때는 2007년이었다. 서울에 올라와 사회인이 돼 첫 월급을 받고 은행에 갔다. 대학원 진학을 목표로 3년 동안 적금을 가입하고 싶었다. 매달 꼬박 꼬박 30만 원씩 3년을 모을 계획이었다. 그런데 어디 인생이 내 마음대로 되는가? 은행 창구 직원에게 "3년 후에 대학원 진학할 때 학비로 쓰려고 하는데, 좋은 상품 있나요?"라고 물었더니 추천해준 상품이 바로 '변액유니버셜보험'이었다.

때마침 그때부터 은행에서도 보험을 판매할 수 있게 됐는데, 그게 바로 '방카슈랑스'였다. 매달 30만 원씩 납부하다가 사정이 어려우면 금액을 줄일 수도 있고 여유가 생기면 더 납입해도 된다는 조건이었다. 나는 당연히 '적금' 같은 거라고 생각했다.

변액유니버셜보험은 한마디로 내가 내는 보험료를 늘렸다 줄였다 할 수 있고 그 돈을 국내주식이나 국외주식에 투자할 수 있는 상품이다. 그때는 '원금 손실'이 발생할 수 있다는 건 상상도 못했다. 해지하면서 알게 된 사실은 내가 매월 납입하는 금액을 늘렸다 줄일 수 있는 만큼 운용회사에서 떼어 가는 사업비도 다른 상품보다 더 높다는 거였다.

만기일이 곧 다가오는 시점의 나는 지금의 남편을 만나 대학원이 아닌 결혼을 선택했다. 은행에 가서 상품을 해지하고 돌려받은 돈은 720

만 원 남짓이었다. 그 자리에서 소중한 내 돈 300만 원이 사라진 거다. 정말 어디에 하소연이라도 하고 싶고 고발이라도 하고 싶은 심정이었다. 실제로 다음카페에 '변액유니버셜보험 피해'를 검색해서 가입도 했었다.

그때 알았다. 내 돈을 있는 그대로 다시 돌려받는 '원금보장'이 얼마나 중요한지. 피 땀 흘려 모은 내 돈을 어디론가 사라지게 하지 않고 그대로 잘 지키는 것만도 쉽지 않다는 걸. 나는 그날 변액유니버셜보험을 해약하고 주말 아르바이트를 시작했다.

부부는 닮는다고 했던가. 결혼하고 남편이 가지고 있던 보험을 살펴보니 내가 가지고 있던 변액유니버셜보험과 비슷했다. 남편은 외국계 회사의 변액종신보험을 가지고 있었다. 내 인생의 첫 보험은 고등학교 때 엄마가 지인을 통해 가입한 '종신보험'이었다. 고등학생에게 종신보험이 필요했을까 싶지만 그때는 엄마가 하라는 대로 가서 내 이름 옆에 사인만 했던 기억이 있다. 남편이 가지고 있던 '변액'보험, 그리고 내가 가지고 있던 '종신'보험. 어찌하여 우리는 이토록 닮았단 말인가.

내가 가지고 있었던 변액유니버셜보험은 결혼 전에 해약했지만 엄마가 들어준 종신보험은 결혼 후에도 계속 유지하고 있었다. 우리 두 사람의 보험료만 해도 한 달에 20만 원이 넘었다. 맞벌이를 계속 했었다면 그 보험들을 유지했을지도 모른다. 하지만 자궁 외 임신으로 유산하고 외벌이가 되자 상황은 달라졌다. 120만 원으로 둘이 살면서 한 달에 20만 원의 보험료를 내는 게 큰 부담이란 걸 실감했다.

첫아이를 낳기 전에 남편이 수술할 일이 생겼었다. 그때 수년간 보험료를 낸 보험회사에서 처음 받은 보험금이 50만 원 남짓도 안 됐었다. 그 일이 있고 나서 보험에 이렇게 많은 돈을 매달 들일 필요가 없겠다 싶어졌다. 약간의 배신감도 느꼈다. 그 보험은 보험 회사가 정한 질병과 질환의 심각성 정도에 따라서 정책된 보험금을 받을 수 있었다. 100% 회사에 의한 일방적인 계약에 대한 허탈함을 느낀 나는 남편의 수술이 끝나고 보험을 해약했다.

첫아이를 낳았다. 돈이 없어서 태아보험도 가입하지 않았었다. 그러나 큰아이가 탈장 수술을 하게 됐을 때 급한 마음에 어린이 보험을 가입했다. 겸사겸사 그때 나와 남편의 보험 리모델링을 진행했다. 우리 두 부부의 종신보험을 없애고 첫째의 어린이 보험과 의료비 실손이 보장되는 보험만 해서 우리 세 식구 보험을 새롭게 정비했다.

보험은 보험일 뿐이다

첫아이 때 보험을 소 잃고 외양간 고치듯이 가입했던 경험을 토대로 둘째 때는 자연스럽게 임신하고 16주가 되자마자 태아보험부터 가입했다. 둘째는 태어나서 3개월쯤부터 중이염을 자주 앓았지만 병원에 입원하거나 수술하지 않고 잘 이겨내 주었다.

인간은 망각의 동물이라고 했던가. 예상하지 못했던 셋째 아이를 임신했다. 둘째 때 가입한 태아보험을 크게 사용할 일이 없어서 그랬는지 모르겠다. 경제적인 여유는 있었지만 '괜찮을 거야' 하는 편한 마음으로 태아보험에 가입하지 않았다. 그런데 아이가 아팠다. 막내가 50일 때 요로감염으로 입원한 이후에 또 뒤늦게 후회하며 어린이 보험을 가입했다. 상황에 닥쳐 봐야 필요해지는 게 보험인가 보다.

그런데 이상하게도 시간이 지날수록 매달 내는 보험료가 손해라는 생각이 든다. 다섯 식구 모두 실손보험만 가입한 우리 가족은 요즘 매달 보험료를 내는 게 '뭔가 아깝다'. 매달 보험료로 20만 원을 내고 있다. 아이들이 감기라도 걸려서 소아과에 가면 진료비에 약값만 한 번에 2만 원 정도가 든다. 정작 소아과에서 쓰는 돈은 보험금을 청구하지도 못하는데 아깝다는 생각이 들면서 뭔가 돈을 더 내는 기분 때문에 자꾸 찜찜해졌다. 자연스럽게 요즘은 '실손보험도 정리할까?' 생각하다가, '아니야, 그래도 큰 병 나서 아프기라도 하면 아이들한테 짐은 되지 말아야지. 괜히 해지하고 나서 아프면 어떻게 해?' 싶은 마음이 든다.

보험 리모델링 하기 좋은 시기는?

고정지출 중에 '보험료'를 조정하는 것이 중요하다. 보험의 종류는 크게 '보장성'과 '저축성'으로 나눌 수 있다. 보험은 우발적인 위험이나 사고가 생겼을 때 경제적 부담을 덜기 위해 만든 제도다. 이 말을 뒤집어 보면 위험이 없으면 필요 없다는 뜻이기도 하다. 그 위험이 올지 안 올지도 모르며, 보험이 모든 위험을 막아줄 수도 없다. 그래서 '많으면 많을수록 좋다'가 아니라 내게 꼭 필요한 보험이 무엇인지를 알고 준비해야 한다.

발생 빈도와 손실률을 따져보는 게 합리적이다. 발생 빈도가 높은데 손실까지 큰 위험이라면 보험회사에서 받아주지도 않고, 상품으로 팔지도 않는다. 아이들 감기처럼 발생빈도가 높은데 손실이 적은 건 내 돈으로 처리하면 된다. 또 발생빈도가 낮은데 손실이 적은 것들은 무시해도 된다. 문제는 발생 빈도가 높은데 손실도 큰 것이고, 우리가 보험으로 대비해야 할 부분 역시 바로 이것이다. 드물지만 큰돈이 드는 질병이나 사고가 이에 해당한다.

주택마련, 교육비, 생활비 등 일상적이고 확정적인 미래의 경제적 위험에 대비하기 위해서 우리는 '저축'을 한다. 지금 보험과 저축 중 무엇을 더 많이 하고 있는가? 저축보다 '보험'이 많다면 진지한 고민이 필요하다.

확실히 하자. 보험은 저축이 아니라 '지출'이다. 금융소비자연맹에서 발표한 국내 가구당 보험료 지출현황에 따르면, 가구당 평균 12개의 보험에 가입하고, 매월 103만 원의 보험료를 낸다고 한다. 중요한 것은 그중 26.5%가 보험을 해약한다는 사실이다. 보험료 내기가 어려워서, 더 좋은 상품 가입을 위해, 목돈이 필요해서, 지인 권유로 불필요한 가입을 해서, 여러 상품간 중복보장과 혜택이 적어서 등 이유도 제각각이다.

보험전문가들은 대체적으로 매달 내는 적정 보험료를 급여의 5~10%라고 이야기한다. 그런데 맞벌이에서 외벌이로, 급여가 언제 어떻게 조정될지 모르는 상황이거나 혹은 일자리 자체가 불안해서 한 달

소득이 안정적이지 않다면 적정 보험료라는 말은 무용지물이다. 급여의 몇 퍼센트라고 말하는 적정 보험료 비율은 중요하지 않다. 100만 원의 소득이 있는 사람에게 10%는 10만 원이지만, 300만 원을 버는 사람에겐 30만 원이다.

소득이 늘어났다고 굳이 보험을 더 늘릴 필요는 없다. 그저 지금 내가 매달 납부하는 그 보험료가 감당할 수 있는 정도인지 아니면 버거운지가 중요하다. 어느 순간 매달 나가는 보험료가 너무 많은 건 아닌지 합리적 의심이 든다면 그때가 보험 리모델링을 생각해야 하는 시기다. 보험 리모델링은 자신과 가족의 보험을 직접 정리하는 것에서 시작된다. 현재 피보험자(보장 혜택을 받는 사람), 상품명과 금액을 기록한다. 월소득을 계산했을 때 보험료가 10%를 넘어간다면 리모델링을 고려해보자. 보험상품명/가입일/납입과 보장기간/보험료/보장내용을 정리한다. 보험은 가입보다 필요한 시기까지 유지하는 것이 더 중요하다. 적정 보험료 수준은 월 소득의 5~8%다. 이렇게 하려면 만기환급형이 아니라 순수보장형으로 가입해야 한다.

보험 리모델링 얘기가 나오면 해지부터 하는 사람이 있는데, 정말 위험하다. 가장 좋은 방법은 먼저 새로운 상품에 가입한 후 해지하는 것이다. 하다못해 선 심사 후 승인까지 난 다음에 해지하거나 전환하자. 해약환급금 손해금액은 '바로 지금'이 가장 적다고 생각하는 게 합리적이다. 갈수록 환급률은 올라가지만, 납입총액도 커지기 때문에 차액은 더 커진다. 게다가 차일피일 미루다가 아프면 해지할 수도 없다.

보험 리모델링만큼은 과감한 '결단'이 필요하다.

보험계약을 한눈에 알아보는 사이트
https://cont.insure.or.kr/cont_web/intro.do

가족력을 꼭 체크하자

엄마는 뇌출혈로 세 번 쓰러지셨다 돌아가셨다. 내가 기억하는 엄마의 모습은 전형적인 'O'자형 몸매였다. 키는 작은데 뱃살이 두둑하고 비만한 몸이었다. 고혈압 약을 드셨고 체중이 많이 나가니 다리와 무릎이 자주 아프다고 하셨다.

그런 엄마의 딸인 나는 아이를 낳고 '지방간' 진단을 두 번이나 받았다. 모유수유 하고 밤중 수유 하느라 피곤한 거라고 여겼고, 먹는 것도 잘 챙기지 못해서 아픈 거라고 당연하게 생각하고 넘어가기 일쑤였다. 병원의 진단을 받고 돌아온 날, 거울에 비친 내 몸을 바라보니 어느새 엄마의 몸매를 많이 닮아 있었다. 그때 문득 엄마의 사인이 '상세불명의 간경화'였다는 게 떠올랐다.

간경화로 돌아가신 엄마와 출산 후 급성지방간 진단을 받은 나. 그리고 엄마를 닮아가는 뱃살이 축 늘어진 몸매까지. 의사로부터 체중 조절을 통해 내장지방을 줄여야 한다는 처방을 받았다. 지방간 진단을 받았을 때 정말 억울했다. 아낀다고 외식보다는 집밥을 해먹었고, 다시다 같은 감미료도 사용하지 않고 싱겁게 먹으려고 노력했었다. 무의식적으로 엄마처럼 살지 않겠다는 생각을 하며 발버둥치듯 노력했다고 생각했는데, 피는 물보다 진하고 가족력은 무시할 수 없다는 걸 깨달았다. 보험을 리모델링할 때는 나와 배우자의 친가와 외가 양쪽 집안의 '가족력'을 꼭 놓치지 말고 확인해야 한다.

건강은 건강할 때 지켜야 한다. 나는 지금도 외식보다 집밥을 선호한다. '더 이상 엄마의 O자형 몸매로 살지 않겠어! 건강하고 예쁜 엄마로 우리 아이들과 오랫동안 함께해야지!'라는 마음으로 체중 조절을 하기로 했다. 내가 정한 생활 속 건강관리 원칙은 몸을 더 움직이고 간식을 줄이는 거였다. 우선 출퇴근하면서 걷고, 또 점심식사 후 30분을 산책하듯 걷고, 회사에서는 5층까지 엘리베이터가 아닌 계단을 이용해 오르내리기로 했다. 그리고 회사에서 믹스커피와 밀가루로 만들어진 간식들을 먹지 않기로 다짐했다.

보험이라는 게 참 무섭다. 크게 아프거나 죽어야 탈 수 있다. 자연스럽게 손해 보는 거 같다는 생각을 가지게 된다. 건강은 건강할 때 지켜야 한다. 보험금을 타든 말든, 나는 엄마의 가족력으로 지방간 진단을 받은 날부터 내가 가진 보험과 상관없이 운동이나 식습관을 실천하기로 마음먹었다.

그리고 내가 살고 있는 지역의 '의료사회적복지협동조합(前 의료사협)'에 조합원으로 가입했다. 의료사회적복지협동조합은 건강을 잃고 나서 지키려고 하기보다는 지금의 건강을 지키고 노인병을 예방하기 위해 걷기 소모임, 현미채식 모임 등을 만들어 함께 하는 공동체다.

그러면서 자연스럽게 보험에 대한 생각이 바뀌었다. 보험금은 탈 일이 없는 게 좋은 거고 보험이 있든 없든 건강한 게 제일이다. 보험만 가입하고 '다 준비되었어!'라며 안심한 채로 건강을 위해 내가 할 수 있는 아주 작은 실천조차 게을리하는 사람으로 살고 싶지 않다. 보험은 내 건강을 책임지지 않는다. 보험은 그냥 위험을 대비하기 위한 장치일 뿐이다. 결국 내 건강을 지킬 수 있는 건 나 자신뿐이고, 운동과 식습관 개선은 나의 실천에 달려있다.

보험 가입보다 더 중요한 건 우리 가족이 어떤 병력을 가지고 있는지 확인하고 가족력을 이겨내기 위해 내가 할 수 있는 건강 관리를 실천해야 한다는 거다. 보험은 미래에 닥칠지도 모를 위험에 대비하기 위해 현재의 가정경제 구조에 맞는 금액으로 가입하면 된다.

대부분의 사람들이 보험으로 보장받고자 하는 내용은 암과 같은 중증질환이다. 치료를 받는 동안 써야 할 생활비도 큰 걱정거리다. 우리나라 건강보험에서는 '산정특례제도'와 '본인부담금 상한제'로 암과 같은 중증질환에 걸린 환자들에게 의료비를 경감해주는 제도가 있다.

이 본인부담금 상한제는 시행된 지 10년이 넘었지만 모르는 사람이 많다. 이는 본인의 소득 구간에 따라 정해진 본인부담 상한액이 넘는 병원비를 지급했을 경우, 환급해주는 제도다. 상한액 기준은 '급여' 항목만 해당되고 '비급여' 항목은 제외된다.

국민건강보험공단은 환급 대상자에게 안내문을 발송한다. 전년도에 환급받을 금액이 있다면 해당 연도 하반기부터 신청해 환급받을 수 있다. 예를 들어 2020년에 발생하는 초과금액은 2021년 8월부터 환급된다. 발송된 안내문에 첨부된 신청서와 구비 서류를 공단 측에 보내거나 국민건강보험 홈페이지를 통해 신청할 수 있다.

병원에서 '비급여'로 치료받는 부분이 제외된다. 따라서 부족한 보장을 위해 민간보험을 준비해야 한다. 어떤 보험이 얼마나 필요한지 알기 위해 가장 먼저 할 일은, 지금 내가 가진 보험을 정리하는 것이다. 우리집 수입과 지출 규모, 현금흐름을 정확히 파악하고, '가족 병력 및 특이사항'을 정리하다 보면 나에게 맞는 보험과 보험료가 어느 정도인지 기준을 세울 수 있다.

국가 지원도 적지 않다. 암, 심장, 뇌혈관질환 등 중증질환에 걸리더라도 자기 부담금 5%만 부담하면 나머지는 국가 지원을 받을 수 있는 산정특례제도가 있다. 또 소득 분위에 따라 의료비 상한액이 정해져 있는 본인부담상한제도 운용된다. 의료비는 건강보험이 적용되는 '급여' 항목과 건강보험이 적용되지 않는 '비급여' 항목으로 나뉜다. 내가 내야 하는 의료비는 급여 항목의 '본인부담금'과 '비급여' 항목이 더해진 금액이다.

그래서 실손의료비 보험이 필요하다. 5천만 원 한도 내에서 실제 내가 내야 하는 병원비 중 평균 85%를 보장받는다. 가입 시기와 상품에 따라 보장률에 차이가 있으니 각자 가입한 보험 규정을 확인해야 정확히 알 수 있다.

실손보험을 가장 먼저 준비한다. 그다음 암, 뇌졸중, 심근경색 진단비는 진단 후 생활비를 위해, 사망보장은 가장의 사망 시 유족의 긴급

자금으로, 운전자보험은 사고 시 형사적 책임을 위해, 일상배상책임 담보는 아이가 타인의 재물이나 신체에 손해를 입혀 보상이 필요할 때를 위해 준비하면 좋다.

실비가 있다는 전제하에, 암 진단비 1천만 원과 입원비 2만 원 중 선택해야 한다면? 암 진단비 1천만 원을 선택하는 게 낫다! 발생빈도는 낮지만 손해가 큰 것을 보장받는 게 낫기 때문이다. 그럼, 사망보장은 어떨까? 먼저 알아야 할 것은 종신보험료는 비쌀 수밖에 없다는 것이다. 말 그대로 종신, 즉 죽을 때까지 보장해서 그렇다.

그래서 사망보장이 왜 필요한지를 먼저 생각해봐야 한다. 사망보장보험을 드는 이유는 가장 사망 시 유족, 특히 자녀양육에 치명적인 문제가 생기기 때문이다. 따라서 막내가 25살 혹은 30살 정도가 될 때까지만 사망보험금을 준비하면 된다. 이럴 때 드는 것이 '정기보험'이다.

40세 남자가 종신, 1억 보장, 20년납으로 종신보험에 가입하면 보험료는 약 169,500원 정도가 든다. 하지만 40세 남자가 60세 만기, 1억 보장, 20년납으로 정기보험에 가입하면 보험료는 약 24,200원만 내면 된다. 단, 정기보험은 소멸성이다. 만기 때 살아있다면 지금까지 낸 보험료는 돌려받을 수 없고, 소멸한다는 뜻이다. 또 전문가에게 맡겨 리모델링을 진행해야 한다면 꼭 '유료'로 받아야 한다고 생각한다. 보험회사의 '무료 보험설계' 서비스는 회사의 이익을 위해 운영되는 것이라는 걸 기억하자.

우리는 보험회사의 '무료 보험설계' 서비스를 손쉽게 이용할 수 있다. 정성껏 상담해주는 설계사라도 만나면 이제 와 거절하기도 미안해서 가입해버리는 '호갱'이 된다. 이게 다 '무료'라서 생기는 일이다. 적정한 보험과 보험료에 대한 내 생각을 먼저 정립한 후, 보험 전문가를 찾아 '유료'로 재설계 서비스를 받는다면 어떨까? 아마 스스로 가입 여부를 결정할 수 있을 것이다. 정당한 비용을 내면 상담하는 사람에게 미안할 필요가 없기 때문이다.

■ 산정특례제도란?

의료급여 산정특례란 중증질환 산정특례라고도 불리는데, 중증 및 치료가 힘든 희귀난치성질환을 앓고 있는 의료급여 수급권자에게 의료비를 지원하여 저소득층 국민보건 향상과 사회복지 증진에 기여하는 제도이니 이용해보자.

■ 지원내용

– 급여비용에 대한 본인부담이 면제된다.

– 산정특례 등록자(암, 중증화상, 희귀질환, 중증난치성질환, 결핵)의 경우, 제2차 또는 제3차 의료급여기관에 의료급여 신청이 가능하다.

■ 신청방법

– 암, 중증화상, 희귀질환 및 중증난치성질환, 결핵 환자의 경우에는 시 · 군 · 구청, 주민센터에 방문해 신청한다.

– 뇌혈관 · 심장질환자, 중증외상환자는 별도 자격전환 및 등록 없이 지원 가능하다.

– 문의처 : 보건복지상담센터(☎국번 없이 129)

그동안 무심했던 관리비도 다시 보자

머니잇수다를 통해서 관리비를 절약한 참여자도 있다. 전달 관리비 193,290원에서 168,330원으로 약 2만5천 원을 줄인 참여자는 뭔가 큰 노력을 했을까? 들어보니 그저 몸을 더 움직였을 뿐이다. 혼자 있을 때 난방과 에어컨 가동을 삼가고, 콘센트는 모두 버튼형으로 교체했으며, 세탁은 몰아서 한 번에 하고, 건조기보다 자연건조를 이용했다. 밥솥의 밥은 전기밥솥에 보온하는 대신 바로 냉동실로 보냈다. 대부분은 고정비에 대해 고민하지 않고, '원래 나가야 하는 돈'이라고 생각한다. 나 역시 '나름 잘하고 있다'라는 생각을 내려놓고 편리함 대신 몸을 조금 더 움직여 관리비를 줄여나갔다.

11월, 조금씩 옷깃을 여미며 차가워진 공기를 대비해야 하는 시기다. 11월에도 가스비가 10만 원 이상 나왔다는 참여자는 이제 보일러의 실내 온도를 올리는 대신 수면양말과 수면바지, 그리고 긴팔 티셔츠를 꺼내 입는다. 한겨울에 어떤 옷을 입고 지내는가. 무의식적으로 빵빵하게 보일러를 틀어놓고 반팔 티셔츠에 반바지를 입고 있지는 않은가?

잠시만 돌아보자. 거실에 온열 돗자리를 깔았는지, 창문에 뽁뽁이는 잘 붙여 놓았는지, 외출할 때 보일러 전원을 끄는 대신에 외출 상태로 해놓았는지 등등. 보일러 전원을 켰다 껐다 하면 다시 차가워진 바닥을 데우느라 온수를 더 사용하기 때문에 가스비가 증가한다는 보일러 전문가의 이야기를 듣고 나서부터는 나와 우리 머니잇수다 멤버들은 평소에 보일러를 '외출'로 설정해놓는다.

가전제품, 사놓고 얼마나 쓰고 있지?

"전자기기를 좋아하지 않는데 아이 낳고 좀 더 편리하게 지내겠다는 핑계로 전기도둑을 이만큼이나 들였다"라고 말한 참여자 분의 표현이 찰떡같이 공감된다. TV, 셋톱박스, 세탁기, 청소기, 전자레인지, 전기밥솥, 에어컨, 선풍기, 컴퓨터, 프린터, 노트북, 물걸레 청소기, 제습기, 공기청정기, 식기세척기, 젖병소독기, 분유포트, 믹서기 등등. 대충 생각나는 전자기기만 해도 이 정도다.

우리가 의식하지 않으면, 전자기기들은 우리를 가사노동으로부터 자유롭게 해준다는 명목으로 틈을 비집고 들어와 집 안 구석구석에 자리를 잡는다. 그것들은 하나 같이 조용한 전기도둑이 된다. 우리 집에는 전자레인지, 제습기, 식기세척기가 없다. 그것들이 없는 일상은 몸을 조금 더 쓰기만 하면 불편할 게 전혀 없다. 우리 집은 전기도둑들에게 자리를 내주지 않고도 편하게 살고 있다.

고정비 줄이기 체크리스트						
분류		개수	사용횟수	사용내용	만족도	처리계획 (중고판매/지인 나눔/기증/폐기)
대분류	품목					
거실가전	TV					
	에어컨					
	공기청정기					
	오디오					
주방가전	냉장고					
	김치냉장고					
	전자레인지					
	오븐					
	믹서기					
	커피머신					
	커피포트					
	전기밥솥					
	식기세척기					
	정수기					
	제빵기					
	튀김기					
	요구르트 제조기					
	음식물쓰레 기처리기					
	살균기- 젖병소독기					

디지털 기기	컴퓨터					
	노트북					
	프린터					
	핸드폰					
	카메라					
	게임기					
	mp3					
기타가전	진공청소기					
	스팀청소기					
	로봇청소기					
	세탁기					
	제습기					
	가습기					
	비데					
	연수기					
	족욕기					
	찜질기					
	전기면도기					
	고데기					
	드라이기					
	화장품 냉장고					
	다리미					
	전기장판					
	온수장판					

	스탠드					
	선풍기					
	러닝머신					
	전동공구					
	스타일러					
	재봉틀					

관리비 고지서 평소에 얼마나 펼쳐보는가

머니잇수다 참여자 한 분은 평소에 관리비를 자동이체로 빠져나가게 걸어놓고 고지서는 쳐다보지도 않았다고 한다. 머니잇수다 가계부를 쓰기 시작해서야 '관리비가 좀 많이 나왔네?' 싶어 고지서를 보다가 평소에 관심을 두지 않았던 아파트 관리사무소 운영 문제까지 알게 됐다고 한다. 아파트 관리사무소를 두고 이권이 개입돼 결국 두 곳으로 개별 운영되면서 관리비가 1만3천 원이나 더 지불되고 있었다는 거다.

가계부를 쓰면서 고지서를 한 번 더 관심가지고 펼쳐봤을 뿐인데 그동안 소리 소문 없이 청구된 돈도 발견하게 된 거다. 관리비뿐만이 아니라 핸드폰 요금이며 가스비, 전기요금을 지불할 때 요즘은 많은 사람들이 자동이체 또는 신용카드로 결제한다.

문제는 자동으로 금액이 빠져나가니 고지서를 잘 살펴보지 않는다는 데 있다. 공과금은 고정적으로 지출되는 항목 중에서도 연체되면 가산금이 붙기 때문에 많은 사람들이 가장 신경 쓰는 항목 중에 하나다. 공과금이 자동으로 결제된다고 하더라도 한 번씩은 고지서를 펼쳐 보고 혹시라도 평소와 달리 의심스러운 부분은 없는지 살펴볼 필요가 있다.

우리 집에서 고정적으로 지출되는 항목들을 다시 한번 점검하는 일은 우리가 일상에서 '당연히 그러려니' 하는 것들에 대해 다시 한번 '그래? 정말 그게 당연한 건가?'라고 물음표를 그려보는 일이다. 편하게 사는 게 최고라고 하지만 설거지하고 샤워할 때마다 무심코 흘려보내는 물, 아무도 없는 집에서 콘센트를 통해 새어나가는 전기, 사용하지 않을 때도 항상 켜놓는 셋톱박스들까지! 새어나가는 대기전력만 잡아도 돈이 굳는다.

"물 틀어놓고 쓰면 어떻게 해? 양치할 때 물은 컵에 받아서 써야지!"라고 서로 말해주며 가족끼리 감시자가 돼주자. 아무 생각 없이 흘려보내는 것들에 '차단막'이 돼주는 아주 작은 실천이 결국은 우리 아이들에게 살 만한 곳을 물려주는 위대한 유산이 될지 모른다. 변화는 아주 작은 실천에서 온다. 가계부 속 무심코 새어나가는 고정비를 줄이는 것도 아주 작은 실천에서 비롯된다. 그동안 우리도 모르게 익숙하게 생각했던 것들에 질문을 던져보자. 그 질문에서부터 진짜 절약이 시작된다.

꺼진 TV도 다시 보자

"TV는 리모컨으로 바로 켜서 봐야지. 맨날 그렇게 코드를 뽑아놓으면 어떻게 해?"

결혼하고 가장 자주, 미묘하게 남편과 신경전을 벌이던 일은 바로 TV 문제였다. 나는 TV를 볼 때 바로 볼 수 있도록 늘 코드를 꽂고 사는 집에서 살았었다. 그러나 남편은 늘 TV 전원을 끄면 콘센트마저 뽑아놓는 아버지 밑에서 자랐다. 서로 다른 습관대로 살던 우리가 함께 살면서 고정적으로 나가는 전기요금을 어떻게 줄여나갔을까?

우리는 얼마나 많은 것을 가지고 살고 있는가

고정비 체크리스트를 작성하면서 현재 사용하고 있는 전자기기들을 하나씩 기록하고 일주일 또는 한 달 사이에 얼마나 사용하는지 적어보자. 하루 24시간 매일 전원이 꽂혀 있는 유일한 우리 집 가전제품은 바로 '냉장고'다. 이걸 살 때도 양문형으로 사라는 부모님의 말씀에도 불구하고 '먹을 때마다 장 봐서 해먹으면 되니까 큰 냉장고가 필요 없다'며 우리는 결국 일반 냉장고를 택했다. 하지만 에너지 소비효율 등급만 놓고 보면 양문형 냉장고는 1등급, 우리가 산 일반 냉장고는 5등급이다. 만약 다시 냉장고를 사야 한다고 하면 무조건 소비효율 등급이 높은 것을 고를 테다!

우리 집에서는 여름에 선풍기 2대를 사용한다. 한 대는 목이 불안정해져서 철사로 고정하고 테이프까지 칭칭 감아서 쓴다. 내 얘기를 보고 그렇게까지 해서 써야 하나 싶은 생각이 드는가. 선풍기의 주 기능을 얼마든지 더 활용할 수 있다면, 아무 문제 없는 부분이다. 버리지 않고 계속 쓰는 덕에 여름에 빨래를 말리거나 주방에서 요리할 때 요긴하게 쓰고 있다.

나머지 한 대는 안방에 회전시켜 놓고 밤에 에어컨을 켜고 잠들 때 요긴하게 사용한다. 에어컨은 우리 둘째를 출산하고 참고 참다가 샀다. 정말 더운 한낮이나 열대야로 잠들기 힘들 때 주로 사용한다. 최저기온은 28도에서 30도 사이로 설정해놓고 선풍기 바람과 함께 쓰면 정말 시원하다.

우리 집의 세탁기는 결혼 전 자주 이용하던 신용협동조합 총회에서 내가 경품으로 탄 나름 사연이 있는 물건이다. 아직도 기억하는 당첨번호 334번! 그 번호를 부르는 순간 깜짝 놀라서 소리를 빽! 하고 지르던 때가 엊그제 같다. 남편과 나의 결혼을 성사시킨 장본인이다.

막내를 낳고 황사와 미세먼지 때문에 기관지 약한 남편을 위해 구입한 공기청정기도 지금은 잠시 사용을 멈추고 있다. 하지만 매년 봄이나 환절기에 요긴하게 일주일에 2~3회씩은 사용한다. 매일 사용하는 전자기기는 핸드폰과 핸드폰 충전기, 그리고 노트북이다. 거의 몇 달에 한 번 사용할까 싶게 빛을 보지 못하는 물건도 물론 있다. 결혼 선물로 친구들에게 받은 커피포트와 오디오, 다리미와 믹서기가 그렇다.

이렇게 하나둘씩 정리하면서 TV와 전기밥솥, 그리고 전자레인지, 정수기를 없앴다. TV는 우리 집 2호가 아침에 일어나자마자 무의식적으로 켜는 걸 보고 나서 없앴다. 아이 셋이서 서로 역할극 놀이도 하고, 레고 블록으로 집도 만들고, 그림 그리고 책도 읽으면서 잠들기 전까지 노는 걸 보면 참 잘 선택했다고 생각한다. TV 없이도 어떤 오락프로그램보다 시끌벅적한 하루가 펼쳐지는 중이니까. TV는 나중에 성인이 되면 실컷 보게 될 테니까, 지금은 누나, 형, 동생이랑 함께 부대끼면서 잘 논다.

전기밥솥은 어머님이 압력솥을 사주면서부터 사용하지 않게 됐다. 윤기가 자르르 흐르는 밥을 먹다 보니 전기밥솥에 보온으로 몇 시간 동안 데워져 있던 밥을 먹는 게 더 뜸해졌다. "압력솥으로 밥 하는 거 너무 귀찮지 않아요?"라고 묻는 분들이 계시는데, 쌀을 미리 불려 놓았다가 채반에 담아 물기를 빼고 냉장고에 넣어둔 뒤 밥 먹기 전에 바로 앉히면 10분 만에 밥이 된다. 칙칙칙 소리를 내면 조금 더 뜸을 들였다가 갓 지은 따뜻한 밥을 퍼 차려내는 게 어느새 익숙해졌다. 어차피 전기밥솥에 쾌속취사를 해도 10분은 넘게 걸린다. 이래도 저래도 10분 정도 걸린다면 전기밥솥보다는 압력솥 밥맛이 더 좋으니 결국 편리함보다 맛있는 밥을 택했다.

찬밥이 생기면 그건 어떻게 해요?

찬밥은 밥을 새로 할 때 같이 넣어서 함께 찌거나 볶음밥을 해서 먹는다. 그런 이유로 전자레인지도 없다. 아이 이유식 데울 때 유용하니 꼭 사라고 주변에서 그랬는데, 이유식을 집에서 해 먹이기도 했고 데울 때도 그냥 냄비에 물 조금 넣고 다시 익히면 더 빠르고 안전하다고 생각해서인지 그게 더 편하다.

정수기는 애초에 없었다. 저녁에 설거지를 마치고 나면 작은 주전자에 대추와 영지버섯 조각을 넣고 물을 끓여서 마신다. 결명자나 작두콩, 보리, 연잎 등등 어떤 거든 물에 넣어 끓여 마시는 습관을 한번 들이고 나니 번거롭지 않다. 아이들도 생수보다 끓인 물을 더 좋아한다. 지금은 주전자 한 가득 물을 끓여야 비로소 설거지를 마무리하는 느낌까지 든다.

TV, 전기밥솥 없앤다고 얼마나 아껴?

전기밥솥을 없애기 전과 후, 전기요금을 비교해보면 한 달에 5천 원이 줄었다. 그리고 TV는 한국전력(☎123)에 전화해서 '없앴다'라고 이야기하면 일단 수신료 2천5백 원을 바로 공제받을 수 있다. 한 달에 7천5백 원을 아낄 수 있는 거다. 거기에 우리는 다자녀 할인까지 적용되어서 평소에 전기요금은 5천 원 남짓 나온다. 에어컨을 사용한 8월 요금이 1만6천 원 정도 나왔다.

우리 집에서 새는 전기요금을 잡는데 남편의 공이 컸다. 모든 전자기기의 코드는 전원을 끄는 동시에 뿌리째 뽑는 남편의 투철한 생활 습관 덕분이다. 인터넷 랜선도 이중으로 대기전력이 새어나가지 못하도록 잡고 있다. 우리가 하는 대로 아이들도 늘 집을 나서기 전에 코드는 다 빼놓았는지 확인한다.

이렇게 아이부터 어른까지, 자나 깨나 꺼진 TV도 다시 보는 자세를 한번 잡아놓으면 1년 열두 달, 아니 평생 줄일 수 있는 돈이 바로 전기요금이다. 정수기 렌탈비 한 달에 1만5천 원만 줄여도 1년이면 18만 원을 아끼고, TV를 없애면 수신료 포함 3만 원이 절약되고 전기밥솥을 안 쓰면 6만 원은 아낄 수 있다. 총 27만 원 정도가 절약된다.

소소하게 전기요금 아껴서 겨울에 따뜻하게 지낼 수 있다면 그것으로 대만족이다. 그냥 그대로 두면 쥐도 새도 모르게 우리가 없는 시간에도 새어나가는 전기요금! 그것만 잘 잡아도 돈이 생긴다. 오늘부터 조용히 잠들어 있는 공과금 속 새는 돈을 잡아보자.

이렇게 비정기지출 내역과 물품 체크리스트, 보험 정리표를 작성해 보면 일상에서 새고 있는 돈들이 의외로 많다는 걸 알게 된다. 고정비 중에서 가장 많이 지출하는 항목 다섯 가지를 적어보자. 그 다섯 가지 중에서 절약을 실천할 수 있는 항목 한 가지를 정해서 우선 실천해보자. 가족과 함께한다면 더 좋겠다. 혼자하면 쉽게 멈추지만 가족과 함께하면 절약 효과가 그만큼 더 크기 때문이다.

마지막으로 전자기기를 사용하는 빈도와 만족도를 따져보고 자주 사용하지 않는 물품은 중고판매로 처분해 부수입을 얻을 수도 있다. 팔기에는 애매하거나 아직 쓸 만한 물건은 지인에게 나눠주거나 아름다운가게나 녹색가게에 기증할 수 있다. 정말 상태가 안 좋은 물건은 폐기해서 집의 공간을 넓히는 선택을 할 수도 있다. 나에게 필요한 거와 필요하지 않은 걸 구분하는 과정에서 돈도, 여유도 생겨난다.

02 돈의 흐름을 그리다

앞서 우리는 생활비를 일주일 단위로 총 다섯 번 받는 시스템을 만들었다. 그리고 매달 빠져나가는 고정비도 점검했다. 다음으로 우리가 해야 할 건 바로 '우리 집 돈 흐름 그려보기'다. 본격적으로 우리 집의 돈 관리 상태를 파악해 나가기 위해 꼭 거쳐야 하는 과정이다. 빈 종이를 꺼내보자. 우리 집의 수입이 지출되는 과정을 하나의 그림으로 표현하는 걸 '우리 집 돈 흐름도'라고 이름 붙인다.

돈 관리는 현재 자신의 상태를 있는 그대로 알아야 시작할 수 있다. 나와 우리 가정에 맞는 하루 살기 금액을 정했다면, 그다음은 그걸 계속해서 체계적으로 유지할 수 있는 가계부 시스템을 만들어야 한다. 그렇지 않으면 언제든지 원래의 상태로 돌아가고 싶어진다. 그런 뜻에서 돈 흐름을 그리고 통장을 쪼개는 일은 우리 집 가계부 상태를 객관적으로 바라볼 수 있는 계기가 돼준다. 그것을 기회로 만드는 건 지금 당장 시작하는 사람의 몫이다. 혼자서 하기 힘든 사람이라면 같이 하면 된다. 용기를 내 지금의 자기 자신과 가계부를 들여다볼 수 있는 시간을 가져보자.

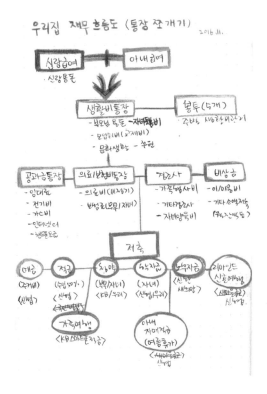

이미지가 주는 힘은 강력하다. 아마 많은 사람들은 우리 집의 돈이 어떻게 흐르고 있는지 머릿속으로만 생각할 거다. 그러나 머릿속으로만 생각하는 것과 종이 위에 그 돈이 어떻게 흐르고 있는지 그려보는 것에는 정말 큰 차이가 있다. 머니잇수다 참여자 분들이 이야기하는 거처럼, 무언가 '체계'가 잡히는 느낌, 그동안 돈을 관리하는 일에 '소홀했구나' 하는 생각도 하게 될 거다. 돈 흐름을 그리다 보면 막히는, 잘 그려지지 않는 부분이 생길 거다. 그것이 곧 우리 집의 돈이 막혀있거나 새는 지점일 수 있다. 돈 흐름을 그려보면 신용카드를 잘라낼 수 있는 결단력도 생겨날 거다. 단순히 머릿속으로만 하던 계산이 눈앞에 보이니 무엇보다 확실한 동기부여 수단이 될 거고 바로 통장 쪼개기에 돌입하게 될 거다.

머니잇수다 참여자들의 진실된 목소리

내년에 전세금이 상향될 거에 대비해서 목돈을 마련하기 위해 준비 중이에요. 돈 흐름을 그려보니 무언가 머릿속에 체계가 잡히는 느낌입니다. 저희 가정도 풍요로운 가정이 되고 있네요.　　　　　　　　　　　　　　　　　　　　– 참여자 1

월초에는 생활비가 풍족해 보이니 외식도 많이 하고, 사고 싶은 것도 엄청 질렀었습니다. 일주일을 정해진 금액 안에서 생활해보니 월초에 자동이체로 빠져나갈 돈을 먼저 정한 후 남는 돈으로 생활해야겠더군요. 쪼개고 쪼개서 사용하고 비정기 저축도 늘려보겠습니다.　　　　　　　　　　　　　　　　– 참여자 2

나를 돌아보고 통장을 쪼개고 돈 흐름을 그려봤어요. '내가 돈 관리에 소홀했구나'라는 걸 느낄 수 있었어요. 새로 그려본 돈 흐름대로 생활하고 공부하다 보면 점점 감이 잡힐 거 같아요.　　　　　　　　　　　　　　　　　　– 참여자 3

머릿속에 그렸던 통장 쪼개기를 도식화해보니 통장별로 구분 없이 쓰고 있었더라고요. '쓰기'와 '모으기'로 나눠서 정리하고 월초에 통장 쪼개기 별로 금액을 계산해서 이체하기, 꾸준히 실천하겠습니다.　　　　　　　　　　　　　– 참여자 4

남편 급여가 들어오면 카드비를 먼저 내고 남은 돈으로 생활하는 식이었어요. 연말까지 카드비를 상환하고 공과금도 자동이체로 돌리자고 남편과 이야기했습니다.
　　　　　　　　　　　　　　　　　　　　　　　　　　　　　　– 참여자 5

나는 우리 집에 돈이 들어오면 저축으로 먼저 모으고, 고정적으로 나가야 하는 생활비들을 자동이체로 빠져나가게 한다. 남은 돈으로 한 달을, 일주일을, 하루를 사는 통장 시스템을 만들어 간편하게 관리한다. 머니잇수다 가계를 사용하다 보면 먼저 빌려서 쓰고 돈이 들어오면 갚고 또 빌려 쓰는 게 아니라 '벌고-모으고-쓰고'의 삶을 시작할 수 있다.

　하나씩 천천히, 그렇게 돈은 자기 자리를 찾아간다. 그리고 쌓인다. 말하고 그리는 대로 '꿈'은 이루어진다. 우리 가족이 꿈꾸고 그리는 대로 차곡차곡 쪼개진 통장으로 흘러간다. 각각의 통장에서 돈은 알아서 움직이고 나는 하루하루를 사는 데 집중한다. 나와 우리 가족의 꿈은 그렇게 이루어진다.

03

우리 집 ──────── 🌱Ⓢ ──
돈 흐름에 맞는 ──── 🐷🪙
통장 쪼개기 ──🔍🪙 ──────

  이 책을 읽고 하루 살기 금액을 정해서 최소
세 달 정도 가계부를 써보는 게 좋다. 그와 동시에 신용카드와는 꼭 이
별하도록 하자. 미련 없이 카드와 헤어지기 위해서 가장 먼저 해야 할
일은 한 달 월급이 들어오면 결제했던 카드비를 먼저 내고 남는 돈으로
쓰는 패턴으로 바꿔야 하는 거다. 이것이 머니잇수다 가계부 시스템 과
정의 핵심이다.

  이번에 소개할 '통장 쪼개기'는 절약 좀 한다고 하는 사람들이라면
한 번씩 해보는 미션이다. 하루 살기 금액을 실천하면서 함께 진행하면
좋은 가계부 시스템의 꽃, 통장 쪼개기와 우리 집 돈 흐름도로 손쉽게
절약해보자. 남들 다 하는데 나만 못 할 이유는 없다.

  통장 쪼개기란 각각의 항목과 용도별로 여러 개의 통장을 만들어 그
안에서만 돈을 쓰는 '지출 통제 시스템'이다. 크게 수입(월급) 통장, 저축

통장, 생활비 통장, 예비비 통장으로 나눌 수 있다. 본인의 상황에 맞게 더 세세하게 나눠도 된다. 수입 통장에 월급이 들어오면 자동이체로 각 통장에 돈을 쪼개는데, 공과금을 비롯한 고정비 통장에는 한 달에 한 번, 주별 생활비 통장에는 매달 5주차로 나눠 자동이체가 되도록 한다. 만약 한 달 생활비가 35만 원이라면 매월 1일에 7만 원, 7일에 7만 원, 14일에 7만 원, 21일에 7만 원, 28일에 7만 원씩 자동이체가 되도록 하고, 하루에 1만 원씩 일주일 동안 7만 원이라는 예산 안에서만 지출하면 된다.

통장을 쪼개다

통장을 쪼개기에 앞서 우리 집 돈 흐름을 한 번 그려보자. 우리 집은 25일과 30일로 두 차례에 걸쳐 월급이 들어온다. 내 월급은 바로 저축통장으로 보낸다. 그리고 남편의 월급이 '주 생활비' 통장에 들어온다. 월급날에 바로 용돈, 후원금, 모임 회비 등을 이체한다. 그리고 다섯 개의 통장으로 정해진 돈을 보낸다.

내 경우는 통장을 여섯 개로 쪼개서 사용한다.

- 저축통장(종잣돈 마련, 이사비용 마련, 가족여행, 아이 학자금, 청약 등)
- 공과금 통장(임대료 또는 월세, 전기요금, 가스요금, 수도세 등)
- 의료비 통장(실손보험료, 한 달 동안 아이들 병원 가는 비용 예상 금액)
- 양육비/교육비 통장(아이 학원비, 방과후 활동비, 어린이집 특별활동비 결제계좌)

- 경조사/주 생활비 통장(남편 월급이 들어온 후 각 통장에 뿌려주는 메인 계좌)
- 5주 생활비 통장(매달 정해진 날짜에 주별 생활비 이체 설정. 하루 살기 시스템을 현금으로 사용하는 방법을 선택했다면, 5주 생활비 통장은 만들지 않아도 된다.)

머니잇수다 가계부 양식은 공과금, 보험료와 의료비, 양육비, 생활비와 경조사비라는 큰 항목별로 구성했고 통장도 그에 맞춰서 쪼갠 거다. 통장 중에 경조사비와 주별 생활비, 의료비는 체크카드를 발급받아서 사용한다. 공과금과 보험료는 자동이체로 나가게 설정만 해둔다. 이렇게 하면 월말 결산 시에 인터넷뱅킹에 접속해서 지출내역을 보며 한번에 가계부 정리까지 할 수 있다. 한 번만 시스템을 만들어두면 그다음부터는 자동이다.

통장은 우리 가족에게 맞는 항목에 따라 쪼개면 된다. 우리 집은 8살, 6살, 3살 아이들을 키우다 보니 의료비 통장을 따로 만들어서 계좌에 연결된 체크카드를 사용한다. 애들 셋 데리고 병원 갈 때 의료비 카드 한 장만 챙기면 돼서 아주 편하다.

그리고 주별 생활비에서 아끼고 남은 돈은 푼돈 적금통장으로 보낸다. 그리고 나머지 통장별로 남는 돈은 따로 정산하지 않고 다음 달로 이월한다. 의료비나 양육비의 경우는 이번 달에 조금 아끼면 다음 달에 이월된 금액만큼 더 쓸 수 있게 된다. 아니면 무조건 항목별로 남은 돈을 푼돈 적금통장이나 예비비 통장으로 모으면 새는 돈을 잡을 수 있다.

04

굿바이
신용카드

하루 살기 금액으로 매일 가계부를 쓰고, 우리 집 돈 흐름에 맞게 통장을 쪼개보자. 아직까지 신용카드를 사용하면서 다음 달에 써야 할 돈을 미리 당겨쓰고 있다면 아래의 5단계를 천천히 다시 한번 짚어보자.

1. 신용카드를 자른다. 자른 신용카드를 사진으로 남기고, 메모지에 다짐을 적어서 보이는 곳에 붙여놓는다.

2. 신용카드 사이트에서 선결제한다. 부업, 보험 리모델링 등으로 수입을 늘리고, 늘린 만큼을 바로 카드비로 결제한다.

3. 그래도 아직 카드를 자르지 못했다면 오늘 카드로 산 금액만큼을 생활비 통장에서 '신용카드 결제 통장'으로 바로 이체한다.

4. 신용카드 할인 혜택 등 때문에 카드 한 장 정도는 남겨야 한다면 '고정지출만으로 카드 한도를 채우고, 매달 고정된 금액만 결제'되게 한다. 나머지 식비/외식비/생필품은 5주 생활비 시스템으로 관리한다.

5. 매달 카드 지출을 분석하고 머니수다와 함께 가계부를 쓴다.

이제부터 '쓰고-벌고-갚고' 패턴에서 「벌고-모으고-(갚고)-쓰고」 패턴으로 변신했던 나의 여정을 말해보려 한다. 신용카드는 진짜 찰거머리 같은 놈이다. 인정사정 볼 것 없이 뒤도 안 돌아보고 떼어내고 싶었다. 그런데 그놈은 이 세상 누구보다 질척댔다. 내가 한 걸음 달아나면 어느새 두 걸음 성큼 다가왔다. 매달 잊지도 않고 이메일로 자신의 안부를 전했다. 이번 달이 지나 다음 달이 되면 또 어김없이 찾아왔다.

원수 같은 신용카드는 지갑에 들어오는 순간 되돌이표가 장착되는 느낌이었다. 아니면 나 모르게 누군가가 대신 쓰고 있는 건가 싶기도 했다. 그런데 명세서를 보면 또 새록새록 흔적 없이 사라져버린 물건들이 고스란히 증거로 남아 있었다.

두 사람이 한 기둥 아래 함께 살면서 저절로 신용카드도 두 개 이상이 됐었다. 결혼 준비하는 동안 신혼여행 때 '필요'하다는 이유로 해외에 가지고 갈 카드 하나를 더 만들기도 했다. 신용카드도 함께 책임져야 하는 운명공동체가 된 거다.

결혼하고 나서 가계부를 쓰기 시작했다. 월말 결산도 하지 않았던 그때는 굳이 결산을 하지 않아도 한 달이 넘는 기간 동안 우리가 쓴 기록이 빼곡하게 남아 있는 신용카드 명세서가 자동으로 결산을 대신해주었다. 그리고 깨달았다. 우리가 갚기에는 너무 큰 금액이란 걸. 외벌이가 되면서 수입이 반 토막이 났다. 그때부터 그놈과의 인정사정없는 이별을 선언했다. 꺼내든 비장의 카드는 바로 결혼하면서 예비비 명목으로 조금 챙겨둔 축의금 잔액 가져다 쓰기와 보험 해약이었다. 해약환급금으로 들어온 돈으로 한 방에 그 놈과 이별했다.

그러나 실연의 상처는 또 다른 사랑으로 치유한다더니, 그놈과도 똑같았다. 첫째 아이를 낳고 1년 후 내가 맞벌이를 시작하면서 씀씀이가 늘어났다. 소득이 늘어나는 만큼 여유가 생기자 그 틈을 비집고 새로운 카드가 치고 들어 왔다. 그때 한 달에 정기적금으로 100만 원을 저축하던 때였는데 가족여행 경비를 긁고 외식할 때 긁고 했더니 정기적금액과 맞먹는 돈을 신용카드비로 갚아야 한다고 명세서가 날아왔다.

'앗! 이걸 어떻게 해? 그냥 적금 한 달 쉬어야 하나?' 빚을 극도로 싫어했던 나는 적금 납입을 하지 않더라도 신용카드 빚을 갚아버리고 싶었다. 하지만 또 막상 월급날이 되니 카드값 대신 적금통장에 이체하고 있었다. 이왕 같은 돈이면 우선 모아두는 게 더 낫겠다 싶었다. 지금 당장 전액을 갚지 않아도 되는 카드사의 편의(?)도 있으니까, 그 혜택을 누려보기로 했다.

그렇게 카드 리볼빙 결제가 시작됐었다. 100만 원의 5% 정도인 5만 원을 납부하면 나머지 잔액은 자동으로 이체가 연장되면서 이자율도 거의 3배로 불어났다. 그러다가 이대로는 안 되겠다는 생각이 들었다. 뭔가 빚지고 있는 느낌이 영 찝찝했다. 괜히 이자로 생돈을 내고 있다는 생각에 바보가 된 기분이었다. 그래서 적금은 적금대로 내고 나머지 생활비에서 아껴서 갚는 수밖에 없다고 생각했다. 그때부터 재테크 카페에 가입해서 이런저런 절약법을 찾았다. 그때 배운 게 외식을 일단 일절 하지 않고 냉장고에 있는 음식과 재료로 밥을 해 먹는 냉장고 파먹기와 봉투 살림법이었다. 봉투에 한 달 사용할 생활비를 넣어두고 철저하게 그 돈으로 생활하고 냉장고에 있는 식재료를 파 먹으며 집밥을 해 먹는 방법이다. 동시에 사용하지 않고 놔뒀던 빈 통장에 '카드비 결제 통장'라는 이름표를 달아주었다. 그래서 그렇게 한 달 동안 아낀 돈은 카드비 결제 통장으로 옮기고 결제일이 되기 전에 선결제했다.

하다 보니 이 선결제(즉시 결제)가 주는 재미가 좋았다. 저축은 아닌데 갚아야 할 돈이 팍팍 줄어드는 게 눈에 보이니 신났다. 그렇게 100만 원 남짓의 카드비를 갚는 데 6개월 정도 걸린 것 같다. 그 과정에서 한 번씩 카드를 쓰게 되는 날에도 의도적으로 생활비에서 그날 쓴 카드값을 카드비 결제 통장으로 전액을 미리 이체시켰다. 그래야 이중으로 돈 나가는 것을 막을 수 있다.

생활비에서 다음 달 카드비를 미리 준비하지 않으면 이번 달 생활비는 당장 신용카드로 결제해서 나가는 돈이 없더라도, 다음 달에 한 번에 카드비를 결제하려면 씀씀이가 그만큼 커져서 뭉칫돈이 되기 마련이었다. 그때그때 카드로 쓴 돈을 생활비에서 빼놔야, 이번 달에 그만큼 더 허리띠를 졸라매야 한다는 걸 잔액으로 확인할 수 있었다. 강제 소비 다이어트 같은 효과였다.

아이가 하나에서 둘이 되고, 남편이 이직을 하는 과정에서 실업급여로 생활해야 하는 때가 있었다. 엎친 데 덮친 격으로 남편이 나 몰래 쓴 카드비가 80만 원이 있다며 고백했었다. 뒷목이 묵직해지면서 뭔가 뒤통수를 맞은 기분이었다. 물은 이미 엎질러졌고, 방법을 찾아야 했다. 일도 쉬게 되었으니 남편의 용돈을 월 25만 원에서 10만 원으로 낮추고 남는 15만 원으로 이자까지 쳐서 6개월에 걸쳐 상환하는 방식으로 해결했다. 공동 생활비에서 각자의 카드비를 충당하는 방식은 안 되겠다 싶어서 카드를 쓴 사람이 책임지는 방법을 택했다. 아무리 운명공동체라지만 한 사람의 카드 결제로 새버린 돈을 나 혼자가 아닌 어린아이들까지 책임지게 하는 건 너무 버거웠다. 돌도 안 된 둘째의 기저귀나 분유를 끊을 수는 없지 않은가.

이제는 아이가 하나 더 늘어 셋이 됐다. 그리고 우리 집 신용카드는 딱 두 개로 정리됐다. '어떻게 될지 모르는 상황에 대비'해야 한다며 끝까지 포기하지 못한 남편의 신용카드 한 장. 그리고 내가 가지고 있는 다자녀 할인 신용카드 한 장. 사실 다자녀 할인 카드도 체크카드로 대체할 수 있지만 나 또한 혹시 모를 아이들의 응급 의료비 등을 위해 신용카드로 발급받았다.

단 예전과 달라진 것이 있다면 다른 통장들과 함께 책상 서랍 속 깊숙이 넣어두었다는 거다. 지갑에 신용카드를 넣고 다니다 보면 지금 당장 현금이 빠져나가는 게 보이는 체크카드보다는 돈이 빠져나가는 게 안 보이는 신용카드에 먼저 손이 간다. 그러니 의도적으로 눈에서, 손에서 멀리 두는 게 상책이다.

다 잡은 물고기에 밥을 주지 않는 거처럼 정말 필요할 때 어쩌다 한 번씩만 손길을 주는 정도로, 다 잡은 신용카드는 책상 서랍 속이나 장롱 속에 깊숙이 넣어두자. 아니, 지금 바로 가위를 들고 잘라버리자. 미련 없이 깨끗하게 이별하자.

지불의 고통이란, 뭔가를 위해 돈을 지불할 때 사람들이 겪는 심리적 고통을 말한다. 지출로 야기된 스트레스와 불쾌한 감정이다. 지불의 고통은 두 가지 원인에 따른 결과다. 하나는 돈이 자기 지갑에서 나가는 시점과 그렇게 구입한 것을 소비하는 시점 사이의 시간적 간극(유예, 지금 또는 나중)이고, 또 하나는 지불 그 자체에 기울이는 주의력(중요도, 우선순위)이다.

지불의 고통 = 시간 + 주의력

제품이나 서비스에 대한 대가를 지불하는 시간 유형에는 소비하기 전에 지불하는 '선불', 바로 현금으로 결제하는 '현장 지불', 신용카드로 결제하는 '후불' 유형이 있다. 지불 방식에 따라 우리의 지출 양상도 바뀐다. 지출은 타이밍이다.

신용카드를 쓰면 지갑에서 바로 현금을 꺼내 지출할 때보다 마음의 고통이 덜하다. 신용카드 회사들은 '시간 변동의 착각'이라는 도구를 사용해 지불의 고통을 누그러뜨릴 뿐만 아니라 사람들을 두 번씩이나 착각하게 만든다. 한 번은 나중에 지불할 것이라는 착각이고, 또 한 번은 이미 지불했다는 착각이다.

목적은 단순하다. 지출을 의식하지 못한 채 소비를 즐기도록, 그래서 돈을 거리낌 없이 쓰도록 만드는 것이다. 신용카드는 지불의 고통을 피하려고 하는 우리의 욕망을 이용한다. 기업은 '신용카드 결제'를 유도하는 온갖 정교한 방법으로 우리를 흔들리게 한다.

우리의 욕망을 자극하고, 지불의 고통을 최대한 늦추거나 잊게 하려고 '플라스틱' 안에 지불유예 기능을 넣었다. 그렇다고 그 신용카드를 쓰면서 마냥 고통 없이 행복하고 즐겁기만 한가? 시간을 유예했을 뿐, 돈은 결국 우리 지갑이나 통장에서 나간다는 걸 우리 모두 알고 있다. 그렇다면 카드 명세서에 뒤통수 맞지 않기 위해 우리는 어떻게 해야 할까. 선불과 후불 사이에서 어떤 선택을 하고 있는가. 부디 적당한 지불의 고통을 선택하길 바란다. 지불의 고통이 반드시 나쁜 것만은 아니다. 지불의 고통은 충동구매를 하지 못하도록 막아주기도 하니까.

인생은 선택의 갈림길이다. 음식을 맛있게 먹고, 계산대 앞에 서서 지갑을 열었다. 그 안에 신용카드 한 장과 체크카드 그리고 현금이 있다. 현금이나 체크카드로 결제하면서 '맛있게 잘 먹었어!'라고 할 것인가, 아니면 신용카드로 결제하고 한 달 뒤에 명세서가 날아오면 그때 '내가 이걸 먹는 데 이만큼이나 썼구나'라고 할 것인가.

《부의 감각》의 저자 댄 애리얼리는 '지불의 고통'이 결국은 내가 감당할 수 있는 정도인지 선택하는 것에 따라 지불 수단이 바뀐다고 말한다. 매도 먼저 맞는 것이 낫다고, 나는 지금 내가 쓴 만큼 바로 결제하는 체크카드와 현금생활이 좋다. 나는 기꺼이 지금 잠깐의 고통을 이겨내고, 현재의 내 삶에 만족하며 살고자 한다. 그게 가정경제 재무장관으로서의 내 삶이다. 지금 내 삶에 만족하고 감사하며 산다.

"카드는 지불의 고통을 피하고 싶은 우리의 욕망을 이용한다."

《부의 감각》에 나오는 문장이다. 지금도 결제를 앞두고 자꾸만 신용카드 쪽으로 손이 간다면 이 말을 기억하면 좋겠다. 카드는 지불의 고통을 피하고 싶어 하는 우리의 욕망을 이용한다는 걸 잊지 말자. 우리의 모든 선택에는 욕망이 숨겨져 있다.

**신용카드 결제도
통장 쪼개기로 해결**

나의 지난 경험처럼 덮어놓고 신용카드를 쓰다 보면 도대체 언제 어디서 무엇에 얼마를 썼는지 바로 알 수가 없는 금액이 점점 불어나는 사람들을 많이 봤다. 심지어 할부까지 더해지면 다음달, 다다음달에 갚아야 하는 금액이 얼마인지 생각하는 거만으로 머리에 지진이 생기면서 두통이 온다. '에라 모르겠다!' 하면서 그때부터 더 막 쓰게 된다. 신용카드 명세서를 받아보고 비로소 '아! 내가 미쳤지' 하며 땅을 친다. 그 마음, 나도 경험이 있기에 잘 안다. 명세서 봉투를 열 때의 그 쪼이는 마음, 내가 쓴 돈을 한 달 후에 받아보는 그 심정은 성적표를 받아드는 초초했던 학생 때의 심정과 같았다.

가계부를 쓰고 있지만 아직도 신용카드를 사용하는 분들이 있다면, 꼭 신용카드 결제 통장을 따로 만들라고 권한다. 오늘 사용한 신용카드 금액을 바로 카드회사 사이트에서 선 결제하거나 생활비 통장에서 신용카드 결제 통장으로 오늘 쓴 만큼의 금액을 이체시켜보자. 그러면 당장 생활비에서 신용카드로 쓴 금액이 빠져나가면서 '앗! 돈이 없구나! 당분간 신용카드를 쓰면 안 되겠구나'라는 현실감이 확 올라온다.

최근에 새롭게 매일 가계부 쓰는 습관 만들기 프로젝트를 시작했다. 50명 정도 되는 참여자 중에서도 유독 한 명이 눈에 띄었다. 워킹맘으로 20년을 일하다 고2, 중2 아들 둘의 교육을 위해 최근에 전업맘이 된 분이다. 한창 많이 먹고 성장하는 청소년기 아들 둘을 키우다 보니 기존에 맞벌이할 때 쓰던 돈 씀씀이가 계속 이어졌다고 했다. 신용카드가 무려 여섯 개에 무이자 할부의 덫에 걸려 신용카드비만 700만 원이 나왔을 때 가계부 습관 만들기 프로젝트에 참여하게 됐다.

참여자 분은 신용카드비 결제 통장을 따로 만들라는 미션을 그냥 넘겨 듣지 않고, 한 달 동안 가계부를 쓰면서 매번 '선결제'하는 방법을 실천했다. 동시에 일과 후 습관적으로 마시던 맥주 한 잔도 줄이면서 항상 무언가를 사기 전에 머니수다를 통해 내가 진짜 원하는 게 뭔지 마음을 살폈다. 나아가 카드를 자르고 그때그때 장을 보기 시작하며 이미 냉장고를 가득 채운 보물들을 가지고 집밥을 만들어 먹었다.

한 달 후 카드값은 400만 원으로 줄었고, 지금까지도 신용카드는 쓰지 않고 체크카드로만 살고 있다. 앞으로 이분에게 어떤 변화가 생길까. 무이자 할부금을 다 갚아내고 나면 그동안 새던 돈만큼 꾸준히 저축할 수 있게 되지 않을까 싶다. 그렇게 노후 준비를 시작할 수 있을 거라는 희망이 생긴 것에 내 일처럼 감사함을 느낀다.

05

우리 집의 재무 상태를 알자

"쌀독에 쌀이 얼마나 있는지 알아야 해."

엄마가 어렸을 때 해준 말이다. 처음에는 단순히 진짜 밥 지을 때 필요한 '쌀'을 말하는 줄 알았다. 그런데 결혼하고 나서 살림을 직접 해보니 그 말이 다르게 느껴졌다. 쌀뿐만이 아니라 현재 우리 집의 재무 상태가 어떤지 전체적으로 파악해야 한다는 말씀이었다는 걸 뒤늦게 몸소 깨달았다.

결혼할 때 남편과 나는 딱 1천만 원씩 가지고 시작했다. 남편이 모은 1천만 원으로는 아는 선배의 여동생이 해외로 나가있는 동안 우리 둘이 잠시 지낼 집에 내는 보증금으로 사용했다. 남은 현금은 내가 가진 1천만 원과 두 사람의 청약 통장이 전부였다. 첫째 아이를 임신하면서 신혼부부 전세임대 주택으로 이사했다. 그때 남편과 나의 재산을 하나로 모으고 남편의 청약 통장까지 깨서 전세자금의 본인부담금을 내고 차액은

LH의 지원을 받아 전세로 살게 됐다. 전세 보증금과 내 청약 통장의 예금, 결혼식 축의금에서 남은 돈이 전 재산이었다.

쌀독에 쌀을 모두 퍼내어 살 집을 마련했다. 그리고 다시 채워야 될 일만 남았다. 첫아이를 임신하고 출산한 뒤로도 살림은 나아지지 못했다. 외벌이로 세 식구가 살기에는 부족한 살림이라 무조건 아끼고 살다가도 한 번씩 부족하면 결혼식 축의금에서 남은 돈을 야금야금 빼서 쓰는 생활을 했다. 쌀독에 쌀이 뚝 떨어진 걸로도 모자라 독에 구멍이 생기고 있었다.

결국 첫아이의 돌이 지나고 나서 취업하기로 결심했다. 밑 빠진 독을 메우고 쌀을 채우려면 소득을 늘리는 거 말고는 답이 없었다. 맞벌이를 시작했지만 외벌이 때처럼 한 사람이 버는 월급으로만 생활했다.

동시에 수입의 50%는 뚝 떼어내 가장 먼저 매달 100만 원씩 넣는 적금 통장을 만들었다. 맞벌이해서 8년 3개월 만인 2020년에 전세보증금을 포함해 1억이라는 꿈같은 돈을 모으고 내 집을 마련하기로 했으니 그 정도는 당연한 일이었다. 내 월급통장에 잉크가 마르기도 전에 '내 집 마련' 적금통장에 이체 확인 버튼을 누르는 그 시간이 나는 참 짜릿하고 행복했다.

그렇게 1년짜리 적금이 만기되면 정기예금으로 묶어놓고, 다시 1년짜리 정기적금을 새로 만들어서 채우기를 반복했다. 느리지만 쌀독에 쌀이 꾸준히 쌓였다. 그 재미로 자꾸자꾸 통장잔고를 확인했었다. 그러다가 남편이 이직하고 급여가 조금 더 나아졌다. 저축할 수 있는 돈이 두 배로 늘어났다. 늘어난 소득만큼 써버리기 전에 늘어난 남편의 급여는 통으로 적금에 넣었다. 그때부터 쌀독에 쌀을 붓는 재미에 신이 났다.

"쌀독에 쌀이 얼마나 있는지 알아야 한다"던 엄마의 말씀. 세 딸을 혼자 키우면서 파출부도 하시고 식당에서 서빙과 배달까지 하시며 궂은 일을 했던 엄마다. 아마도 쌀독 바닥을 긁어내며 살았을 엄마는 나에게 어떤 뜻으로 그 말을 해준 걸까. 하늘에 계신 엄마에게 물을 수도 없다.

이제 생각해보면 배곯지 않을 정도의 쌀은 미리 채우며 살기를 바라는 마음이지 않았을까 싶다. 나에게 우리 집 재무 상태를 파악한다는 건 바로 그 쌀독에 '지금' '얼마'만큼의 쌀이 있는지 알아야 한다는 의미다. 지금의 내 상태를 있는 그대로 제대로 알아야 종잣돈을 모으는 구체적인 이유를 스스로 깨닫게 된다.

재무상태표와 통장목록에 담긴 '꿈'

우리 집 재무상태표는 현재 우리 집의 부채와 자산이 얼마인지 한눈에 알기 쉽게 보여준다. 대출에는 신용카드부터 마이너스통장, 보험 약관 대출, 그리고 주택 관련 대출(중도금, 주담대 등)에 지인 대출까지 그 종류가 다양하다.

너무 많은 종류의 대출이 섞여 있다면 하나하나 항목을 구체적으로 적는다. 그런 다음 그 대출이 생기게 된 이유와 대출 금액, 매월 상환해야 하는 금액과 대출 이자, 상환 일자 등을 적는다. 그래야 어떤 대출부터 상환할지 계획을 세울 수 있다. 금액이 적은 거부터 갚을지 아니면 이자가 높은 거부터 갚을지 우선순위를 정할 수 있는 기준도 일단은 지금의 상태를 정리하는 것으로부터 나온다.

자산에는 유동자산과 고정자산의 종류에 따라 금액을 적어본다. 재무상태표를 작성할 때는 꼭 혼자가 아니라 배우자와 함께 적어보자. 우리 집의 자산은 나 혼자만 일군 게 아니다. 그러니 일단 내가 정리를 마치면 남편과 이야기를 나누는 방식이라도 좋으니 꼭 같이 해봤으면 한다. 우리 집을 경영하는 나와 남편은 '공동 파트너'다. 우리 집의 현재 재무상태가 어떤지 함께 알아야 한다.

우리 집 재무상태표

단위 : 원

자산		부채	
유동자산		신용카드	
수시입출금		마이너스통장	
예 · 적금		담보/약관대출	
주식펀드		사금융/지인대출	
연금		회사대출/학자금	
기타		주택담보/전세자금대출	
소계			
고정자산			
전 · 월세 보증금			
자가 소유			
건물 소유			
토지 소유			
소계		부채 합계	
자산 합계		순자산 합계	

**자산 – 부채
= 순자산**

'자산–부채'가 곧 순자산이다. 이 순자산의 비율을 높여가는 게 중요하다. 현재 부채 비율이 어느 정도인지 파악하고 구체적인 상환 계획과 여력을 점검하기 위해 재무상태표를 꼭 작성해보자. 배우자와 마음을 툭 터놓고 재무 상태에 대해 진솔한 이야기를 나눠봐야 가족이 '함께 쓰는 가계부'가 시작된다. 자산이 많으면 많은 대로 지금까지 열심히 살아온 것에 대해 서로 격려해주자. 부채가 더 많으면 앞으로 더 열심히 절약하고 아끼면서 채워 나가자고 다짐하면 된다.

만약 갑작스런 실직이나 소득 단절로 부채 상환 등에 어려움이 있다면 서울은 '서울금융복지상담센터'에, 경기도는 '경기서민금융복지센터'에 상담을 요청하여 전문가들과 함께 해결 방안을 논의해보는 게 큰 도움이 될 수 있다.

서울금융복지상담센터 : sfwc.welfare.seoul.kr
경기도서민금융복지지원센터 : gcfwc.ggwf.or.kr
신용회복위원회 : ccrs.or.kr

부부가 함께 우리 집의 재무상태를 점검한다는 일이 쉽지는 않다. 재무 상태를 종이 한 장으로 정리하는 일일 뿐인데 참 다양한 삶의 모습이 드러난다. 얼마나 열심히 살아왔는지, 무엇을 놓치고 살아가고 있는지, 모두가 하나같이 '정리'하니까 보이기 시작한다. 재무상태표 작성이 어려운 분들은 통장 나누기와 돈의 흐름 그리기를 힘들어한다. 그런 분들에게 좋은 준비단계가 있다. 다음의 7단계를 거쳐 통장목록을 정리하고 재무상태표를 작성하면 좋다.

**통장 쪼개기 전
준비 단계**

1. 서랍 속에 잠들어 있는 모든 통장 꺼내기

2. 사용하지 않을 통장 과감히 찢어서 없애기

3. 사용하는 통장에는 목적에 맞는 이름표 붙여주기

4. 통합계좌조회 서비스로 사용하지 않는 계좌는 해지하기(잔고는 예비비 통장으로 이체한다.)

5. 통장목록표 작성하기(은행 제공의 통장목록 엑셀 파일 다운받아 정리)

6. 남편과 재무 상태에 대해 이야기 나누기

(서로에 대한 비난은 금물! 간단한 술과 안주 준비는 필수!)

7. 가족회의 하기(아이들과 함께 공유하고 우리 집 행복 미래 그리기를 한다.)

---가정경제 재무장관의 TIP---

☺ **계좌정보 통합관리 서비스(payinfo.or.kr)**

본인의 은행계좌(은행권, 제2은행권, 증권사)와 카드 정보, 포인트 조회, 그리고 보험과 대출정보 조회까지 한 번에 가능하다. 본인 공동인증서와 휴대폰 인증이 필요하니 미리 준비해야 한다.

우리 집 통장목록표

구분	은행명	계좌번호	계좌명/내용	통장유형	매달 적립 금액	만기금액	만기일	비고
빚 갚기 /비상금			비상금	예금				
			예비비	CMA				
			주택대출 상환 중도금 보증료 납부					
예금 합계								
정기 적금			자녀학자금	정기저축				
			모임 회비	정기저축				
			시댁/친정 회비	모임회비				
			청약-자녀	정기저축				
			청약-부부	정기저축				
			1년 종잣돈 모으기	정기저축				
			5년 후 세계여행	정기저축				
			노후 자금 마련	정기저축				
			내년 차량유지비/ 세금 마련	정기저축				
저축 합계								
통장 쪼개기			메인 생활비 (급여 입금)	입출금자유				
			공과금(임대료, 월세,전기외)	공과금				
			의료비	입출금자유				
			경조사비	입출금자유				
			교육비/양육비	입출금자유				
			이미용비	입출금자유				
			교통비	입출금자유				
통장쪼개기 합계								

부채내역 정리									
연번	구분	대출 명의자	대출일자	사용용도 (부채발생 이유/원인)	대출금액	이자율	납부 일자	상환 만기일	상환방식
1	마이너스통장								
2	주택담보대출								
3	신용카드								
4	사금융								
5	지인대출								
6	회사대출								
7	전세자금대출								

머니잇수다 참여자들도 이 과정을 통해 많은 걸 느끼고 깨달았다.

"펀드 수익률 점검도 안 하고 여전히 얼마큼 냈는지도 모르고 있네요. 한마디로 '엉망진창'입니다. 연금으로 받을 기여금을 얼마 납부했는지도 몰랐어요. 내가 내는 보험이 어떤 보장을 해주는지도 모르고요."

"결혼 10년 동안 이뤄놓은 게 없구나 하는 안타까움과 오히려 빚만 생겼구나 하는 마음이 들어요. 맞벌이하고 아직 아이도 없던 때에 돈도 모으고 했더라면 하는 아쉬움이 몰려오네요. 하지만 머니잇수다를 시작하면서 지난달보다는 이번 달이 더 나아지고 다음 달은 더 나아질 거라는 믿음이 생겼고 성장할 기회만 남았다는 걸 깨달았어요."

"전세로 살고 있던 집을 사면서 자신감이 생겼어요. 대출금을 다 갚은 날 남편과 조촐한 파티를 했던 기억이 눈에 선해요. 근데 내 집 마련 목표가 없어지면서 말도 안 되는 소비 생활을 했어요. 버는 족족 쓰기 시작했고 대출을 다 갚을 무렵 차를 바꿨죠. 자산도 늘고 빚도 늘었네요. 그렇지만 이번 기회에 우리 집의 자산 규모를 확인할 수 있었고 앞으로 우리의 미래에 대해 다시 한번 생각할 수 있는 좋은 기회였다고 생각합니다."

"통장을 정리해보니 정확한 목적이나 의미부여가 부족했다는 생각이 들어요. 정확하게 어디에 무엇을 위해 투자하고 있는지 정리해봐야겠어요."
"목표가 잡히면 모았다가 써버리고 다시 제로 상태로 돌아가곤 했어요. 먼 미래를 보고 적금한 경험이 없다는 걸 깨달았네요."
우리는 우리가 가진 통장에 무엇이 얼마나 있는지 평소에는 무관심하게 대한다. 그런데 한번 정리해보면 통장마다 '작은 꿈'들이 담겨있다는 걸 알게 된다. 아이들 학교 가면 필요할 때 쓰려고 학자금 적금을 가입했고 아이들이 받은 용돈도 허투로 쓰지 않고 모아주려고 아동수당 적금도 가입했다. 집 걱정 없이 살기를 바라서 청약 통장에 가입했다. 아이들에게 짐이 되지 않기 위해 노후 적금을 들기도 했다. 여행 적금을 만들기도 하고 여름휴가 때 마음 편히 쓰려고 휴가비도 모으고 자동차

세나 유지비를 미리 마련하기도 한다. 여기 저기 쓰일 곳에 맞게 미리 준비하는 과정에서 우리 집의 소망들을 마주한다.

그러면서 자연스럽게 한 달 급여를 어떻게 나누면 좋을지 생각하게 된다. '소중하게 번 돈들을 공과금, 주별 생활비, 저축과 투자, 경조사비 또는 예비비 등으로 잘 빠져나가게 해야겠구나' 하며 머릿속으로만 떠다니던 통장들을 실제로 보면서 제대로 정리한다.

혼자 가계부를 쓸 때는 내가 매번 부족하게만 느껴지고 '지지리 궁상맞게' 아낀다고 아끼는데도 나아지지 않는 거 같았다. 그럴 때마다 포기하고 싶었고 나보다 더 잘 사는 친구들과 비교하면서 힘들었다. 하지만 하나씩 통장을 나누고, 재무상태표를 작성하고, 통장목록을 정리하고, 우리 가족의 미래를 남편과 함께 이야기하면서 절약하는 게 당연한 것이었음을 알게 됐다.

06 　우리 집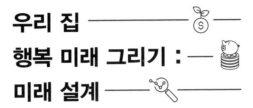
행복 미래 그리기 :
미래 설계

　　　　　큰아이를 낳기 전에 열심히 공부해서 금융
복지상담사 자격증을 취득하고 서울시 복지재단에서 진행하는 장애인
가정 재무 상담을 맡았었다. 그때 썼던 양식이 우리 집 행복 미래 그리
기의 토대가 됐다. 자격증 교육에서 받아온 미래설계표를 보면서 나와
남편은 함께 많은 대화를 나누며 구체적인 계획을 세워나갔다.

함께 꿈꾸는 가계부,　'가계부를 계속 이런 식으로 쓰면 변할 게 없
남편을 내 편으로!　겠어. 왜 어디에 얼마를 썼는지 기록만 하고
　　　　　　　　결산은 안 하지? 아예 처음부터 항목별로 기
록하고, 바로 합계를 내면 월말 결산이 간단하지 않을까?'라는 질문에
스스로 답을 찾은 결과가 바로 '머니잇수다 가계부'다.

나도 남편과 함께 절약하고 가계부를 쓰는 게 처음부터 즐겁기만 한 건 아니었다. 하루 5천 원에 맞춰서 살기 위해 삼겹살이 아니라 앞다리살을 사서 온 나에게 남편은 "또 아꼈네. 그렇게까지 해야 해? 맞벌이 하잖아. 더 써도 되지 않아? 궁상맞게 살지 말자 좀. 그러다 평생 그렇게 살아"라고 말했다. 그 말을 듣는 순간 힘이 빠졌다. 나는 이렇게 노력하는데 그걸 몰라주는 남편에게 서운했다. 그렇지만 또 그 한마디에 쉽게 포기하고 싶지는 않았다.

　　"나는 궁상떠는 게 아니라 절약하는 중이다. 나는 절약에 도전하고 있다!"라고 시위하듯 종이에 크게 적어 문에 붙였다. 그리고 천천히 남편의 진심을 알아차리기 위해 노력했다. 며칠간 서운한 감정을 가라앉히며 생각해봤다. 어쩌면 남편의 속마음은 '나 때문에 삼겹살이 아니라 앞다리살을 사야 하는 네 모습이 보고 싶지 않아. 열심히 사는 너인데 내가 괜히 더 고생시키는 거 같아 미안해. 우리 가족 먹고 싶은 거 정도는 충분히 즐길 수 있게 해주는 남편이고 싶다...'라는 마음이 아니었을까.

　　다음 날 나는 남편에게 "곧 내 생일인데, 케이크 말고 초코파이에 초 꽂아서 케이크 대신 쓸 거야. 돈이 없어서 초코파이로 케이크를 대신해야만 하는 상황이라면 나도 마음이 힘들고 화도 날 거 같아. 근데 지금은 충분히 살 수 있지만 내가 그렇게 하고 싶어서 선택하는 거야. 뭔지 알겠지? 지금 우리가 하루 5천 원으로 사는 것도 그거와 같아. 더 많은 돈을 쓰면서 살 수 있지만 5천 원으로 사는 걸 선택한 거야.

그래서 나는 힘들지 않아. 오히려 재미있어. 돈이 모이면 그걸로 정말 돈이 필요할 때, 아이들이 먹고 싶어 하는 걸 사줄 때 돈 걱정하지 않아도 될 거라고 믿어. 그래서 나는 지금 정말 행복해"라고 나의 진심을 전했다.

서로의 진심을 확인하면 함께 꿈을 꾸고 가계부를 쓰게 된다. 양식을 보면, 가족 구성원대로 현재의 나이에서 1년 단위로 시작해서 원하는 기간 단위로 설정해서 미래를 계획할 수 있다. 연도에 따라 가족구성원의 나이도 계산한다. 소득과 저축, 꿈목록 항목으로 나눠서 중요한 내용들이 있으면 미리 예상해보고 적는다.

다음 페이지에 예시로 보여준 표는 내가 2016년에 작성했던 걸 2020년에 다시 정리한 우리 집 행복 미래 그리기 표다. 2013년에 처음으로 내 가계부에 "2020년에 1억 모아서 내 집 마련한다. 그러기 위해서 내가 직장을 다니고 한 사람 몫은 그대로 저축한다"라는 꿈과 목표를 적었다. 그러고 나서 절약하고 저축하는 거에 몰두했다.

2020년이면 우리 큰아이가 초등학교에 입학하는 시기이기도 했으니 타이밍도 딱이었다. 새 집에서 아이와 책을 읽고 그림을 그리며 공부도 하는 모습을 상상하는 것만으로 참 행복했다.

나와 똑같이 쓸 필요 없이 자신의 사정에 맞게 써보면 된다. 마지막으로 '우리 집 저축 골든타임'이 어떻게 되는지 구체적으로 생각해보면 된다. 우리 집의 최종 목표를 정하고 그에 맞는 저축금액도 적어나가다 보면 절약하는 이유와 이루고 싶은 절실함과 간절함을 피부로 느낄 수

우리 집 행복 미래 그리기 : 미래 설계

		현재	2017년	2018년	2019년	2020년	2021년	2022년	2023년
	남은 년수	0	1년 후	2년 후	3년 후	4년 후	5년 후	6년 후	7년 후
가족	남편	36세	37세	38세	39세	40세	41세	42세	43세
	아내	35세	36세	37세	38세	39세	40세	41세	42세
	짱짱이	4세	5세	6세	7세	8세	9세	10세	11세
	똘똘이	2세	3세	4세	5세	6세	7세	8세	9세
	돌돌이			1세	2세	3세	4세	5세	6세
세부 계획									
소득	수입 예측			출산/ 양육 수당 신청		1인기업준비	남편 계약 종료		
	예상 지출			남편 이직/ 주거비마련		이사 비용	여행 자금		이사/ 여행 자금
저축	저축 목표 (연간)	적금1	적금2	3000	3000	5000	5000	5000
	저축 누적금액			3000	6000	11000	16000	21000
	대출상환 목표				3000	3000		
	대출 잔액		-6000	-3000	0			
꿈지출	내집마련					우리집 이사			서울 아파트
	가족 이벤트			돌돌이 출산			결혼10주년		아버님 칠순
	노후준비				1차 만기	+1	노후자금 마련		
	버킷리스트					책 출간	가족 여행	창업	세계 여행
우리집 행복 미래 그리기!	* 2023년 서울로 다시 컴백! * 2020년 첫 우리집 이사(월 50만 원 적금), 2023년 가족여행 자금 마련(월 20만 원 적금) * 우리 집 저축 골든타임: 1차–1호 초등학교 입학(2020년), 2차–2호 초등학교 입학(2022년), 3차–3호 초등학교 입학(2025년)								

(단위 : 만 원)

2025년	2026년	2028년	2029년	2031년	2032년	2034년	2036년	2041년
9년 후	10년 후	12년 후	13년 후	15년 후	16년 후	18년 후	20년 후	25년 후
45세	46세	48세	49세	51세	52세	54세	56세	61세
44세	45세	47세	48세	50세	51세	53세	55세	60세
13세	14세	16세	17세	19세	20세	22세	24세	29세
11세	12세	14세	15세	17세	18세	20세	22세	27세
8세	9세	11세	12세	14세	15세	17세	19세	24세
세부 계획								
			조기 은퇴					
칠순 준비					다시 신혼여행			
5000								
26000								
어머님 칠순			결혼20주년					
			조기 은퇴	해외 봉사				전원 생활

있다. 우리 집 행복 미래 그리기에서는 아이들만 꿈을 꿀 수 있는 게 아니다. 가족 구성원 개개인의 꿈이 무엇인지도 적어보자. 가족과 함께 서로의 꿈을 이야기하면서 정말 행복했다.

엑셀 양식에 곧바로 작성하기보다는 여러 장 출력해서 연필로 썼다 지웠다 해보며 되도록 여러 번 적어보자. 자녀의 연령대에 따라, 결혼 연차에 따라, 가정의 소득과 지출 계획도 다 다르다. 남과 비교하려고 쓰려는 게 아니라 가족과 함께 이야기 나누고 우리 가족에게 맞는 계획을 세우기 위해서 쓴다는 게 중요한 거다. 아이들이 커가는 와중에 남편과 나의 소득에 어떤 변화를 맞이할 건지 예상해보고, 앞으로 서로 하고 싶은 일들은 무엇인지 그걸 위해 어떻게 지출 계획을 세워야 할지 그야말로 상상만 했던 계획들을 실제로 그려보는 거다.

그러고 나서 '그래 이게 우리 집 목표인 거 같아'라는 생각이 들면 다시 한 장 뽑아서 깨끗하게 볼펜으로 작성한 다음에 냉장고 문이든 현관 벽이든 눈에 잘 띄는 곳에 딱 붙여놔 보자. 그 자체로 우리 집 드림보드가 된다. 사진이나 그림을 옆에 같이 붙여두면 마음에 더 와 닿을 거다. 눈앞에 보이는 이미지가 현실이 돼가고 있다는 사실에 놀라게 될 거다. 우리 가족의 첫 내 집 마련 꿈이 현실로 이루어진 것처럼.

내 집 마련의 꿈을 가계부에 적고 남의 집 아파트 평면도를 같이 붙여놓지 않았다면 어떻게 됐을까? 아마 지금도 친구의 새 아파트를 부러워하면서 남편과 아이들을 닦달하며 살고 있을지도 모른다. 가족이 함께 꿈꾸고, 계획하고, 실천하는 '우리 집 행복 미래', 오늘 저녁에라도 당장 그려보자. 10년, 20년 후인 먼 미래의 계획을 세우기가 힘들다면 303쪽에 있는 5년 계획세우기로 시작해보자.

작성한 후에는 가족회의까지 해보면 좋겠다. 자연스럽게 우리 가족이 '함께'하는 공동체라는 소중함을 느낄 수 있고 회의를 통해 서로의 꿈을 이야기하고 응원하는 새로운 가족문화를 만드는 계기도 된다. 아이들 교육에도 더할 나위 없이 좋다. 그래서 의식적으로 각자의 꿈과 목표를 이야기할 수 있는 시간과 편안한 환경을 만들어야 한다.

구체적으로 꿈과 목표가 생각나지 않는다고 할 때는 "그래, 잘 생각해보자. 다음에는 작은 거라도 이야기해주면 좋겠다"고 서로를 격려해보자. 간식도 같이 준비하면 좋다. 달달하고 맛있는 음식 앞에서는 마음도 입도 열린다.

그렇게 가족회의라는 낯설고 어색한 과정을 통해 우리 가족의 미래와 각자의 계획을 공유하는 의미 있는 시간이 만들어진다. 가족과 함께 행복 미래를 그리는 시간에 "널 만나서 다행이다"라는 남편의 고백을 받은 분도 있다. 울림이 있는 한마디다. 앞으로 열심히 절약하면서 종잣돈도 모으고 배우자와 마음까지 맞춰 나간다면 그 가족의 꿈이 이루어지지 못할 이유가 있을까. 나는 가족이 함께할 때 꿈을 이루는 힘이 커진다고 믿는다.

07 1억을 모으기까지 5년, 뭉치고 쪼개고 해냈다!

가계부에 2020년까지 1억을 모아 내 집을 마련한다고 명쾌하게 한 줄로 내 꿈을 적은 후부터 나는 어떻게 모을지에만 내 정신을 집중했다. 결국 외벌이에서 맞벌이로 수입을 늘렸고 월급을 받으면 종잣돈 마련을 위한 저축부터 했다. 하루하루 가계부 쓰는 일도 꾸준히 실천했다. 한 사람의 월급은 통으로 저축하고 또 한 사람의 월급은 생활비로 썼다.

150만 원씩 적금, 일 년에 1,800만 원 모으기

종잣돈 적금 이외에 추가적인 수입(근로장려금, 자녀장려금 등)은 자유적립 적금으로 모았다. 그렇게 종잣돈 적금이 만기되면 부족한 부분을 채워서 예금으로 재예치했다. 적금을 예금으로 묶고 다시 또 1년 적금을 가입했다. 쉬지 않았고 긴장을 놓지 않아야 했다. 남편이 이직하고 수입이 늘면 그만큼 종잣돈 적금 금액도 늘렸다. 처음 맞벌이를 시작한 2014년에는 매달 100만 원씩 적금했다. 그리고 수입이 늘어나는 만큼 한 달에 200만 원으로 늘리면서 1년을 모아 2천4백만 원이라는 목돈을 손에 쥐게 됐다. 여유자금을 더 보태서 2천5백만 원을 다시 예치하면서 돈뭉치를 늘려갔다.

2014년에 시작한 1억 모으기 목표를 2018년 8월까지 5년 만에 달성했다. 나에게도 주변 사람들이 재테크 방법에 대해 자주 묻는다. 나의 답은 간단하다. 뭉치고 쪼개시라. 작정하고 돈을 모을 때는 이 정도 푼돈까지 모아야 하나 생각되는 푼돈이라도 모으고 모아야 목돈이 된다.

처음에는 매달 저축액을 정해서 1년 만기될 때까지 '없는 돈'이라고 생각하고 모은다. 월급이 들어오면 무조건 적금부터 넣고 시작한다. 그리고 남은 돈으로 생활한다. 자연스럽게 얼마 남지 않은 돈을 어떻게 하면 잘 쓸 수 있을까 생각한다. 가계부를 쓰는 건 선택이 아니라 '필수'가 된다. 가계부에 세운 예산에 맞춰서 한 달, 일주일, 하루 쓸 돈으로 쪼갠다. 쪼개고 남는 돈은 또 다시 푼돈 적금에 넣는다.

**적금 만기 후
정기예금으로 뭉치기**

뭉치고 쪼개고 다시 뭉치기를 반복하다 보면 어느 순간 돈뭉치가 커진다. 처음에는 1천8백만 원이었던 돈이 3천만 원이 되고 5천만 원이 된다. 나는 주로 신용협동조합의 출자조합원으로 가입한 상품을 이용했다. 신용협동조합은 가입할 때 출자금 5만 원을 내면 조합원으로 가입한 사람들을 대상으로 1인당 3천만 원까지 비과세가 가능하다.

일반 은행은 적금 만기 시 15.4%의 이자소득세를 떼는데 비과세면 1.54%의 농특세만 내면 된다. 그래서 같은 2%의 적금 이율이더라도 신용협동조합의 비과세 적금 이율이 조금 더 높다. 한 사람당 비과세가 3천만 원이라 처음에는 내 이름으로 3천만 원을 모았다. 그리고 다음에는 남편 명의로 3천만 원 적금이 만기될 때까지 뭉치기를 계속했다.

그렇게 둘이 합쳐서 6천만 원이 될 때까지 시간이 참 더디게만 갔다. 하지만 임계점은 딱 그때까지였다. 그 한계를 지나고 우리 두 사람의 맞벌이 소득도 늘어나면서 2017년도와 2018년도에 적금을 부을 때는 2년이라는 시간이 참 빨리 지나갔다.

1억을 모아서 내 집을 마련하겠다는 꿈이 딱 2018년 10월 전세기간이 만료되는 시점에 맞춰 이루어졌다. 계속 이 신혼부부 전세임대에 살지 아니면 청약이든 매매든 이사를 할지 결정해야 했다. 2018년 7월 그즈음 운명처럼 경기도 공공분양 아파트 청약 소식을 접하고 홀린 듯이 접수했었다.

아파트에 당첨되고 나서 우리가 모은 돈으로 중도금을 내던 날의 뿌듯함을 잊지 못한다. 1억을 모아 집을 사보니 '할 수 있다'는 자신감이 샘솟았다. 그 순간이 있었기에 앞으로도 또 다시 1억을 모을 수 있다는 가능성과 믿음이 생겼다. 불가능할 것만 같았던 일을 우리 가족이 함께 해냈다는 사실만으로 기뻤다. 종잣돈이 주는 의미가 바로 이런 게 아닐까.

지금의 나는 흐릿한 안개 속에서 빠져나온 거처럼, 밝은 태양이 내리쬐는 안전지대로 환영받으며 나온 기분을 느낀다. "하루 5천 원으로 살 수 있겠어? 그게 가능해?"라고 물어올 때, 나는 '할 수 있어'라고 스스로에게 외치며 여기까지 왔다.

그리고 누군가 나처럼 1억이라는 종잣돈을 모으기 위해 지금도 가계부를 쓰며 절약을 하고 있다면 '할 수 있어요! 당신이 원하는 그 꿈이 곧 이루어질 거예요. 조금만 더 힘내요!'라고 말해주고 싶다. 혼자서만 고생하고 있는 거 아닐까, 괜한 짓하고 있는 거 아닐까, 많은 고민 속에서 고군분투하고 있을 당신에게 부디 나의 이 응원이 가 닿기를 바란다.

가정경제 재무장관의 TIP

😊 적금과 예금의 종류

- 자유적립 적금 : 매달, 매일 일정 금액(1천 원 이상)을 자유롭게 입금
  할 수 있다. 그래서 푼돈을 모을 때 주로 이용한다.
- 정기적금 : 매달 정해진 날, 정해진 금액을 모으는 '목돈 형성'을 위해
  이용한다. (6개월, 1년, 2년, 3년 등 기간을 정한다.)
- 정기예금 : 적금이 만기되면 목돈을 한 번에 넣고 1~3년 기간을 정
  해서 묵히면서 이용한다.

명쾌한 돈 흐름에 최적화된 가계부 시스템 **181**

08   내일 죽어도 나는 오늘 가계부를 쓴다

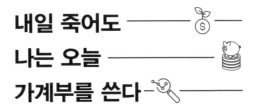

'내일 당장 죽는다면, 오늘 나는 뭘 할까?'

어디론가 여행을 떠나자니 이동하는 길에 시간을 허비하고 싶지는 않다. 타임머신이 개발된다면 시골 볏짚을 헤집고 돌아다니며 놀던 7살 어린 시절로 돌아갈까? 그곳에서 엄마, 아빠와 함께 텃밭에서 키우던 고추를 따서 된장에 찍어 먹으며 저녁 한 끼를 함께 먹을 수 있으면 좋겠다. 카페에서 라떼 한잔을 마시며 혼자만의 시간을 보낼까, 아니면 우리 세 아이와 남편과 함께 먹을 저녁을 준비할까.

하고 싶은 건 많지만 아마도 나는 가계부를 펼치고 오늘을 기록할 거다. 내 가계부에는 숫자만 적지 않는다. 지출기록과 함께 그날의 특별했던 혹은 평범했던 일상의 내 느낌, 감정을 함께 적는다. 나에게 가계부는 지출 관리 그 이상의 의미가 있다.

가계부를 쓰면서 울기도 하고 화를 내기도 하고 서운해하기도 하고 남과 비교하며 한없이 초라한 나를 보며 우울해하기도 했다. 그래도 가끔은 미래의 내 모습을 상상하며 희망에 차 즐거워했던 적도 많다. 그 모든 순간들이 소중하다. 나와 우리 가족의 일상이 기록된 가계부가 또 다른 사람에게 선물이 될 수 있지 않을까 하는 마음으로 책을 쓴다.

어쩌면 나는 가계부를 그런 마음으로 쓰고 있나 보다. 가족에게 다 하지 못한 말과 마음을 노트 속 숫자들 틈에 적어간다. 남편과 아이들을 향한 미안함과 고마움을 눌러 적는다. 그리고 행복을 꾹꾹 눌러 담는다. 나는 가끔 힘든 일이 찾아오거나 무언가 결정하기 어려운 문제 앞에 서면 '이 상황에서 우리 엄마는 과연 어떤 선택을 했을까?'라는 질문을 던지곤 한다. 그러면 신기하게 답이 떠오른다. 돌아가신 엄마가 이야기해주듯.

누군가에게 의지해서 결정을 하고 싶을 때, 돌아가신 엄마께 질문을 던지며 답을 찾는다. 그렇게 내 가계부는 내 인생을 담은 한 편의 책이 된다. 우리 아이들이 커서 나처럼 "엄마라면 어떻게 할 거야?"라고 물을 때 내 가계부가 실마리가 돼주길 바란다.

내일 죽어도 나는 오늘 가계부를 쓴다. 내 인생의 마지막 날이 오늘이라면 나는 가계부를 펼치고 마지막 장에 편지를 쓸 거다.

"안녕, 예쁜 우리 아이들, 그리고 사랑하는 남편. 나의 죽음에 너무 많이 슬퍼하기보다 이 가계부 안에 살아있는 나와 우리의 일상을 기억해주길 바라. 그 안에서 어쩌면 나는 당신들과 함께 계속 숨 쉬고 있을 테니까.

엄마는 수많은 갈등과 선택, 그리고 돌아봄의 시간을 가졌단다. 그때마다 엄마는 우리 가족들을 보며 힘든 시간들을 이겨냈어. 그리고 여보, 늘 부족한 아내로 당신에게 의지해 살아온 나이지만 한 순간도 허투로 살아오지 않았음을 당신은 알고 있겠지. 당신과 나의 삶이 한 폭의 그림처럼 가계부 속에 스며들어 있다는 걸 잊지 마. 당신과 함께 한 지난 시간이 참 대견하다. 당신과 아이들과 함께 살아온 시간 동안 함께 배우며 우리 모두 성장해왔다고 생각해.

당신은 알잖아. 가계부를 쓰면서 내가 얼마나 행복했었는지. 적어도 나에게 가계부는 없는 살림에도 우리를 똘똘 뭉치게 해준 보물 같은 존재야. 내가 보고 싶어질 때, 그냥 한번씩 넘겨보며 이 안에 숨 쉬고 있는 나를 기억해줘. 가족이란 이름으로 함께한 지난 시간 정말 고맙고 행복했어. 사랑해."

한 권의 노트에 일상을 기록해온 가계부는 곧 내 인생이다. 우리 아이들에게 전해주고 싶은 내 삶의 고민과 선택들이 고스란히 담겨 있다. 우리 아이들이 고민할 때 나의 소소한 조언이 도움이 되기를 바라는 마음을 담아 나는 오늘도 가계부를 펼치고 숫자와 함께 하루를 기록한다.

머니잇수다 참여자 사례

사례 1. 맞벌이에서 외벌이로, 돈 씀씀이를 줄이고 신용카드를 없애기까지 3개월

고등학생과 중학생 아들 둘을 둔 40대 ○○님은 맞벌이였다가 외벌이가 되었다. 대기업에 다니면서 커졌던 씀씀이가 외벌이 후에도 그대로 유지된 경우다. 그런 그녀가 4월부터 머니잇수다 가계부를 쓰면서 신용카드를 없애기까지 총 3개월 동안의 카드 지출 변화를 공개했다. "외벌이인데 어떻게 이렇게나 지출했는지 너무 형편없었다"라는 말과 함께 밝힌 그녀의 카드 지출 변화는 다음과 같다. 6월은 머니잇수다 가계부 양식을 사용하기 전에 홈쇼핑 등을 통해 장기 무이자할부로 지출했던 금액들이다.

4월: 7,046,270원
5월: 4,016,813원
6월: 2,041,413원

4월 첫 달에는 '돈을 쓰면 가계부에 적기'라는 미션을 주었다. 그랬더니 한 달 후 "외벌이인데 수입보다 지출이 더 많다는 게 이상했어요. 머니잇수다 엑셀 가계부 양식을 적어보니 한눈에 원인이 보이더라고요"라는 평가가 나왔다. 한 달 동안 적은 가계부를 결산하고, 신용카드 지출을 분석한 결과 후불결제 카드가 문제였다. 급여가 들어오면 카드값으로 다 나가니 그달 쓸 현금이 없어 다시 카드를 쓰는 패턴이 반복되고 있었다.

그녀는 어떻게 신용카드 지출 금액을 줄일 수 있었을까? 내가 조언한 방법은 바로 '선결제 시스템 만들기'였다. 일단 신용카드를 모두 체크카드로 바꾸고, 부득이하게 신용카드를 사용했을 때는 '신용카드 결제' 통장에 똑같은 금액을 바로 현금으로 이체하는 방법이다. 또는 신용카드 사이트에서 바로 '선결제하기'라는 방법도 있다.

그렇게 신용카드를 없애는 시스템을 만들면서 자연스럽게 코스트코, 트레이더스 같은 대형마트 방문이 확 줄었고, 홈쇼핑을 아예 보지 않게 되었다고 한다. 지금은 신용카드도 잘라버렸다. 몇 달이 지난 6월부터는 남편 급여가 들어온 후 고정지출을 제외하고도 통장잔고가 남아 있는 게 신기할 정도라고 했다.

신용카드 사용내역을 보니 꾸밈비가 많았다. 홈쇼핑, 인터넷 쇼핑 등으로 손쉽게 소비했을 것이다. 신용카드를 없앤 지금은 기존에 사둔 옷들을 활용해 멋을 내고, 안 입는 옷들은 중고로 판매까지 하고 있다. 소비 개선을 통해 이제는 사고 싶은 게 생겨도 10번 이상 고민하게 되었고, 마트에 갈 때면 반드시 목록을 작성해 불필요 물건을 사지 않게 되었다고 한다. 냉장고도 꽉꽉 채우지 않고, 외식 대신 집밥을 주로 한다. 청소년기인 두 자녀를 고려해 식비를 많이 줄이지 않는 대신 본인의 주류비, 친구들과의 교제비를 줄였다.

신용카드 없이 살기 시작한 두 번째 달인 5월에는 병원비 때문에 카드 사용이 많았는데, 바로 실비보험에 청구해 선결제했다. 실비보험료는 절대 보너스가 아니고, 내가 먼저 쓴 것만큼만 들어온다는 생각의 전환을 하고 있었다.

물론 이 모든 변화의 시간이 마냥 재미있지는 않았을 것이다. 하지만 이제는 주변 시선을 너무 의식하지 않게 되었고, 무엇보다 노후를

멋있게 보내고 싶어졌다고 한다. 이미 사둔 옷들이 너무 많아서 살만 찌지 않으면 평생 입을 수 있을 것 같고, '옷 사는 비용을 절약하기 위해서라도' 몸매 관리에 열심이라고 말하며 웃었다.

3개월 동안의 가계부를 보니 꾸밈비 지출은 줄고, 점점 꿈 지출이 많아진다고 했다. 꿈지출만큼은 너무 인색하지 않고, 그동안 열심히 모은 돈으로 청약 정규강의를 신청했다니 노후준비에 관한 ○○님의 꿈이 꼭 실현되리라고 믿는다.

지금은 매일매일 수기로 작성한 가계부를 엑셀 양식에 잘 맞추고 있다는 말도 들었다. 처음 가계부를 쓸 때는 신용카드 사용내역과 가계부에 기록한 게 맞지 않아서 고생했던 모양이다. 이제는 지갑 속 10원까지 완벽하게 맞춘다고 한다. 구매 후 상품후기 등을 잘 써서 쌓은 포인트는 책 살 때 사용하고, 워크온 앱을 통해 내가 걸은 걸음 수만큼 적립금을 쌓아 커피를 사 먹는 재미도 쏠쏠하다니 살림에 푹 빠진 그녀의 모습이 멋지다.

사례 2. 코로나 위기, 절약습관을 통해 할 수 있다는 자신감이 생긴 2개월

4살, 2살 아이를 양육하며 외벌이로 살고 있는 ○○님이다. 남편 혼자 버는 수입으로 생활하면서 양육비 등 아이들한테 쓰는 비용이 늘었고, 부족한 돈은 마이너스통장과 카드비로 감당하고 있었다.

2020년 4월, 한창 코로나로 정신없던 시기에 머니잇수다에 참여한 그녀는 아이돌봄쿠폰과 긴급재난지원금을 생활비로 사용하기로 했다.

재난지원금 등을 다 사용하기 전에 가계부 시스템 만들기가 목표여서, 최대한 카드 대신 현금을 쓰기로 했다. 장보기 전에 매일 재난지원금 등의 잔액을 확인하고, 하루 살기 금액 안에서 언제까지 사용할지 계획을 세웠다.

처음 만났을 때 "왜 가계부를 쓰나요?"라는 내 질문에 그녀는 "현재 수입과 지출의 흐름을 파악하고, 소비습관을 개선해 절약하고 저축해서 부채도 갚는 등 미래에 대비하기 위해서"라고 야무지게 답했다. 그녀는 머니잇수다 프로그램에 참여한 지 두 달 동안 스스로 외벌이 가정에서 '코로나 위기를 기회로 만든' 변화를 보여줬다.

머니잇수다에 참여하는 두 달 동안 외식 대신 집밥 먹기, 아이 용품 등 사용하지 않는 물건 중고로 판매하기, 월말결산 이후엔 고정비 점검하기, 전기요금 등 각종 자동이체를 종이 청구서 대신 문자 청구로 전환해 100원씩 아끼기 등 많은 부분을 바꿔나갔다. 보험 리모델링을 진행했고, 하루 살기 금액을 지키기 위해 열심히 머니수다를 했다. 방법을 알아도 실천은 쉽지 않은 일이었을 텐데, 흔들림 없이 잘 따라주는 모습이 고마웠다.

좀 더 자세히 들여다보니 코로나로 실직한 어머니 생활비를 위해 마이너스통장을 사용하고 있었다. 머니잇수다 재무상태표 점검 미션을 마친 후 전화상담을 통해 앞으로의 부채 상환 계획을 나눴다.

1. 8월에 자녀장려금을 받으면 50%는 아내의 마이너스통장을 갚고,

50%는 예비비로 책정한다. 혹시 모르는 불안정한 현금흐름으로 또다시 빚지게 되는 상황을 막기 위한 결정이었다.

2. 전세대출 원리금상환을 이자만 내는 걸로 바꾸고, 매달 30씩 마이너스통장 갚는 데 사용한다. 그렇게 4개월 안에 아내의 마이너스통장 먼저 다 상환한 후에는, 남편의 마이너스통장을 총 33개월 동안 갚아나가며 없애는 것을 목표로 잡았다. 그래서 올해뿐만 아니라 매년 자녀장려금이 나올 때마다 50%는 예비비로, 50%는 빚 상환으로 활용하기로 했다. 카드결제는 현재 자동차 할부금과 정수기 렌탈 등으로 7월부터 12월까지 매달 70만 원이 고정적으로 나가는데, 2021년 1월부터는 50만 원으로 줄이기로 한다. 그 이외에 신용카드는 일절 사용하지 않는다.

3. 아이들 학자금을 위한 적금 5만 원을 새로 가입한다. 일반 은행보다는 농협이나 신용협동조합, 새마을금고 등에서 1인당 3,000만 원까지 비과세를 보장하는 1년짜리 상품에 가입한다. 1년 만기가 되면 총금액 60만 원에 이자 그리고 여유자금이 있으면 보태서 100만 원을 만들고 다시 예금으로 가입한다. 그리고 다시 5만 원짜리 적금에 가입하는 방식으로 가져간다.

그렇게 두 달 동안의 머니잇수다를 마치며 그녀는 이런 소감을 남겼다.

"외벌이에 많지 않은 남편 월급으로 생활하고 있지만, 하루 살기 금액 안에서 머니수다를 하며 예비비도 모으고, 뭔가 대비할 수 있다는 것에 감사해요. 남편과 저는 신용카드도 안 쓰기로 결심했어요.

오늘, 남편 회사 재정난으로 강제휴가를 써야 하고, 월급이 11월까지 10% 삭감된다는 말을 들었어요. 그런데도 뭔지 모를 자신감이 생기네요. 벌어주는 만큼 예산을 짜고, 그에 맞춰 살 수 있다는 자신감, 예비비도 좀 모아둬서 든든하기도 하고요. 머니잇수다를 좀 더 빨리 만났더라면 더 좋았겠지만, 코로나라는 어려운 시국이 기회가 되어 이제라도 만나게 된 것이 참 다행이에요."

재난지원금 100만 원과 아동돌봄쿠폰 80만 원을 두 달 동안 알뜰하게 쓰면서 그만큼 아낀 돈으로 예비비까지 만든 뿌듯함이 얼마나 큰지 알 수 있었다. 이 어려운 상황에서도 아끼면서 예비비를 모은 경험이 남은 부채까지 잘 해결할 수 있는 자신감의 근원이 될 거라고 감히 확신한다.

결국 부자가 되는 길은 얼마를 버느냐가 아니라 얼마를 저축하느냐에 달려있다. 저축이 있어야 기회가 왔을 때 투자도 할 수 있기 때문이다. 나는 그 기회가 곧 꿈이라고 본다. 꿈은 내 집 마련일 수도, 가족여행일 수도, 배우고 싶은 공부일 수도, 쉼일 수도 있다. 그 모든 것을 위해 필요한 돈은 결국 내가 열심히 아끼고 실천해서 모은 종잣돈에서 시작된다. 두 달의 머니잇수다 경험이 다른 무엇보다 큰 자산이 되리라고 믿는다. 앞으로 3년 후면 모든 빚을 상환하고, 내 집 마련과 해외 선교를 하고 싶다는 ○○님의 꿈이 꼭 이루어질 것이다.

사례 3. 2인 가구, 5년 안에 퇴사를 목표로 1년에 5천만 원 모으기

2018년 12월, 내 블로그 댓글에서 처음 ○○님을 만났다. 결혼 19년 차지만 한 번도 가계부를 써본 적도, 적금을 들어본 적도, 돈을 모아야 겠다고 생각해 본 적도 없다고 했다. 블로그를 통해 가계부를 쓰며 절약하는 내 모습을 보고 "처음으로 가계부를 쓰게 되었습니다"라고 댓글을 남겼을 때부터 우리 인연이 시작되었다.

○○님 주변 친구들은 종잣돈을 모아 집을 마련하고, 남편의 은퇴 이후를 준비하기 위해 투자하고 있다고 했다. 그런 친구들을 보면서도 돈을 모으고 불려야겠다는 생각이 들지 않더란다. 그러다 문득 '50대를 지나 언제까지 사회복지 현장에서 일할 수 있을까?'라는 생각이 들면서 퇴사를 준비하고 싶어졌다고 한다.

빠른 은퇴 후 정말 즐거운 일을 하면서 자유롭게 살고 싶다는 꿈을 가지니 '이대로 살아도 괜찮을까? 나는 뭘 하고 싶은 걸까? 퇴사 이후에 가치 있게 시간을 쓰려면 어떤 준비를 해야 할까?'라는 질문이 생겼다. 그러다 보니 자연스럽게 '돈이 없어도 괜찮을까?'라는 질문이 떠올랐고 이내 혼란스러웠다고 한다.

그때 우연히 내 블로그를 만나면서 "지금이라도 가계부를 쓰고 절약하면 돈을 모을 수 있을까요?"라는 댓글을 남기게 되었다. 그때 나는 "지금부터라도 하면 꼭 5년 안에 은퇴하기라는 꿈을 이루실 수 있어요. 응원합니다"라고 답하면서, 머니잇수다 가계부 시스템인 하루 살기 금액을 정하고, 주별 생활비 시스템 만드는 방법을 알려줬다. 이후 블로그 댓글을 통해 하루 1만 원으로 시작해서 5천 원까지 줄이며 적금을 들었다는 소식을 들었다.

아이 없는 맞벌이인 ○○님은 남편 수입으로는 아파트 대출을 갚고, 아내 급여로는 생활비를 담당하는 등 돈 관리가 이원화되어 있었다. 기본적으로 각자의 급여를 관리하는데, 이때부터 남편에게 '한 달에 100만 원씩 적금할 돈을 달라'고 요청했다고 한다. 또 가계부를 쓰기 시작하면서 일 년에 3천만 원 모으기를 시작했다.

○○님 직장 근처로 거주지를 옮기기 위해 부동산을 계약할 때, 그 종잣돈을 현금으로 찾아 계약금을 내는 모습을 보며 남편이 많이 놀랐다고 한다. '모으니까 모이는구나. 하니까 되는구나'라는 것을 직접 경험한 이후 이제 남편도 저축을 위해 한 달에 160만 원씩을 낸다고 한다. 지금은 매달 370만 원씩 저축하고, 성과급 등을 추가로 모아 1년에 5천만 원의 종잣돈을 모은다. 그렇게 앞으로 4년을 모으면 2억으로 이른 퇴사를 할 수 있겠다며, 그때까지 미니멀라이프를 실천하는 중이다.

이제 두 사람은 한 달 생활비 100만 원으로 살면서, 예전에 자주 했던 해외여행과 취미생활을 잠시 멈추었지만, 조카들에게 더 좋은 경험을 선물할 수 있는 진짜 어른이 되기로 다짐했다고 한다. 지인 중에 필요할 때면 100만 원씩 기부하는 어른이 있는데, 그분처럼 미니멀라이프를 실천하며 살되 쓸 때는 쓸 줄 아는 어른이 되고 싶다는 말도 전했다.

"계절이 바뀌었다고 새 옷을 사야 하고, 이사했다고 새 물건을 사야 하고, 친구들을 초대한다고 거한 음식으로 대접해야 한다는 생각은 이제 나의 라이프스타일과 맞지 않아"라고 당당하게 말하는 모습이 보기 좋다. 블로그 이웃으로 만나 나를 통해 가계부를 쓰게 되었고, 이른 퇴사를 위해 1년에 5천만 원을 모은다는 계획을 세우게 되었다. 하지만 그런 것을 다 떠나 이제 서로 절약하며 함께 성장하는 진정한 친구가 되었다.

사례 4. 그녀가 가계부를 쓰기 싫었던 이유가 뭘까?

머니잇수다 가계부 모임을 운영하면서 쌓은 경험을 정리해 요즘은 온라인 강의를 하고 있다. 1시간 정도 가계부 시스템을 알려주고, 집밥을 통해 실제로 식비를 절약하는 방법을 전한다. 강의 초반에는 나의 3가지 결핍 이야기로 시작한다. 결국 '돈'과 '가계부'는 한 묶음이다. 가계부에 얼마를 어디에 썼는지 매일 기록하는 일은 생각보다 쉽지 않다. 왜냐하면 돈에 대한 불편한 감정 그리고 무관심하고 싶은 마음을 그대로 적어야 하기 때문이다. 그래서 자꾸 가계부를 외면하고 싶어진다.

내 가계부 강의를 듣고 ○○님은 "왜 나는 우리 집 가정경제에 신경 쓰고 싶지 않았나?"라는 질문이 생겼다고 했다. 이유를 생각해보니 경제권이 남편에게 있고, 결혼과 함께 남편은 급여의 50% 주며 생활비로 관리하라고 했다고 한다. '내가 관리하지 않아도 되는 돈, 실컷 써도 되는 돈'이라고 생각하고 별생각 없이 물건을 구매했고, 더불어 나를 완전히 믿지 못하는 남편에 대한 미운 감정도 쌓였다고 고백했다.

"돈에 대한 무의식은 결국 돈에 대해 내가 가진 진짜 마음이더라고요. 돈을 벌어도 '잘 못 쓰는 나'와 '내가 이 정도 돈도 못 써? 그렇게까지 모아야 해?'라는 마음 사이에서 갈팡질팡하면서 나와 우리 가정보다는 다른 사람의 말에 신경 쓰며 살았어요. 결국 '돈을 벌고 모으고 쓰는 사람은 바로 나 자신이고, 내 돈의 주인은 나'라는 것을 가계부 강의를 통해 알게 되었어요." 이렇게 말한 그녀는 그날 이후로 스스로 칭찬하고 격려하면서 우리 집의 '재무장관'은 바로 나라는 마음으로 그동안 피하고 싶었던 가계부를 다시 펼치게 되었다고 한다.

가계부를 써야겠다고 생각은 하지만 정작 쓰기는 싫은 마음, 그 사이에 있는 진짜 이유를 들여다보면 좋겠다. ○○님 고백처럼, 어쩌면 나를 믿지 못하는 것 같은 남편과 그 생활비를 관리하는 자기 자신을 스스로 너무 낮게 치부한 건 아닐까. 그렇다면 이제부터는 내 돈의 주인은 나, 나는 재무장관이라는 마인드로 가계부를 다시 바라보면 어떨까. 부디 이 책이 가계부를 쓰고 절약하는 삶을 주저하는 모든 이들에게 '지금이라도 한번 해보자'라는 마음으로 다시 시작할 수 있는 디딤돌이 되길 바란다.

사례 5. 자영업 외벌이 4인 가족 사례

4인 가족의 가정경제를 책임지는 ○○님의 남편은 에어컨 설치 전문가다. 문제는 계절에 따라 수입 변동이 크다는 것이다. 6월부터 8월까지는 일감이 많지만 이후 찬 바람이 불면 수입도 줄어든다. 그동안은 겨울에 부족한 수입을 신용카드와 대출로 메우면서 살았다.

머니잇수다 참여 전, 부채상황

내용	대출목적	대출금액 (만 원)	이자율	월 이자	만기상환일	
소상공인대출	사업용 트럭 구입	2,000	1.87%	14만 원	24. 1. 20.	원금균등상환
버팀목대출	주거전세대출	5,940	2.10%	11만 원	21. 8. 1.	일시상환
코로나 소상공인대출	예비비 마련	3,000	1.5%	3.8만 원	21. 4. 20.	만기일시상환
신용대출	생활비	1,500	4.15%	5.3천 원		
보험약관대출		427	3.9%	1.6천 원		
청약담보대출		340	2.1%	2만 원		
카드할부		725				

　　머니잇수다 참여를 시작하고 처음 한 달은 가계부를 기록하는 것만 실천했다. ○○님은 2만 원으로 시작했다. 그 금액 안에서 식비, 외식비, 생필품 등 생활비를 쓸 때마다 가계부를 쓰고, 머니수다를 실천했다. 한 달이 되는 시점에 월말결산을 하고, 객관적인 수치로 점검했다.

　　"그동안 계속 결산을 미뤘던 이유가 있어요. 매년 가을부터 겨울까지는 수입이 없어서 늘 대출받았거든요. 빌려서 쓰다가 시즌 때 돈 벌면 어느 정도 상환하는 생활의 연속이었어요. 수입이 얼마인지 도저히 정산이 안 되더라고요. 그렇게 결산을 미루고 또 미루다가 현실 파악, 주제 파악이라도 하자는 마음으로 해보니 정말 가관이더라고요. 우리 집 마이너스의 주범은 다름 아닌 '나'였어요. 빚지고 살면서도 옷 욕심이 많아서 무이자 할부 6개월로 옷을 사고 또 사고, 제 것만 사기 미안하니 신랑 것도 가끔, 아이들 것도 가끔. 제가 그렇게 엉망진창으로 살고 있었더라고요."

한 달 만에 가계부를 쓰고, 자신의 진짜 마음을 들여다보았다. 자신의 소비습관을 객관적으로 확인한 ○○님은 바로 카드를 잘랐다. 평소에 본인이 금전적인 소비를 통해 스트레스를 해소하고 있음을 깨달았기 때문이다.

카드 내역서를 출력해서 지출 내용별로(식비, 의류비 등) 각기 다른 색깔로 표시해 보라고 권했다. 그렇게 본인의 카드 분석을 마치고 나서야 가능한 실천이었다. 빚을 좋아하는 사람이 있을까. 하지만 불규칙한 수입에서 오는 불안감을 이길 수 없어 신용카드를 찾았을 것이다. 신용카드를 쓰면서 가장 복잡해지는 건 바로 '할부금'이다. 신용카드 결제와 함께 다음 달 결제할 금액이 쌓이다 보니 '누적금액'은 잊어버린다. 할부로 결제할 때는 사고 싶고, 갖고 싶은 것을 소유한다는 즐거움에 빠진다. 그것이 차곡히 쌓이면 '갚아야 할' 목돈이 되어버린다. 쉽게 결제하는 신용카드는 그만큼 빨리 잊힌다. 그 악순환을 더 이상 반복하지 않기 위해 ○○님은 남은 할부금액을 '대출' 목록에 넣고 앞으로 차근히 갚아나갈 계획을 세웠다.

월말 결산을 하고, 고정비를 점검한다. 대표적으로 많은 고정비를 지출하는 항목이 보험료다. ○○님도 4인 가구 보험료로 40만 원가량을 지출하고 있었다. 가구당 몇 % 정도의 보험료가 적정하냐고 묻는데, 많은 전문가가 8% 정도라고 이야기한다. 하지만 ○○님의 가정은 수입이 일정하지 않아 그 수치가 무색하다. 가입한 보험 상품을 점검하고, 리모델링을 통해 보험을 해지했다. 더불어 재무상태표를 작성하는 미션을 통해 현재 ○○님 가정의 자산과 부채 내역을 정리하면서 보험 리모델링을 통해 받은 해지환급금으로 약관대출과 청약 담보대출을 없앴다.

머니잇수다 참여 한 달 후, 부채 변화

내용	대출목적	대출금액 (만 원)	이자율	월 이자	만기상환일	
소상공인대출	사업용 트럭 구입	2,000	1.87%	14만 원	24. 1. 20.	원금균등상환
버팀목대출	주거전세대출	5,940	2.10%	11만 원	21. 8. 1.	일시상환
코로나 소상공인대출	예비비 마련	3,000	1.5%	3.8만 원	21. 4. 20.	만기일시상환
카드할부		725				

매번 들쑥날쑥한 수입 때문에 가을이 되면 불안했던 ○○님은, 코로나19로 소상공인대출을 받아두었다. 머니잇수다에 참여하기 전에 받은 대출금은 혹시 모를 상황에 대비하기 위한 용도였다. 만약 우리가 만나지 못했더라면, 가계부를 쓰지 않고 우리 집 경제 상황을 있는 그대로 되돌아보는 시간을 갖지 않았다면 어김없이 미리 받은 대출을 생활비로 쓰고 신용카드 할부금도 더 쌓였을지 모른다.

다행히도 생활비가 부족해서 받았던 4.1% 이율의 신용대출금 1,500만 원을 1.5% 이율의 코로나 소상공인대출로 일시상환 할 수 있었다. 어차피 받은 대출이라서 이율이 낮은 것으로 높은 빚을 갚는 대환대출상환을 한 셈이다. 덧붙여 자산형성사업 차원에서 복지부에서 장려하는 청년저축 3년 만기를 앞두고 있었다. 재무상태표를 작성하고, 부채 상환 계획을 세우면서 자산 형성 통장 만기 금액으로 내년에 다른 대출 상환을 할 수 있게 된 것이다. 그만큼 내년에 대출을 상환할 수 있다는 가능성도 생겼다.

○○님 가정의 근본적인 취약함은 '가정경제'와 계절에 따라 변하는 '자영업 소득'이 섞여 있는 것이다. 그래서 돈 흐름도 그리기를 여러 번 반복해서 진행했다. 한 번, 두 번 그리기를 반복하면서 한 달 ○○님 가정의 수입과 지출 규모를 조금 더 정확히 파악할 수 있었다. 수입이 들쑥날쑥하지만 평균 금액을 400만 원으로 잡고, 생활비 250만 원, 자영업을 위한 사업비 150만 원으로 쪼개 기준을 잡았다. 여름에 남편 소득이 최고에 달하면 400만 원 기준금액 이상의 초과 소득은 예비비 통장에 모아둔다. 그러다가 가을부터 수입이 줄어들면 그 예비비에서 생활비에 부족한 만큼을 채워서 400만 원의 '수입'을 일정하게 유지할 수 있도록 했다.

월평균 생활비	수입 변화	저축/차입
수입 400만 원	수입 600만 원일 경우	예비비로 200만 원 저축
	수입 250만 원일 경우	예비비에서 150만 원을 차입해 1달 생활

이런 큰 틀의 흐름을 유지하려면 당연히 신용카드를 쓰면 안 된다. 지금 만들어 놓은 수입과 지출의 뼈대를 지키면서 최대한 수입이 늘어나는 만큼 예비비를 모은다. 또 수입이 줄어드는 가을과 겨울에도 할

수 있는 보일러, 대리운전, 택배 등의 일도 준비해야 한다. ○○님도 집에서 부수입을 만드는 일을 찾아야 한다. 운 좋게 경력단절 여성들을 위한 경기도 바우처를 석 달 동안 지원받게 되었다. 그 지원금에 맞춰 하루 살기 금액도 2만 원에서 1만 원으로 조정했다.

"바뀌기로 한 이상 더 이상 숨길 것도 창피한 것도 없어요. 이번에 꼭 시스템을 갖추고 싶고, 반드시 가정경제 재무장관 노릇을 잘해서 마이너스 없는 인생을 살고 싶어요!"라고 말했던 ○○님의 두 달간 머니잇수다 효과는 대단했다. 늘 한 해를 마무리하면서 느끼던 불안감에서 조금씩 벗어나 할 수 있다는 자신감이 생겼다는 말, 카드 안 쓰고, 예산에 따른 소비를 하며, 지출관리를 할 줄 아는 방법을 조금은 알았으니 더 잘 대처할 수 있을 거라는 확신이 든다는 말이 참 당당하다.

사례 6. 맞벌이 사회복지사 엄마의 자녀교육비 과다 지출

맞벌이 3인 가족, 부부 모두 공대를 졸업하고 회사에서 밤낮없이 일하며 살았다. 삶에 지친 두 사람은 번아웃이 오면서 평소 꿈꾸던 사회복지사로 직업을 바꿨다. ○○님은 사회복지사로 일하면서 네 살 아이를 키우고 있다. 용돈기입장도 가계부도 제대로 써보지 않아 돈을 어떻게 쓰는지, 어떻게 살고 있는지 감이 오지 않는다고 말한 그녀는 머니잇수다 첫 오리엔테이션이 끝나고 쉽게 잠들지 못했다고 했다. 그리고 내게 새로운 출발을 선언하는 메일을 보내왔다.

지금까지 스트레스를 받거나 문제가 생기면 카드부터 쓰고 뒤처리는 자꾸 미뤘다고 했다. 처음 머니잇수다에 참여했을 때도 이미 맞벌이 수입보다 카드값이 더 큰 상태였다. 그걸 알면서도 쉽사리 고쳐지지 않는 어려움을 털어놓았는데, 아이 물건을 산다는 핑계로 돈을 펑펑 쓰고, 후회하고 다시 쓰는 악순환이 반복되고 있었다. 돈을 쓰면서 3초도 생각하지 않고 카드를 긁는 자신을 보며 '더 이상 안 되겠다. 변하고 싶다. 나도 장관님처럼 우리 집 재무장관이 되어야겠다'라는 생각으로 머니잇수다에 신청했다.

수입	금액	지출		금액
남편 급여	205	남편	생활비	65
아내 급여	175		시부모님 양육비	
고정지원	32		차량 관련(보험, 유지비, 주유비)	60
			공과금	10
			아이 청약	2
			본인용돈	30
		아내	대출원리금	65
			자녀특별활동비	15
			차량주차	5
			아파트 관리비	20
			휴대전화 등 모임 회비	15
			보험	20
			저축	42
			카드비	+@
수입합계	412	지출 합계		307

아이 교구와 교재 구매 용도의 카드가 하나 있고, 또 다른 카드는 본인이 사용한다. 처음 머니잇수다를 참여하기로 한 날, 아이를 위한 교육비 카드를 해지했다. 놔두면 앞으로도 계속 맘카페에 '핫딜'이 뜰 때마다 또 쓸 것 같아서다.

지갑에 딱 2만 원만 넣고 하루 금액으로 살았다. 매일 머니수다와 함께 가계부를 쓰며 무섭고 두려운 마음을 이겨냈다. 가계부를 한 달 쓴 이후에 전화상담을 하던 날, ○○님은 카드를 해지했음에도 불구하고 자녀 교육비를 절제하지 못하는 스스로에 대한 불만을 털어놓았다. 이야기를 나누다 우연히 "○○님의 어린 시절은 어땠나요?"라고 물었다. ○○님도 맞벌이하는 부모님을 대신해 할머니가 본인을 돌봐주셨고, 물질적으로 부족함 없이 갖고 싶은 것, 배우고 싶은 것은 누리며 살았다고 했다.

"어린 시절에 ○○님이 진짜 원한 건 무엇이었던 것 같아요?"라고 질문했다. 부모님을 대신해서 채워졌던 장난감과 책, 학원이 진짜 원하는 것이었는지를 묻는 내 말에 잠시 정적이 흘렀다. 그녀는 상담을 마치면서 "어릴 때 제가 원했던 건 부모님과 함께 있는 것이었어요. 지금 제 아이에게 그때 부모님이 했던 그대로 장난감과 교구, 교재로 제 빈자리를 채우려고 했던 것 같네요"라며 자기 모습을 되돌아봤다. 다음 날 그녀는 수많은 맘카페를 탈퇴하고, 쇼핑 앱을 삭제했음을 인증했다.

머니수다는 돈을 쓸 때 '내가 진짜 원하는 것이 무엇인가'를 스스로 묻고 답을 찾는 것이다. 가계부를 쓰는 목적이 무조건 돈을 쓰지 않고 모으는 거라는 오해가 흔하다. 돈을 쓸 때 그 안에 숨겨진 '진짜 마음'을 내가 알아준다면, 가족이 함께 나눈다면 돈을 적게 쓰든 많이 쓰든 상관없이 만족감이 다를 것이다. 아이에게 장난감과 교구, 학습지를 사주는 것보다 엄마의 존재 자체로 사랑을 나누는 시간을 함께한다면, 오히려 그게 지금 내가 가진 진짜가 아닐까. 돈으로 껍데기를 채우지 말자. 돈 안에 숨겨진 진짜 마음을 알고 표현하면서 돈으로도 채울 수 없는 진심을 채우자. 그만큼 저절로 돈이 모인다.

■ 아이 양육비 절약

중앙 육아종합지원센터 홈페이지(central.childcare.go.kr) '내 가정양육지원' 게시판에 들어가면, 온라인과 오프라인 부모교육 정보뿐만 아니라 양육상담까지 받을 수 있다. 단, 미리 온라인으로 예약해야 한다.

영유아기에 가장 아까운 것이 '장난감'이다. 새로 사도 아이는 금방 질리고, 그러면 끝이다. 아이가 좋아할 것 같아 샀지만 갖고 놀지 않을 때도 있다. 아이의 놀이 성향을 잘 모르고 엄마 기준에서 선택하기 때문인데 그럴 때 가장 좋은 방법은 '대여'다.

중앙 육아종합지원센터 '가정양육지원' 게시판의 '양육서비스'를 클릭하면 장난감과 도서대여 서비스 및 놀이실 운영 현황자료를 내려받을 수 있다. 내가 살고 있는 지역 어디에서 장난감과 도서를 빌리고, 놀이실과 체험실 이용이 가능한지 쉽게 확인할 수 있으니 잘 활용하자. 지역마다 다르지만 보통 연회비 1만 원으로 이용할 수 있다.

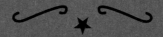

Chapter 4

실전 절약법,
집밥이
최고의 재테크다

01 돈 잘 쓰는 방법, 나만의 기준으로 산다

"앞다리살 주세요!"

"뭐 해 먹으려고요?"

"구워서 먹으려고요."

"목살이나 삼겹살이 낫지 않아요? 구워 먹기엔 좀 질길 텐데."

"아니요. 앞다리살 기름 있는 곳으로 5천 원어치 주세요."

"그래요. 한번 해봅시다~."

나는 동네 정육점에서 5,230원어치 앞다리살을 샀다. 나는 의문이 든다. 도대체 어느 누가 삼겹살, 오겹살, 목살은 구이용이고 앞다리살은 김치찌개와 수육용이라고 정했는가! 나는 정육점 사장님이 말한 세상의 기준이 아닌, 나만의 기준으로 한 근에 1만4천 원 하는 삼겹살이 아니라 고소하고 담백한 앞다리살을 주문한다. 나는 하루 5천 원의 금액 안에서 나만의 기준으로 산다.

**다섯 식구가 어떻게
하루 5천 원으로
살 수 있어?**

세상의 기준이 아닌 나만의 기준대로 남 눈치 보지 말고 살자. 내 돈의 주인은 나다. 내 돈 주고 내가 산다는데 누가 뭐라고 할 수 있겠는가. 내 돈의 주인인 나는 다른 사람 눈치 보지 않고 당당히 요구하고 주문한다. 다른 사람과 비교하며 경쟁하는 세상에 살면서 남의 눈치 보지 않는 건 여간 어려운 일이 아니다. 내가 남보다 낫다는 걸 드러내기 위해 더 비싸고 좋은 것들을 구매하면서 사니까. 하지만 지금의 내 삶에 가장 중요한 게 무엇인지 본질을 들여다보면 저절로 알게 될 거다. 세상의 기준이 아닌 내 기준을 가지고 살아야 한다는 걸.

함께 가계부 쓰는 모임, 세이브머니 챌린지에 참여하는 사람들은 이구동성으로 "명품백이 아니라 아이들 에코백을 써도 당당하다. 챌린지를 하는 동안 옷 한 벌 안 사도 괜찮았다"라고 말한다. 보여주기 위한 소비가 아니라 내가 세운 목표를 달성한다는 것이 기쁘다고도 했다.

**당신에게 하루
5천 원은 어떤
의미인가요?**

1/3 정도 채워진 물 한 잔이 있다. 아마 사람마다 그 물잔을 보며 각기 다른 생각을 할 거다. 누군가는 물을 왜 이것밖에 안 채웠냐며 불평할 테고 다른 누군가는 목을 축이기에 충분한 물이라고 생각할 거다. 목마른 사람에게 그 정도의 물이면 갈증을 해소하기에 충분하다.

절약도 그와 같다. 하루 5천 원, 누군가는 적은 돈이라고 생각하고 누군가는 적당한 돈이라고 생각하고 또 누군가는 큰돈이라고 생각할 거다. 내게 적정한 금액의 소비는 얼마인지 혹시 진지하게 생각해본 적 있는가? 기준은 없다. 자기 자신만 있을 뿐. 그렇다면 자기 기준을 새로 세우면 된다. 당신에겐 자기 스스로 얼마의 돈으로 하루를 살 수 있는지 선택하는 일만 남았다.

**우리 집의
소비 기준이 생긴다**

가계부 쓰는 방법은 아주 간단하다. 일주일 동안 쓸 수 있는 예산 안에서 지출을 통제한다. 사고 싶은 거 중에서 꼭 필요하거나 가장 먼저 사야 하는 걸 가려 우선순위를 정하는 연습을 한다. 이것 또한 하나의 과정이다. 그러면서 나와 우리 가족에게 진짜 필요한 게 뭔지 알게 되고 뭘 샀을 때 행복감이 오래가는지 알게 된다.

가계부를 쓰는 게 어렵고 힘들지 않느냐고 물어보는 분들이 있는데 가계부 쓰는 거만큼 간단한 일도 없다고 생각한다. 그냥 그날 쓴 걸 적기만 하면 된다. 간단하게 식비와 외식비, 생필품비 등의 변동지출내역만 적으니 어렵지 않다. 정말 간단하다.

중요한 건 돈을 어디에, 어떻게, 왜 써야 하는지 생각하고 매일 선택하는 일이다. 가계부를 쓰고 절약하는 진짜 이유는 그 과정에서 우리 집의 소비 기준을 만들 수 있기 때문이다. 소비 기준을 정했다면 소비의 결과가 기준을 초과해도 인정하고 있는 그대로 받아들이면 된다. 어떻게 하면 다음에는 기준을 넘지 않을 수 있을까 하고 계획을 잘 세우면 된다. 단지 매일 반복되는 일상 속에서 돈을 쓰고 기록하며 '내가 진짜 원하는 거에 돈을 썼는지' 계속 질문하고 마주할 용기가 필요할 뿐이다. 하루 한 번 또는 일주일에 몇 번씩 장을 볼 때마다 나와 우리 가족이 어떤 결정과 선택을 했고 그로 인해 얼마나 행복한지 아니면 아쉬운지를 배운다. 그렇게 자연스럽게 남편과 함께 가계부를 쓰고 있다.

"엄마, 김 없어?" 일주일간의 예산을 얼마 안 남기고 '오늘 내일은 돈 안 쓰고 살아볼까?' 하는 마음이 올라왔다. 동료들과 술 한 잔 하고 집에 돌아오는 길에 떠오른 딸의 한마디. "엄마, 김 없어?" 예전이라면 생각할 여지도 없이 '무지출 7일 목표 달성해야 해! 돈은 무조건 안 쓰는 게 최고니까!'라고 생각했을 거다.

그랬던 내가 지금은 '돈은 잘 쓰는 게 최고다'라고 생각이 바뀌었다. 돈을 아끼고 절약하는 이유는 나와 내 가족의 건강과 행복을 위한 거니까. 그렇다고 무조건 기준 없이 그냥 막 쓰자 주의는 아니다. '어떻게 하면 잘 쓸 수 있을까?'를 매일 생각한다. 돈을 펑펑 쓰는 게 잘 쓰는 거라고는 생각하지 않기 때문이다.

내가 생각하는 돈을 잘 쓰는 방법은 절약하고 절제하는 가운데 무지출을 하면서 약간의 '부족한' 결핍의 시간을 가지는 거다. 그 과정을 거치면서 나와 우리 가족에게 꼭 필요한 게 무엇인지 알 수 있다. 그리고 지출에 대한 만족도가 높아진다. 돈은 무조건 안 쓰는 게 아니라 무지출이라는 결핍의 시간을 통해 내게 진짜 필요하고 원하는 걸 알아가는 시간이 필요하다.

결혼하면 두 사람의 돈이 합쳐진다. 새로운 시작이다. 그 처음의 마음이 '열심히 모아서 내 집 마련하자'라는 뜻으로 모였고 살아오는 시간 동안 참 많이 흔들리기도 했다. 세상의 기준대로라면 결혼하면 응당 좋은 집을 갖고, 때가 되면 해외여행도 다니고, 좋은 차를 타고 다녀야 '잘 산다'라고 말할 수 있을 거다. 그러나 세상의 기준에 반해 우리 집은 우리만의 기준과 원칙으로 지난 시간을 지내왔다.

결혼하고 나서도 생활은 여전히 빠듯했다. 가계부를 쓰고 절약하며 또다시 시작된 결핍의 시간이었다. 스스로 결심한 시간이었기에 세상의 기준에 따를 수 없었다. 좋은 집을 원했기에 외풍이 있는 신혼부부 전세임대에 살아야 했고 해외여행은 뒤로 미뤄야 했으며 자동차는 셋째를 낳고 지인의 중고차를 인수하면서 비로소 자차 소유자가 됐다.

지난 시간을 되돌아보면 비참했거나 스스로를 안타깝다고 생각했기보다는 나에게 딱 맞는 맞춤옷을 입고 열심히 살았던 시간이라고 생각한다. 누구에게나 스리슬쩍 맞는 기성복이 아니라 내 몸에 딱 맞는 약간의 긴장감이 느껴지는 핏이 잘 어울리는 거처럼 말이다.

그렇게 우리만의 소비 기준, 원칙을 세웠다. 가족과 함께 결핍의 시간을 차곡차곡 채워오면서 정말 우리에게 필요한 게 무엇인지 우리가 정말 행복을 느끼는 소비와 지출이 무엇인지 정해본 멋진 시간이었다. 결국 돈을 잘 쓰는 방법에 대한 원칙과 기준도 내가 스스로 정해야 진짜 내 것이 된다.

02 가계부 요요를 ── 없애는 ────── 네 가지 방법 ──

가계부를 이제 막 쓰기 시작한 사람, 혹은 써야겠다고 마음먹은 사람이라면 아마 어떻게 하면 계속 가계부를 써나갈 수 있는 건지 가장 궁금해할 거다. 답은 간단하다. 앞에서 이야기한 하루 살기 금액을 정하고 주별로 관리하는 시스템을 만들어서 그 시스템 안에서 하루 살기 금액을 내 상황에 맞춰 조금씩 줄여나가며 소비 근육을 탄탄하게 만들면 된다. 그러면 '가계부 요요' 없이 탄력적으로 잘 유지할 수 있다.

하루 살기 금액 정하기부터가 시작이다

'수입-소비성 빚 갚기-저축-고정지출=변동지출 총액'

수입에서 고정적으로 나가는 상환액과 저축

액, 고정지출을 뺀다. 머니잇수다 가계부에서 고정지출은 변동지출(식비, 외식비, 생필품비)을 제외한 거의 모든 항목이다. 그렇게 하면 한 달 동안 생활비에 쓸 수 있는 변동지출 금액만 남는다. 이해하기 쉽게 수식으로 설명하면 다음과 같다.

금액A : 변동지출(식비, 외식비, 생필품비)÷5주=일주일 동안 사용할 생활비
금액B : 금액A÷7=하루에 사용할 수 있는 '하루 살기 금액'

일주일 동안 사용할 생활비인 금액A를 매월 1, 7, 14, 21, 28일에 주별 생활비 계좌에 자동이체 하는 게 기본 원칙이다. 자신의 급여일에 맞춰서 7일 단위로 총 5주를 잡으면 된다. 현금이나 체크카드만으로 일주일치 정해진 예산 안에서 생활하기 시작하면 '하루'에 한정된 지출금액 안에서 잘 쓰는 일만 남는다.

**하루 살기 금액
줄여 나가기**

나는 처음에 하루에 1만 원으로 살기 시작했었다. 그다음 달에는 하루에 7천 원, 그리고 하루에 5천 원까지 줄여서 생활했던 적이 있었다. 가장 힘들었던 때는 첫 달이었다. 평소 하루에 2만 원 가까운 금액을 쓰다가 한순간 하루에 1만 원으로 살려니 여간 쉽지 않았다. 한 달 동안 냉장고 안에 있는 식재료와 음식들로 집밥을 해 먹기 시작했다.

흔히들 알고 있는 '냉장고 파먹기'를 해보니 신기하게 일주일간 쓰고도 남는 돈이 생겼다. 그렇게 한 달을 살아내니 하루 7천 원 살기가 편해졌고 어느 순간 '5천 원으로도 살 수 있겠는데?' 하는 생각을 하게 됐다.

5인 가족 하루 5천 원으로 산다고 하니 많은 분들이 호기심을 가지고 나와 비슷한 환경이신 분들은 당장 5천 원 살기부터 시작해야 되겠다고 이야기하는 분들이 종종 있다. 하지만 집집마다 평소 쓰던 씀씀이가 다 다르기 때문에 무작정 하루 5천 원으로 시작하지 않으면 한다.

그게 바로 가계부 요요로 가는 지름길이다. 각자의 상황에 맞는 금액부터 하루 살기 금액으로 정한 다음 단계적으로 조금씩 줄여가면서 적응해야 한다. 얼마큼 '할 수 있겠다'는 확신이 들거나 변동비 지출이 안정적으로 어느 금액 대를 유지한다 싶으면 그때 가서 하루 살기 금액을 낮춰도 괜찮다.

예를 들자면 하루 2만 원에서 1만5천 원으로 또 1만 원으로 줄여가는 방식이 가장 좋다. 가계부 절약 시스템을 만들 때 가장 중요한 건 바로 '지금 내가 가장 잘 실천할 수 있는 방식'을 찾고 그걸 실제로 해보는 거다. 그만큼 자기 자신에게 집중하고 맞춰나가야 한다. 남이 아닌 내가 중심이 되어야 한다. 건강 다이어트에서도 PT를 통해 내 몸에 맞는 운동법으로 근력을 키우면서 요요를 막는 거처럼 가계부 요요도 똑같다. 나와 우리 집 씀씀이에 맞는 하루 살기 금액에서부터 시작하면서 소비근육을 키우면 된다. 운동으로 비유하자면 스쿼트를 처음부터 100개씩 하다가는 며칠 못 가 중단하거나 심지어는 건강에 심각한 위험이 초

래될 수 있다. 무리는 금물이다. 스쿼트를 하루에 10개씩 아니 1개씩이라도 천천히 개수를 늘려나가면 내 몸에 맞는 근육이 생기듯 하루 살기 금액도 마찬가지다. 천천히 금액을 줄여나가 보자.

흔들림 없는 절약 습관을 위한 3단계

가끔 남편이 적군인지 아군인지 헷갈릴 때가 있다. 하루 살기 금액을 올려야 하는 거 아니냐고 자꾸만 나를 부추긴다. 그럼에도 불구하고 나는 흔들림 없이 하루 살기로 한 1만 원으로 지내고 있다.

절약 습관 1단계,
첫 달에는 무조건 정해진 '하루 살기 금액' 안에서만 살기

하루 살기 금액이 1만 원일 때는 반드시 1만 원 안에서 장을 봤다. 그게 가능한 금액이기도 했고 거의 하루에 2만 원에 달하는 돈으로 살던 때라, 이대로 계속 지내다가는 어느 세월에 모으겠나 싶어서 10원 한 장이라도 허투로 쓰면 안 되겠다는 생각으로 하루 1만 원 안에서 장을 보기 시작했던 거다.

그때부터 묶음으로 파는 상품들의 유혹을 뿌리치고 내가 정말 필요한 양만큼 낱개로 사기 시작했다. 하루 1만 원이라는 금액 안에서만 장을 봐야 했기 때문에 지금보다 더 자주 장을 봤었다. 예를 들어 클렌징 폼을 하나 사더라도 쿠팡이나 인터넷 쇼핑몰에서는 2개에서 많게는

4개, 5개까지 묶어서 파는데 한 번에 그렇게 많이 사면 지불하는 금액이 커지게 되니 동네 마트에서 하나에 5천 원(오픈마켓에서 사는 거보다 비싸게) 정도로 사거나 아니면 배송비가 아깝더라도 딱 필요한 만큼만 주문한다. 다른 생필품을 사야 할 때까지 기다렸다가 주문하기도 한다.

절약 습관 2단계, 일주일 예산 안에서 유동적으로 장보기

처음 1만 원으로 하루 살기를 시작할 때는 육아휴직 중이라 장을 하루에 한 번은 보러갔다. 젖먹이 아이를 키우는 엄마는 그렇게라도 콧바람을 쐬러 나가고 싶은 때가 있다. 지금은 퇴근할 때 아이들 하원이 0순위이다 보니, 장 볼 시간이 없다. 현실이다. 그럴 때는 한 번에 이삼 일치 장을 봐두고 집밥을 해놓아야 마음이 놓인다. 그래야 불쑥불쑥 외식으로 한 끼를 때우고 싶은 유혹이 잠재워진다.

이제는 일주일에 두세 번씩 장을 본다. 한 번에 하루 살기 금액을 초과하더라도 '5일치 장을 봤네! 주말까지는 강제 무지출이야!'라는 식으로 인식하게 된다. 이렇게 한 번 장을 좀 봐두면 실제로 며칠은 든든하게 냉장고가 채워져 있어서 추가적인 지출이 발생하지 않는다.

내 경우에는 하루 살기 금액으로 절약 습관 1단계를 거의 3개월 정도 하고 난 후에 저절로 이런 융통성이 생겼다. 혹시라도 하루 살기 금액을 실천하는 일이 몸에 익는 분들이 있다면 몰아서 장을 보고 며칠 동안 강제로 무지출 하는 방법도 적용해보면 좋겠다. 이때부터는 본격적으로 '무지출'을 하는 재미에 빠질 수도 있다. 마치 나와 게임을 하는 거처럼 돈을 쓰지 않아도 즐거운 단계에 들어서게 된다. 요약하자면 처음 하루 살기 금액을 시작할 때는 정해진 하루 금액 안에서만 장을 보고 약 세 달 정도 습관을 들인 다음에는 일주일 예산 안에서 한 번에 장을 보되 그 이외의 날에는 강제 무지출을 하면서 절약을 즐기면 된다.

절약 습관 3단계, 핵심은 집밥이다!

이 모든 절약 실천의 핵심은 바로 '집밥'이다. 절약에는 '노동의 대가'가 숨어 있다. 내가 조금 더 몸과 머리를 움직이는 만큼 돈이 모인다. 집밥 없이 누군가가 해주는 밥을 먹거나 사 먹을 때 바로 실감하게 된다. 식당에서 5인 기준 밥 한 끼 먹으면 얼마나 들까?

어린아이들을 키우면서 하루 정해진 예산으로 살기 위해서는 조금 더 부지런히 움직일 수밖에 없다. 주말이면 어김없이 동네 단골 정육점에서 앞다리살을 산다. 집에 오면 간장과 양파 진액, 다진 마늘과 양파, 당근을 넣고 양념에 재운다. 그러면 퇴근 후에 평일 저녁 메뉴 걱정할 필요가 없다. 콩나물이랑 함께 볶으면 식당에서 먹는 콩나물불고기가 부럽지 않은 푸짐한 집밥 한 상이 완성된다. 아이들이 좋아하는 어묵볶음도 냉장고에 있던 어묵을 꺼내 푸짐하게 볶는다. 반찬 통 하나에 꽉 차면 이틀은 먹을 수 있다.

이제는 반찬 하나를 만들면 며칠을 먹을지 감이 잡힌다. 우리 집은 집밥이라고 뭐 대단한 걸 해 먹기보다는 아이들 밥 반찬, 국으로 먹을 수 있는 것들 위주로 대표 메뉴를 정해서 해 먹는다. 어차피 우리가 먹는 음식들 다 거기서 거기고 이미 먹어본 반찬들이다. 새로운 요리보다는 이미 익숙하지만 간편하고 건강하게 먹을 수 있는 식단을 지향한다.

가족과 함께하는 시간과 집밥이 있어 즐겁다. '꼭 집밥을 해야 한다'는 책임감만으로는 절약을 지속하기 어렵다. 집밥을 하면서 스스로 잘할 수 있는 자신만의 집밥 레시피를 정하고, 그 메뉴를 패턴대로 반복하면 된다.

03 집밥으로 한 달에 50만 원을 아꼈다

넉넉하지 않은 살림이었다. 2018년 8월, 남편은 다니던 직장을 잠깐 그만두고 실업급여를 받았었다. 나의 육아휴직 급여와 아이들 아동수당과 양육수당까지 다 합친 우리 집 수입은 약 2백만 원 남짓이었다. 그런데 그해 8월 우리는 생필품비와 식비에 638,000원의 돈을 썼다. 대략 하루에 1만8천 원을 가지고 살았다. 다시 그때 8월의 가계부를 들여다봤더니 한 번 장 볼 때마다 애들 간식과 남편 막걸리 등 다양한 것들을 마구잡이로 샀더랬다. 그때는 왜 아무 생각 없이 쉽게 장바구니를 채웠을까?

"10원 한 장 허투로 쓰지 않겠어!"

가계부 다이어트 프로그램에 참여하면서 스스로에게 다짐했다. 내 돈 10원 한 장 허투로 쓰지 않겠다고. 새롭게 가계부를 쓰기 시작했다. 하루에 쓸 수 있는 돈을 정해놓고 집밥을 하면 식비를 절약하는 효과가 대단하다. 2018년 8월의 변동지출 금액과 9월의 변동지출 금액을 비교해보니 약 50만 원을 아꼈다. 시작한 지 한 달 후부터 하루 살기 금액의 변화를 보면 더 확실해진다.

그 과정에서 10원 한 장, 100원 한 장이 예전과는 다르게 큰돈이고 소중한 것임을 알게 됐다. 집밥을 해 먹을 수 있다는 거에 감사함은 물론 주변의 지인이나 시어머님께서 주시는 식재료와 반찬들이 정말 감사해졌다. 그동안은 내가 잘나서 절약하고 아끼면서 돈을 모았다고 생각했는데, 그때 비로소 내 주변의 도움이 있었기에 이만큼 모을 수 있었다는 걸 알게 됐다. 누구보다 나와 함께 해주는 남편과 아이들의 존재에 고마움과 소중함을 느끼게 됐다.

**집밥이
최고의 재테크다**

3개월 동안 식비를 아끼기 위해 냉장고를 파먹고 부모님이 주신 반찬과 식재료로 요리를 하면서 새로운 음식에 많이 도전했다. 추석 때 싸온 송편으로 짜장 떡볶이도 해 먹어봤고 짜장밥에 감자 대신 고구마도 넣어서 해 먹어봤다. 우리 집에 감자는 없는데 고구마가 많았던 거다. 등뼈를 사서 1시간 동안 물에 담가 핏물을 빼고 된장과 고춧가루를 넣고 1시간을 더 끓여서 정성 가득한 감자탕도 난생 처음 집에서 끓여 먹어보기도 했다.

가계부를 써도 돈이 모이지 않거나 식비에 얼마를 써야 하는지 감이 잡히지 않는다면 지난 달 결산을 기준으로 하루 살기 금액을 정하고 한 주 예산 안에서 살아보면 된다. 매주 주간 결산을 하면서 중간 점검을 해보면 한 달 후에 그 효과를 체험할 수 있다.

단, 소중한 내 돈 10원 한 장 허투로 쓰지 않겠다는 마음을 가지고 꼭 집밥을 해야 한다. 그래야 외식으로 새는 돈을 틀어막을 수 있다. 쥐도 새도 모르게 생활비가 새어 나갔던 것도 결국은 몇천 원씩 하던 간식과 집밥 대신 먹었던 피자와 치킨 같은 외식 때문이었다.

정리해보자면 먼저 하루 살기 금액 정한 다음 냉장고 속 식재료를 활용해 집밥을 하면서 정해진 하루 살기 금액 안에서 살아보자. 무엇보다 그까짓 10원 한 장 있으나 마나지라고 생각하기 보다는 10원 한 장이라도 허투루 쓰지 않겠다는 마음으로 푼돈을 소중하게 지키겠다는 마음이 필요하다. 일단 시작하자. 그러면 한 달에 10만 원이든 20만 원이든 얼마든지 원하는 만큼 새는 돈이 모이게 될 거다.

흔들리지 말자, 절약과 궁상은 다르다

삼겹살과 목살이 아닌 저렴한 앞다리살을 장바구니에 담아 온 날, 남편은 뼈 있는 말 한마디로 나의 마음을 아프게 했었다. 오늘도 미션 성공했다는 마음으로 집에 돌아온 나와 다르게 남편은 고기가 담긴

봉지를 내려놓자마자 "또 아꼈네"라며 시큰둥하게 반응했다. 그 말이 곧 지지리 궁상 좀 그만 떨자는 말인 거 같았다. 나는 그 말이 그리도 듣기 싫었다. '궁상맞게 살지 마라, 그러다가 평생 그렇게 산다'는 말처럼 들렸다.

나는 그날 저녁을 먹고 나서 마치 시위하듯 아이의 스케치북을 한 장을 찢었다. 그 위에 "나는 궁상떠는 게 아니라 절약하는 중이다. 나는 절약에 도전하고 있다!"고 적었다. 나를 가장 믿고 지지해줄 줄 알았던 남편의 말 한마디에 흔들리기 싫었다. 나는 궁상떠는 게 아니라 '절약'을 하고 있다고 주문을 외듯이 외쳤다.

나는 그날 이후로도 삼겹살과 목살 대신 앞다리살을 산다. 그리고 때로는 다진 고기를 사서 볶음밥을 하고 동그랑땡을 해 먹는다. 그러다 보니 고기를 구워 먹기만 했던 지난날과는 다르게 고기를 가지고 여러 요리를 해 먹을 수 있는 융통성을 갖게 됐다. 한 가지 재료로 최대한 많은 요리를 해 먹는 거다. 다진 고기만 있어도 볶음밥, 동그랑땡 등 다양한 요리를 할 수 있다. 아이들이 먹기에도 더 편해졌고 밥상은 더 풍성해졌다.

고기는 구워야 제 맛이라는 생각도 일종의 편견이라고 생각한다. 같은 부위라도 얼마든지 내 방식대로 조리할 수 있는 건데 남들 눈치 볼 필요가 없다. 절약이라는 것도 내 방식대로 내 생각대로 내가 원하는 목표를 위한 수단으로서 현명하게 활용하면 그만이다. 혹시라도 주변에서 당신을 궁상맞다고 핀잔한다면, 당당히 외쳐보자. 앞다리살도 삼겹살도 목살도 어차피 돼지 살이다. 그리고 다지고 볶고 찌는 조리법보다 중요한 건 맛을 내는 손맛이다. 값비싼 식재료를 써야 맛있다는 생각을 버리고 간단한 요리라도 하나씩 도전해보면서 손맛을 길러보자. 하나의 식재료로 여러 요리를 해낼 수 있을 때, 당신의 집밥은 완전체가 된다.

6시가 땡 하고 울리면 나는 걷기왕이 된다. 눈썹이 휘날리도록 종종거리는 두 발을 장착하고 집으로 출발한다. 예전에는 친정 엄마가 살아계셨으면 얼마나 좋았을까 하고 많이 생각했다. 언니들이라도 가까이에 살고 있다면 내 삶이 조금은 더 편해졌을 거라고도 생각했다. 지금은 친정 엄마에게도, 친정 언니들에게도, 시부모님에게도 도움을 받을 수 없으니 나 스스로 조금 더 단단해지라는 하늘의 뜻으로 여긴 지 오래다.

육아와 살림을 함께하는 남편이 늦는 날이면 내 두 다리는 더 힘을 내야 한다. 당연히 어린이집 하원도 저녁식사 마련도 나 혼자서 해야 하기 때문이다. 그럴 때면 아이들 하원이나 저녁 밥 당번을 나눠서 함께하는 남편이 있어서 참 다행이라고 새삼 느낀다.

집밥도 하고 직장도 다니는 나를 소개하면 많은 분들이 어떻게 일 다니면서 매일 집밥까지 할 수 있느냐고, 그 비결을 묻는다. 그런데 나는 워낙 외식보다 집밥을 좋아라 해온 터라 그 질문이 되레 낯설다. 그리고 양육은 한쪽이 도와주는 게 아니라 '함께' 한다는 생각을 가진 나와 남편인지라 퇴근 후에도 독박육아를 하며 집밥까지 해야 하는 워킹맘들은 집밥을 큰 짐처럼 받아들일 수밖에 없음을 잘 안다. 내가 육아휴직 중이었을 때는 어린이집에 다니던 첫째와 둘째가 하원하기 전에 조금씩 저녁에 먹을 집밥을 하면 됐었다. 하지만 직장에 복귀하고 나서는 퇴근하고 나서 집밥을 차리는 게 사실상 불가능했다. 퇴근하고 하원해서 돌아오면 7시에 가까운 시간이 된다. 당장 밥이랑 반찬만 해도 한 시간은 거뜬히 걸릴 테니 8시는 족히 넘겨서 먹어야 할 테다. 그건 무리다. 나는 그래서 주말을 이용해서 평일에 먹을 집밥을 미리 해놓는다. 그게 지속 가능한 방법이란 걸 알았다.

집밥, 기본 반찬 또는 간단 조리식으로 해 먹기

주말에 집밥을 미리 해두고 퇴근 후에 데워서 먹기만 하는 루틴이 몸에 익으면, 집밥은 게임 끝이다. 그런데 막상 그 정도의 준비도 힘들다고 말하는 분들이 있다. 그렇다면 나는 친정엄마나 시어머니께 재료비와 용돈을 드리고 정기적으로 반찬을 부탁드리는 것도 나쁘지 않다고 생각한다. 아니면 친정엄마의 손맛을 그대로 재현해주는 반찬 맛집을 알아보는 것도 좋다.

퇴근해서 집에 도착하면 밥만 떠서 먹으면 되는 시스템을 만들어놓자. 주말에 반찬을 만들어 냉장고에 채워두기만 하면 된다. 이렇게 말하면 또 밥 하는 것도 귀찮다고 말하는 분이 있다. 그렇다면 밥도 주말에 미리 해서 소분한 다음에 냉동실에 보관해뒀다가 전자레인지에 해동시켜 먹으면 된다.

요즘은 마트에만 가도 여러 가지 간편식을 살 수 있다. '이번 생에 집밥은 내 길이 아닌가 봐'라고 생각하거나 퇴근하고 나서 손 하나 까딱할 힘이 없는 분들에게 필요한 건 무리하지 않는 선에서 집밥을 해 먹는 거다. 이런 분들은 일주일에 한두 번 '피코크' 메뉴를 이용하는 것도 외식이나 배달음식으로 한 방에 많은 돈을 지출하는 것보다는 상대적으로 새는 돈을 막는 방법이다. 다만 그 횟수를 일주일에 한두 번으로 한정하자. 집밥을 주로 하지만 한 번씩 색다른 분위기를 내고 싶거나 또 너무 힘이 들면 피코크 메뉴를 사서 집에 있는 야채나 재료를 더해 만들어보자. 그러면 정말 감쪽같이 한 상 집밥이 차려진다.

내가 다니는 회사에서는 정기적으로 밥과 반찬을 시켜 먹는다. 어쩌다 직원들이 외근하거나 해서 밖에서 밥을 먹으면 남은 반찬을 싸 온다. 돈가스와 소세지, 불고기 등 아이들과 함께 먹을 수 있는 반찬들은 꼭 싸 오는 편이다. 그냥 두면 음식쓰레기지만 싸 와서 우리 가족과 함께 먹으면 한 끼 식사에 큰 보탬이 된다. 나에게는 회사에서 얻는 반찬이 친정엄마가 주시는 선물과도 같다.

나와 같은 상황이 아니더라도 요즘은 식당에서 남는 걸 포장해 오는 게 예전보다 보편화됐다. 남은 음식을 재사용 할 수 없는 음식점 입장에서도 포장해 가면 음식물쓰레기가 줄어드니 환영할 수밖에 없다. 버리면 쓰레기, 싸 오면 한 끼 집밥으로 재탄생되는 남은 음식을 알뜰하게 잘 챙겨보자. 이제는 밖에서 음식이 남을 때 당당하게 요청해보자. "남은 음식 포장이요~"라고.

퇴근 후 저녁 한 끼에 집중하자

집밥을 준비할 때는 조금도 피곤할 틈을 주지 말자. 미리 요일을 정해서 국 하나와 반찬 두세 가지를 만들어서 일주일 동안 먹는 거다. 회사 생활을 다시 시작함과 동시에 집밥 전략도 바뀌었다. 국 하나와 밑반찬은 주말에 미리 만든다. 그리고 평일 저녁 하루 정도 국 하나와 밑반찬을 추가로 만든다. 대부분 수요일 즈음에 아이들을 재우고 나서 나나 남편이 국이나 밑반찬을 한 번 더 준비하는 식이다. 그렇게 미리 준비된 집밥은 밥이 되는 동안 데우기만 하면 된다.

아직 만 세 살이 안 된 막내를 위해 국 하나는 기본으로 준비한다. 주로 미역국과 된장국, 콩나물국이나 카레와 짜장이 대표 메뉴다. 특식으로는 닭백숙을 하고 남은 국물로 야채와 함께 닭죽을 해 먹는다. 등뼈를 사다가 열무김치나 배추김치를 함께 넣고 한 솥 가득 감자탕을 끓이기도 한다. 식당에서 사 먹는 감자탕만큼이나 맛있고 오래 먹을 수 있다. 외식하면 한 끼로 끝날 음식이 다섯 식구가 이틀은 먹을 만큼 넉넉하게 만들어진다.

앞다리살로 수육을 하고 남은 된장 푼 육수에 김장김치를 살짝 씻어서 푹 끓이면 진한 국물이 별미인 김치찌개가 탄생한다. 제사 때 쓰고 남은 황태는 찢어서 냉동실에 두었다가 살짝 물에 불려서 참기름과 다진 마늘을 넣고 볶는다. 여기에 물을 넣고 끓이다가 국간장과 소금, 그리고 계란물을 풀어 한 번 더 끓이면 시원한 황태해장국이 된다. 고명으로 파 조금 썰어 올려주면 보기도 좋고 맛도 더 좋아진다.

우리 집은 매일 먹는 반찬도 정해져 있다. 제철에 나오는 야채를 가지고 나물(시금치, 콩나물, 숙주, 고사리, 무 등)을 무쳐 먹거나 양배추, 브로콜리, 물미역, 다시마 등을 데쳐 먹고 당근, 오이, 파프리카를 생으로 곁들여 먹기도 한다. 어묵이랑 햄도 한 번씩 야채와 함께 푸짐하게 한 팬 볶아두면 여러 끼니 먹기에 충분하다. 바로 해 먹을 수 있는 구이용 고기나 두부, 계란, 생선도 항상 구비해둔다. 국이나 반찬이 똑 떨어진 비상시에 간단하게 해 먹기 좋은 재료들이다. 밥이 되는 동안 굽고 지지기만 하면 되니까 말이다.

매번 앞다리살만 먹는 게 지겨워질 때면 다진 고기를 사서 야채를 다져 동그랑땡을 만들어둔다. 정말 준비가 하나도 안 됐을 때는 '외식 같은 집밥'을 추구한다. 즉석 짜장라면으로 중국집 짜장면 못지않은 엄마표 짜장면을 해주고 시중의 사골곰탕 육수에 냉동만두를 넣어서 따끈한 만둣국을 끓여주면 그렇게 맛있게들 먹는다.

일과 육아, 그리고 자기 자신 사이에서 고군분투하는 엄마들을 응원한다. 집에서 아이만 키우는 엄마라고 하고 싶은 일, 꿈이 없는 게 아니다. 무언가를 새롭게 배우고 책을 읽으며 나를 찾고 싶은 그 마음을 나는 누구보다 잘 안다. 아이들을 키우면서 아이 못지않게 성장하는 사람 또한 엄마다. 집에서 살림만 해도 힘들고 어려운 게 집밥 해 먹는 거다. 나 또한 집밥 하면서 절약하는 일이 때로는 버겁고 힘들다. 그러나 나에겐 꿈이 있기에 절약이 즐겁다. 꿈을 위해서 기꺼이 집밥을 해 먹는다. 먹고 즐기는 데 쓰는 돈을 아껴서 강의를 듣고 책을 구매하는 내가 좋다.

**식비, 생활비
매주 점검하기**

나라고 다 성공만 하는 건 아니다. 매주 정해진 예산을 벗어나 초과 지출을 하는 날들이 있다. 그럴 때 꼭 놓치지 말아야 하는 게 있다. 예상보다 많은 지출이 있는 주간이면 결산할 때 꼭 나에게 질문한다. '조금 더 아낄 수 있지 않았을까?'

설 연휴에 세 아이와 이동할 때 운전에 집중할 수 있도록 아이들을 간식으로 다스리려고 지출을 많이 했다. 그리고 왕복 휴게소에서 식사를 사 먹었더니 보기 좋게 예산을 초과했다. 연휴가 시작됐을 때 냉장고 파 먹기를 다 하고 간 터라 돌아왔을 때 먹을 게 없어서 다섯 식구 김밥으로 외식을 했다.

잠깐의 편리함을 얻다 보면 나도 모르는 새 돈이 어디로 나가버렸는지 모른다. 그럴 때는 그날의 동선을 떠올리며 다시금 지출내역을 되돌아보는 게 필요하다. 다음에는 어떻게 하면 그 돈이 새어 나가지 않을 수 있을지 스스로에게 물어보는 '머니수다'를 자주 해보자.

주간 결산을 해야 하는 이유는 지출했던 그 순간에는 몰랐던 걸 되돌아보면서 잠깐이나마 내일을 위해 다시금 절약 의지를 다질 수 있기 때문이다. 머니수다를 통해서 또다시 다음 주의 생활을 계획하고 뚝심 있게 해나가면 된다. 흔들려도 멈추지 않고 계속할 수 있는 힘은 나의 소비 패턴을 짚고 넘어가는 가계부 주간 결산에 있다.

나는 가계부를 쓰면서 솔직하게 나를 드러내는 일이 중요하다고 생각한다. 남이 아니라 나와 우리 가족에게 집중할 용기가 필요하다. 나는 하루 5천 원으로 살면서 수없이 많은 내 안의 나와 만나려고 머니수다를 한다. 그 과정에서 실수도 하지만 성공도 한다. 무지출을 하다가도 하루 5천 원보다 더 많이 쓸 때도 있고 한 주 예산을 지키기도 하고 넘기기도 한다.

돈을 잘 쓰는 법을 하루, 일주일, 한 달 동안 꾸준히 연습하는 거다. 돈을 컨트롤할 수 있는 유일한 주체는 '나' 자신이다. 누가 나보다 적게 썼는지 많이 썼는지 잘했는지 못했는지는 평가할 필요가 없다. 그냥 자기 자신에 집중하면 된다. 내가 정한 하루 살기 금액 안에서 잘 쓰고 잘 살려고 노력해보자. 남과 비교하지 않고 자기만의 기준대로 쭉 밀고 나가는 힘만이 짠테크와 집밥을 통해 새는 돈을 잡는 유일한 방법이다.

04 무지출 게임, 적은 돈으로 큰 만족을 사는 연습

'무지출 데이'란 아무 것도 사지 않고 돈을 쓰지 않은 날을 뜻한다. 그런 무지출 데이를 한 달에 보름은 하자는 게 내 나름의 기준이다. 아무것도 아닌 것 같은데 달성하면 괜히 스스로 대견하고 뿌듯하다. 인생을 살면서 남과 비교하지 않고 살기 쉽지 않다. 몇 살에는 얼마 정도의 재산을 가지고, 어느 정도의 자동차를 굴리고, 월급은 얼마 이상은 되어야 하고, 아이들 성적은 인서울 대학에 갈 정도는 돼야 하고, 결혼기념일에는 해외여행 정도는 나가야 하고 등등 한번 '~해야 된다'라는 생각이 시작되면 끝이 없다. 남의 눈을 의식하고 남이 만들어놓은 기준에 나와 내 가족을 맞추며 사느라 비교하고 헐뜯고 탓하며 산다. 나도 그랬다.

남편의 월급이 적다는 걸 알고 결혼해놓고 "왜 이것밖에 못 벌어와? 이래서 나랑 아이들은 어떻게 건사할건데?"라며 탓하며 살았다. 친구의 새 아파트 집들이를 다녀와서는 신혼부부 전세임대로 살고 있는 오래된 다가구 주택에 외풍이 심한 우리 집이 왜 그리 가난하고 초라하게 느껴지던지…. 좁은 집에서 뛰어노는 아이들에게 정신 사납다면서 화내고 그랬던 적이 있었다. 돌아보면 그 누구의 잘못이 아니라 내 시선이 다만 나와 우리 가족이 아니라 남을 향해 있었다.

가계부를 쓰면서부터 내 시선이 남이 아닌 나와 우리 가족을 향할 때 진짜 내 인생을 살 수 있다는 걸 알았다. 누군가는 나에게 그렇게까지 하면서 애쓸 필요가 있냐고, 그렇게 아끼기만 해서는 부자 못 된다고 말한다. 처음에는 그런 말들이 비수가 되어 꽂히기도 했지만 지금은 개의치 않는다. 가계부를 쓰면서 나를 더 아끼고 사랑하게 됐으며 나의 길을 갈 수 있게 됐으니까.

가계부를 단순히 돈을 모으기 위한 수단으로만 생각하지 않는다. 나와 우리 가족의 소비 기준을 세우고 함께 성취하는 '과정'에 진정한 의미를 둔다. 힘들게 꼭 가계부를 써야 하는 거냐고 묻는다면, 나와 내 가족의 건강과 행복을 위한 우리만의 흔들리지 않는 원팀을 만드는 과정이기에 해본 자만이 그 성취감을 알 수 있다고 답하겠다.

나는 '무조건' 아끼는 방식은 버리고 정해진 예산 안에서 '잘 쓰는' 방식을 택했다. 아이들이 커갈수록 하루 살기 금액을 늘려나갈 테지만 이 소중한 연습의 시기를 통해 우리 가족은 어디에 돈을 쓸 때, 어떤 걸 살 때 가장 만족감이 큰지 경험을 쌓는 중이다.

**한 달에 무지출
15회 달성하는
네 가지 방법**

1. 돈 쓸 시간을 없애라!

퇴근하면서 아이들을 하원시키고 큰아이 피아노 학원까지 들렀다가 집에 도착하면 6시 30분이 넘는다. 냉장고 속 반찬과 재료들로 후다닥 저녁식사를 준비하고 나면 설거지하고 아이들이랑 놀아주기도 해야 한다. 자기 전에 다 씻기고 방도 한번 정리해야 한다. 돌아서면 다른 일이 나를 또 반긴다. 퇴근해서는 장 볼 틈이 없다.

남편은 내가 회사에 복귀하면 하루 살기 금액을 늘려야 하는 거 아니냐고 물었다. 아이들 먹성도 좋아지고 막내까지 입이 하나 더 늘었으니 장 보는 양도 늘리고 간식도 더 자주 사야 한다는 말이었다. 외식할 때도 피자 한 판은 부족하니 이제 두 판은 기본으로 시켜야 한다고 이야기한다. 그런데 복직하니 돈 쓸 시간이 없다.

가끔은 물리적인 한계가 도움이 될 때가 있다. 멍 하니 여유시간을 갖는 것도 좋지만 되도록 내 관심사를 외부의 것이 아닌 내면의 나에게 집중해보자. 안 해서 그렇지 하루 종일 할 일이 얼마나 많은지 모른다. 무의식 속에 소비욕구만 남겨둔 채 아까운 돈을 흐지부지 써버리지 말고 몸을 바쁘게 움직여 밀린 일들을 모조리 꺼내 모아 일상의 자투리 시간을 활용하자. 지출 통제가 영 어렵다면 아마 큰 도움이 될 거다.

2. 배달 앱, 인터넷 쇼핑몰 앱, 홈쇼핑 앱을 삭제하자

우리의 일상은 하루가 지날수록 더 편리해지고 있다. 치킨이나 피자, 족발 같은 대표 배달 음식 외에도 종류를 가리지 않고 내 손으로 직접 포장해서 가져다 먹는 대신 다 배달로 시켜먹는 시대가 됐다. 직접 마트에 가지 않아도 식재료까지 배달받는 게 우리의 일상이 됐다.

그러나 아직 우리 가족은 배달 앱을 핸드폰에 깔거나 사용해본 적이 없다. 피자도 치킨도 직접 매장에 가서 사 온다. 철저히 옛날 방식 그대로 산다. 배달 음식으로 돈이 많이 나가는 분들은 먼저 앱 삭제부터 하고 냉장고 문을 먼저 열고 그곳에서부터 쇼핑을 시작하자. 그러나 한 번의 노력으로 오랜 기간 몸에 밴 소비습관이 단기간에 바뀌지 않는다는 걸 나도 잘 안다.

쇼핑 앱이나 배달 앱을 이용하고 싶다면 일단 장바구니에 담아두고 기본 결제방식을 간편결제가 아니라 계좌이체 방식으로 바꿔보자. 버튼 몇 번 누르면 결제가 완료되는 간편결제 방식이 아니라 계좌이체 방식으로 바꾸면 뭐가 달라질까. 인터넷 뱅킹 앱을 켜서 계좌번호를 입력하고 '이체' 버튼을 누르기까지 훨씬 더 번거로워진다. 평소보다 더 시간이 걸리는 결제 과정 속에서 정말 살 필요가 있는 물건인지 한 번 더 생각하게 된다. 적어도 내 경험으로는 그랬다. 결제가 쉬우면 그만큼 충동적으로 소비하기 마련이기 때문이다.

3. 이가 없으면 잇몸으로!

소비지연이란, 원하는 소비 대상이 있을 때 소비를 즉흥적으로 결정하기보다 일정 간격을 두고 소비하는 것을 말한다. 이 과정에서 소비에 대한 기대가 행복감을 극대화시키고, 소비 대상에 대한 진정한 욕구를 성찰하고, 신중한 의사 결정을 가능하게 한다는 점에서 소비의 질을 높이게 된다. 결과적으로 충동적인 쾌락을 위한 소비가 아니라 지속가능한 만족을 제공한다.

나는 양조간장이 떨어지면 어머님이 주신 간장게장의 간장 국물에 물을 붓고, 다진 마늘과 대추, 생강을 넣고 끓여 식혀서 양조간장 대용인 '맛간장'을 만들어 먹는다. 그 맛간장을 다 쓸 때까지 한 달이 걸렸다. 새로 양조간장을 사지 않고 있던 재료로 대체해 한 통의 양조간장 값을 아꼈다. 그리고 그 맛간장을 다 먹으면 국간장을 다 쓸 때까지 새 간장을 사지 않을 생각이다. 이가 없으면 잇몸으로 산다는 말을 좋아한다. 소비를 지연시키기 위한 방법으로 대체할 수 있는 기존의 걸 찾아 쓰면 된다. 그러다 대체재도 다 없어지면 그때 새로 사면 된다. 무언가 떨어졌다고 바로 사지 말고 시간이 지나도 꼭 필요하다고 생각이 든다면 그때 사도 늦지 않다.

4. 무지출데이 목표를 정하자!

무지출데이를 한 달에 최소한 며칠을 달성한 건지 미리 정하면 좋다. 나 같은 경우는 한 달에 최소 '10번'의 무지출 달성을 목표로 한다!

예를 들어 나는 한 달 식비로 15만 원의 예산을 잡고 시작한다. 그러면 하루에 5천 원씩 10회면 딱 5만 원을 아낄 수 있는데, 아낀 돈만큼 가족끼리 외식한다. 목표한 만큼 무지출데이를 달성하면 나에게 스스로 보상해주는 나름의 방법이다. 아니면 절약한 돈을 푼돈 적금에 넣기도 한다. 각자의 하루 살기 금액에 따라서 무지출데이 횟수를 계획하고 그 안에서 한 번씩 외식도 하고 간식도 사 먹고 하면서 절약의 스트레스(?)도 한 번씩 날려주길 바란다. 그래야 오래 지속할 수 있다. 쥐어짜고 또 짜기만 하다간 어느 순간 억누르던 욕망이 한꺼번에 터지면서 무리한 다이어트 끝에 요요가 오는 거처럼 무작정 참는 소비에도 요요가 올 수 있으니 유의해야 한다. 다시 한번 말하지만 하루 살기 금액을 처음부터 너무 낮게 잡지 말고 천천히 조금씩 낮춰 나가자. 의욕 넘치는 순간의 감정이 아닌 습관이 돼야 오래할 수 있다.

**나만의 장보기 노하우,
혼자 장 보러 간다**

"이번 주말은 통으로 사라지고 바로 월요일이 왔네"라고 남편이 웃으며 말했다. 일하는 엄마라 주말에 1박2일 교육연수가 잡히거나 또는 내 개인적인 일정으로 주말 전체를 보내게 될 때가 종종 있다. 그러면 혼자서 아이 셋을 돌봐야 하는 남편에게 정말 미안하고 고맙다. 엄마 얼굴을 못 봐서 아쉽다는 아이들에게 괜히 몹쓸 짓을 하는 건가 싶기도 하다.

그때는 어김없이 가족들에게 미안한 마음을 가지고 마트에 간다. 내가 없는 동안 냉장고라도 좀 차있으면 남편에게 조금이라도 도움이 될까 싶어서 꼭 필요한 게 아닌데도 이것저것 담게 된다. 내 마음의 빗장이 풀려버린다. 미안한 마음을 가지고 장 보러 가는 게 과소비의 주범일지도 모른다.

평소에 나는 아이들도 남편도 없이 장바구니를 벗 삼아 혼자 장을 보러 간다. 같이 가겠다고 따라 나서도 "엄마 혼자 얼른 다녀올게~"라고 말하고 휘리릭 사라진다. 안 그러면 과자, 젤리 코너 앞에서 눈을 떼지 못하고 결국 "엄마, 마이쮸 사줘. 킨더조이 먹고 싶어. 아이스크림 사줘" 하며 나를 멈추게 한다. 처음에는 단단하게 철벽을 치지만 계속 이거 사줘 저거 사줘 하는 소리를 듣다 보면 마음이 약해져서 뭐라도 하나 사주게 된다.

남편이랑도 주말을 제외하고는 장을 함께 보지 않는다. 아이들도 아이들이지만 다 큰 어른이라고 예외는 없다. 꼭 막걸리나 캔 맥주, 소주 한 병씩 나 모르게 슬쩍 장바구니에 담는다. 아이들은 사달라고 나에게 의견이라도 묻지 남편은 소리도 없이 계산대 앞에서 뒤통수를 친다. 그리고 '이거 해 먹으면 어때? 저거 해 먹으면 어때?'라며 내가 장 볼 품목에 자꾸 추가로 뭔가를 더 얹는다. 아이 셋에 남편까지 온 가족이 마트에 장을 보러 간다는 건 지갑을 한껏 열어젖히고 가는 거와 같다. 그래서 평소에 집 근처 마트로 장 보러 갈 때도 꼭 나 혼자만 간다.

**결정 피로를
피하는 방법**

"이거 하나예요?"

"네."

너무나도 당당히 계산대에 올려놓은 달걀 한 판. 계산대 점원이 왜 이리 의아해했을까 궁금했는데 알고 보니 마트는 어제부터 봄맞이 세일 중이었다. 마트 세일 기간에도 어김없이 살 것만 사서 나오는 내게 혹시나 싶어서 넌지시 물어봤던 거 같다. 괜히 뿌듯하고 뭔가 통쾌했달까!

《인간을 탐구하는 수업》이라는 책에서 조너선 레빈 교수팀의 '결정피로실험'에 대한 내용을 읽었다. 사람은 처음에는 '가격과 질'의 양면을 모두 고려하면서 선택하지만 점차 피로해지면 '조금 비싸도 괜찮으니 좌우간 결정에서 벗어나고 싶다'는 마음이 들고 결국 '결정피로'에 빠지면 금전 감각도 마비된다는 내용이었다.

마트에서 장을 볼 때 꼼꼼하게 가격을 비교해서 사는 게 현명하다고 생각한다. 그런데 약간의 맹점이 있다. 가격 비교한다고 이것저것 들춰보다가 결정피로에 빠지면 '에라 모르겠다' 하면서 괜히 더 비싼 가격에 혹은 필요 없는 물건에 혹 해서 생각지도 않은 지출을 할 수 있기 때문이다. 그럴 때는 장을 보기 전에 무조건 '무엇을' 살지 미리 결정하고 가야 한다. 마트에서는 그 외에 물건에는 관심을 꺼야 한다.

나의 장보기 깨알팁을 정리하자면 이렇다. 하나, 뭘 살지 미리 정한다. 둘, 마트에는 늘 혼자 간다. 셋, 미리 정해놓은 살 것만 딱 사서 뒤도 돌아보지 않고 나온다!

가계부를 처음 쓰기 시작하시는 분, 가계부를 쓰지만 막상 돈 관리가 생각보다 쉽지 않은 분이라면 일주일 단위로 생활비를 나누고 그것을 또 하루 살기 금액으로 나눠서 일주일 예산 안에서 사는 연습을 꼭 해보기를 권한다. 이 시기에 냉장고 파 먹으며 집밥 하는 건 거의 필수 과정이다. 세 달 정도 가계부 쓰면서 집밥 해 먹는 게 익숙해지면 그다음에는 일주일 예산 안에서 한꺼번에 장을 보거나, 하루 살기 금액을 넘겨서 지출할 상황이 생기면 다음날에는 소비를 하지 않는 방식으로 생활해도 된다. 약간의 여유와 융통성을 가지고 일주일 예산 안에서 얼마든지 자기 상황에 맞게 장 보고 집밥 하는 걸 유지하면 된다.

처음에는 '궁상맞게 이렇게까지 해야 하나' 싶은 생각이 들 때도 있을 거다. 세 달 정도 하루 살기 금액 안에서 장을 보고 집밥을 해 먹다 보면 자연스럽게 알게 된다. 어디에 생활비가 가장 많이 나가는지, 무엇을 살 때 만족감이 큰지, 반복적으로 낭비하는 항목은 무엇인지. 그렇게 습관이 되면 생각이 바뀌고 가계부 쓰기가 더 쉬워진다. 그리고 결국 새던 돈이 모인다.

이 모든 건 내 개인적인 경험을 바탕으로 한 거다. 각자의 라이프스타일과 생활환경에 따라 절약하는 방법은 달라질 수 있다. 반드시 이래야 한다는 정답 같은 건 없다. 우선은 내가 직접 경험해서 터득한 머니잇수다 절약 방식으로 시작해보면 번거로움 없이 바로 절약의 길로 들어설 수 있을 거다. 우리 모두에겐 지속 가능한 절약법이 필요하다. 아무리 대단한 절약법이라도 내가 지속하지 못하거나 선뜻 시도조차 할 수 없어 보인다면 의미가 없다. 머니잇수다 가계부 절약법은 한번 몸에 익고 나면 그대로 쭉 평생을 지속해나갈 수 있는 365일 자동 절약 시스템이라는 점에서 월등히 간편하다고 하겠다.

내가 일주일 절약을 하는 이유, 나를 위한 선물

"마이쮸랑 초코송이 사줘."

"오늘은 짜장 만들고 반찬 만들 재료를 사러 왔으니까 과자랑 젤리는 다음에 사줄게."

"알겠어."

이제 아이들은 고맙게도 간식을 구경만 하고 내려놓을 줄 알게 됐다. 그동안 아이들에게 어지간히도 단호하게 대했다. 장바구니 가득 집밥 재료만 사 가지고 들어가는 길에는 이번 주 예산이 남으면 주말에는 꼭 아이들에게 먹고 싶은 간식 하나씩 고르라고 해야겠다고 다짐하곤 한다. 그렇게 일주일 절약의 목표가 지켜진다. 돌아와서 갖가지 나물을 무치고 양파와 버섯을 넣어 짜장을 만든다. 아이들이 참 좋아하는 메뉴다. 이렇게 일주일 동안 아낀 돈으로 간식을 사줄 때 아이들도 더 감사한 마음으로 먹는 거 같다. 그런 아이들을 볼 때 흐뭇한 미소가 지어진다.

복귀하고 나서 첫 일주일 동안엔 무려 5일 연속 무지출을 했다. 그래서 아낀 돈으로 나를 위해서 영양제를 샀다. 그리고 한 달에 한 번 오후 반차를 내고 카페에서 내가 좋아하는 라떼를 한 잔 마시며 책을 보는 '혼자만의 시간'을 선물했다. 나를 위한 선물로 좋아하는 커피를 마시고 책을 사서 읽고 전시회에 간다. 엄마로, 일꾼으로, 우리 집의 재무장관으로 사느라 바쁜 나에게 나 스스로 재충전의 기회를 준다. 처음에는 아낀 돈으로 '나한테만 써도 될까? 남편과 아이들한테 미안한데'라는 생각도 들었다. 하지만 엄마가 행복해야 아이도 남편도 행복하다는 생각이 들자 마음이 한결 편해졌다. 가족이 함께 쓰는 돈이지만 그걸 아끼느라 주로 수고하는 사람은 바로 나니까! 당당하게 나를 위한 선물을 앞으로도 해줄 거다.

지금 당장 돈이 충분히 있다면 하고 싶은 게 무엇일지 스스로에게 질문해보자. 거창한 거보다는 소박하지만 내게 꼭 필요한 것들이 생각날 수도 있다. 값비싼 거만 가치 있는 게 아니다. 그건 세상의 기준이다. 그래서 돈을 쓰는 행위 안에 숨겨진 진짜 내 마음을 알아주는 시간을 놓치지 말아야 한다. 내가 진짜 원하는 게 뭔지 알아야 의미 있게 돈을 쓸 수 있기 때문이다. 나를 위한 라떼 한잔을 마시면서 나는 또 다시 질문한다. 내가 진짜 원하는 게 뭔지. 내가 진짜 절약을 하는 이유가 뭔지.

05

돈을 쓰기 전, 머니수다부터 하자

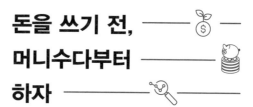

**나는 내 마음을
알아야 할
의무가 있다**

무언가를 사야 한다는 생각이 들 때, 나는 나에게 묻는다. 그것이 정말 필요해서 사려고 하는 건지 아니면 그냥 설레는 마음을 사고 싶어서 그러는지. 혹은 사람들이 기대하는 내 모습을 위해서 사야 한다고 생각하는 건지. 다른 누군가의 모습을 보고 부러워 가지고 싶은 마음에 필요하다는 가짜 이름표를 붙이고 있는 건 아닌지. 그럴 땐 그것 없이도 충분히 살 수 있는지 없는지가 중요한 기준이 된다.

인터넷 쇼핑몰의 예쁜 옷을 눈앞에 두고 사고 싶다는 마음이 강하게 든다면 우선 옷장 앞으로 가자. 이미 충분히 가지고 있는데도 굳이 이 새 옷을 사야 하는 이유를 묻는다. 그러면 십중팔구 '옷은 이미 집에 있는 것으로도 충분해. 입을 옷이 없다고 말하지만 빼곡하게 쌓인 옷들은 뭐야'라고 생각할 거다. 그리고 한 번 더 묻게 될 거다. '옷은 결국 내 몸을 보호하고 따뜻하게 하려고 입는 거 아니야? 굳이 저 옷을 사려고 하는 건 마네킹에 입힌 비주얼이, 날씬한 모델의 비율이 예뻐 보여서 사고 싶은 거잖아'라고.

나는 예쁜 옷 한 벌을 사서 무얼 얻고 싶은 걸까? 내 마음은 예쁜 옷을 사고 싶다고 말하는 거 같지만 어쩌면 옷이 아니라 다른 무언가를 채우고 싶어 하는 걸지도 모른다. 《딱 1년만 옷 안 사고 살아보기》의 저자 풍백도 수많은 옷을 비우고 정리하면서 결국 "옷이 아니라 설렘을 산 게 아닐까?"라고 말했다. 마치 시험을 앞두고 책상 앞에 앉아서 문제를 풀거나 오답노트를 보는 게 아니라 하염없이 거울만 보면서 얼굴이나 옷매무새를 만지작거리는 사춘기의 여학생처럼, 내가 지금 해야 할 일은 따로 있지만 본질이 아닌 포장에만 신경 쓰는 모습은 아닌지 스스로에게 질문을 던져본다.

껍데기를 벗기고 벗겨내다 보면 결국 알맹이만 남는다. 머니수다는 바로 돈으로 무언가를 사는 행위 안에 내가 원하는 어떤 마음이 숨겨져 있음을 자꾸 스스로에게 물어보고 확인하는 과정이다. "네가 나를 모르는데 난들 너를 알겠느냐"라는 노랫말처럼 내가 나를 알아주기 위해서 어쩌면 우리는 돈을 쓰면서 합리화하고 있지는 않은가. 결국은 돈을 쓰는 행위로 내가 정말 필요한 그 무엇은 해결하지 않고 단순히 사고 싶고 하고 싶은 거에만 돈을 쓰며 착각하고 있지는 않은지 일상을 돌아보는 계기가 됐으면 좋겠다.

그렇게 스스로 질문하면 내가 정말 원하는 거와 필요한 거 사이에서 어떤 선택을 하든지 만족으로 이어진다. 그런 과정이 없이 한순간 '필요하니까!'라고 생각하고 샀다가 집에 돌아와서 다음날 '괜히 샀네. 내가왜 이걸 샀을까?'라는 물음표가 돌아온다면 그건 주변에서 원하는 내 모습을 위해 스스로 사고 싶다는 가짜 마음을 만들어낸 결과일지 모른다.

살까 말까 고민되면 안 사는 게 옳다. 사고 나서 후회하면 과소비다. 쇼윈도에 있는 신상 원피스를 보면서 장롱 속 행거에 있는 다른 원피스를 떠올리며 '지금 굳이 저걸 사야 할까? 일단 집에 있는 원피스를다시 한번 꺼내서 입어봐도 좋지 않을까?'라고 물어보자. 다른 어떤 옷과 매치해서 입으면 더 잘 어울릴까도 곰곰이 생각해보면서 융통성을키울 수 있는 건 덤이다.

연말연시병, 또 충동소비를 할텐가

"요즘 마음이 허하니 자꾸 돈을 쓰고 싶어지네요. 연말연시병이 도졌어요."

단체 카톡방에서 터진 고백이다. 연말연시에크리스마스 캐럴이 거리를 울리고 이곳저곳에서 '나를 바라봐줘. 나를사줘' 하며 울부짖는 신상품들의 유혹이 거리를 가득 메운다. 그런데 문제는 그 유혹의 손길이 아니라 허한 내 마음에 있다. 그 아무리 휘황찬란한 물건이 내 앞에 있어도 내 마음이 흔들림 없이 꽉 채워져 있다면'좋네. 좋은 물건이구나! 그렇지만 그건 지금 나에게 필요하지 않아'라고 생각할 수 있다. 우리는 과연 무엇 때문에 누구를 위하여 돈을 쓰고 있는 걸까. 지나온 1년 동안 스스로 만족할 만한 삶을 살아왔는가. 아니라면 그 불만족스러운 상황을 보상받기 위해 혹은 무언가 만족스럽지 않은 내 마음을 충족시키기 위해 돈을 쓰고 있지는 않을까. 그리고 그 안에 진정 나를 위해 쓰는 돈은 얼마나 될까.

아이들이 부모에게 가장 원하는 건 '함께하는 시간'일 거다. 몸을 부비면서 안아주고 놀아주길 원하는데 함께 있지 못한 시간을 채우기 위해 초콜릿이며 과자, 아이들이 좋아하는 장난감으로 대신하고 있지는 않은가. 아내로서 평소에 사랑하는 마음을 잘 표현하면 됐을 일을 남편이 좋아할 뭔가를 사줌으로써 관심과 사랑을 주고 있다는 착각을 하고 있는 건 아닌가.

부모님에게는 일주일에 한두 번 "어떻게 지내세요. 아픈 곳은 없으시고요? 우리 가족 모두 건강하게 잘 지내고 있어요"라고 안부 전화 한 번만 드려도 진심이 전해질 텐데 '연말연시니까 외식이라도 한번 해야지 자식 된 도리 아니겠어'라는 마음에 돈으로 대신하고 있지는 않은가. 다른 사람에게 잘 보여야겠다는 마음을 돈으로 해결하려는 감정소비를 하고 있다면 앞으로는 한마디의 진심으로 대신해보자.

연말연시가 되면 지나간 일 년을 돌아보면서 공허한 마음에 왠지 내가 보잘 것 없이 느껴질 때가 있다. 그럴 때 돈이라도 쓰면서 괜찮은 사람이라는 위로를 받으려고 한다. 그러지 말고 무언가를 위해 누군가를 위해 돈을 쓰고 싶어질 때가 오면 반대로 나부터 먼저 사랑해주자. 지난 일 년 동안의 사소한 성취라도 알아봐주고 인정해주자. '일 년 동안 병원에 입원하거나 다치지 않고 건강하게 잘 살았구나. 잘 했어. 회사에 복귀해서 일도 하고 아이들도 키우느라 애썼다. 정말 장하다. 가계부를 쓰고 정리하고 결산하기를 멈추지 않았구나. 대단해. 그런 열정이 있었기에 일 년에 3천만 원을 모았지. 정말 수고했어. 외식보다 집밥을 하느라 수고했고 네 수고 덕분에 가족들도 아프지 않고 건강하게 지낼 수 있었어. 점심에 남은 반찬들을 싸 와서 버리는 음식물도 없애고 집에서는 맛있는 저녁식사로 채울 수 있었으니 만족해.' 스스로에게 무조건 '잘 했어! 대단해! 멋지다!'라고 이야기해주고 양팔로 어깨를 토닥이며 응원해주자.

매슬로우는 인간의 동기가 작용되는 원리를 5가지 욕구로 설명한다. 생리적 욕구, 안전의 욕구, 애정과 소속의 욕구, 존경의 욕구, 자아실현 욕구가 있는데 단계별로 욕구가 충족돼야 다음 단계를 채우려는 열망을 가지게 된다고 설명한다.

매슬로우의 '욕구 5단계 이론'

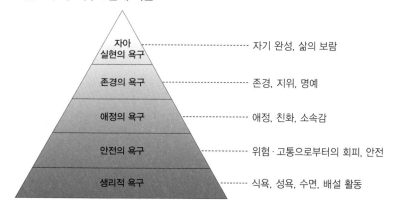

- 자아 실현의 욕구 ·········· 자기 완성, 삶의 보람
- 존경의 욕구 ·········· 존경, 지위, 명예
- 애정의 욕구 ·········· 애정, 친화, 소속감
- 안전의 욕구 ·········· 위험·고통으로부터의 회피, 안전
- 생리적 욕구 ·········· 식욕, 성욕, 수면, 배설 활동

나는 이 욕구 피라미드를 거꾸로 돌려보며 우리가 얼마나 평소에 자신의 '자아실현' '존경' '애정' '안전'에 대한 진짜 마음을 알아주지 못하며 살고 있는가를 생각한다. 그 마음을 채우기 위해선 돈보다는 내가 나를 사랑하는 마음이 더 중요하다는 사실 또한 깨닫는다.

감사로 채우는 가계부

매월 급여를 받으면 저축을 먼저 하고 고정비에 맞게 쪼갠 통장에 항목별로 이체를 한다. 그러고 나서 하루 살기 금액으로 식비와 외식비, 생필품비를 쓴다. 돈이 새지 않고 잘 모이려면 잘 쪼개야 한다. 한 달을 한 주씩 쪼개고 다시 하루로 쪼갠다. 그러면 하루에 관리해야 할 금액이 적어지니 그만큼 부담도 줄어든다. 일주일 예산에서 지출을 하고 남는 돈으로 푼돈 적금을 채운다. 가계부를 쓰면서 마지막에는 늘 감사 일기를 덧붙인다.

"한 주 동안 가족들과 함께하며 가계부를 쓰고 돌아볼 수 있어서 감사합니다." "함께하는 반려자를 통해 새로운 시선을 가질 수 있어 감사합니다." "푼돈을 모아 목돈을 만들고 있어 감사합니다." "집밥으로 우리 가족 건강할 수 있어서 감사합니다." "돈은 충분히 있고 나를 통해 흐르며 나와 가족, 사회를 건강하고 행복하게 합니다." "풍요 선언문대로 실현되는 오늘을 살 수 있음에 감사합니다."

06 소소하게 수입을 늘리는 노하우

     한 달에 들어오는 돈을 갑자기 눈에 띄게 늘릴 수는 없다. 한 달 월급으로 빠듯하게 살아가는 직장인이라면 더더욱 그러하다. 나 또한 아이 키우며 직장 다니는 워킹맘으로서 늘 추가 수입에 대해 고민한다. 지금은 N잡러의 시대다. 본업에만 충실하면 되는 시대가 아니라 경제적 자유를 위해 여러 가지 일을 하며 부가적인 수입을 얻는 시대가 됐다. 한 사람이 한 가지 일만 하는 게 아니라 여러 가지 직업을 동시에 가지면서 퇴근 후에 또 다른 일을 한다.

  많은 사람들이 장소에 구애받지 않고 돈을 자유롭게 벌 수 있다고 알고 있는 '디지털 노마드'를 가정경제 재무장관 식으로 해보고 있다. 이제는 워킹맘이나 전업맘들 사이에서 집에서 쉽게 할 수 있는 부업이 대세가 됐다. 수입을 조금이라도 늘리고 싶은 분에게 추천하는 나만의 부수입, 돈 벌기 팁을 공개한다.

에코머니 가입

에코마일리지란, 전기와 가스 등의 사용량을 6개월 평균 5%가량 줄이면 사용 가능한 마일리지로 돌려주는 제도다. 에코마일리지 사이트에서 회원가입을 하고 전기와 도시가스 고객번호 등을 입력한다. 나의 사용량을 자동으로 조회해서 6개월 동안 평소보다 5% 에너지를 절약하면 자동으로 나의 에너지 절약정도를 평가해서 마일리지를 받을 수 있다. 에너지 사용도 줄이고, 공과금 지출도 줄이고, 수입도 생기는 일석삼조의 효과를 볼 수 있다. 2013년에 가입해서 이번까지 총 네 번의 에코 마일리지를 받았다. 교통카드로 충전하거나 문화상품권으로 받을 수 있으며 현금으로 받을 수도 있다.

에너지 절약이 곧 돈이다. 공과금 중에서 전기와 가스 요금을 조금씩만 줄여도 돈이 들어온다. 혹시 TV가 없는데도 전기 요금과 함께 자동으로 청구되는 월 2,500원의 TV 수신료를 내고 있다면, 한전에 전화해서(☎고객센터 123) 해지할 수 있다. 멀티탭을 사용해서 안 쓰는 전기를 차단하는 건 기본이다. 에어컨은 혼자 있을 때는 가급적 사용하지 않고 온 가족이 있을 때, 26도에서 28도로만 가동한다는 원칙을 만들고 지키는 거만으로도 새는 돈을 막을 수

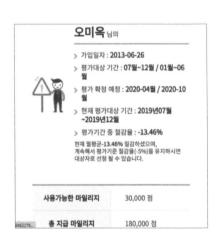

오미옥 님의

> 가입일자 : 2013-06-26
> 평가대상 기간 : 07월~12월 / 01월~06월
> 평가 확정 예정 : 2020-04월 / 2020-10월
> 현재 평가대상 기간 : 2019년07월 ~2019년12월
> 평가기간 중 절감율 : -13.46%

현재 월평균-13.46% 절감하셨으며, 계속해서 평가기준 절감율(-5%)을 유지하시면 대상자로 선정 될 수 있습니다.

사용가능한 마일리지	30,000 점
총 지급 마일리지	180,000 점

있다. 겨울에도 반팔, 반바지 차림으로 지내면서 난방비 낭비하지 말고 내복과 수면양말을 필수로 장착해서 신체온도를 2도씩만 올려도 난방비를 절약할 수 있다.

네이버 영수증 리뷰

뭐든 사면 영수증을 받아 내가 산 거와 금액이 잘 맞게 계산되었는지 확인한다. 그리고 그 영수증을 버리지 않고 휴대폰 카메라로 찍는다. 그리고 네이버 영수증 리뷰를 해서 포인트를 받는다. 네이버 영수증 리뷰는 네이버 모바일에서만 가능하다. 방법은 간단하다. 모바일에서 네이버 앱을 열고 검색창에 '네이버 영수증 리뷰'를 검색하면 상단에 '네이버 MY플레이스'가 뜬다. 그걸 누르면 '영수증 인증' 버튼이 나온다. 눌러서 영수증 인증을 진행하면 된다. 미리 찍어둔 영수증 사진을 사용해도 되고 바로 스캔을 해도 된다.

처음 방문한 곳에서 결제한 영수증은 50원, 매번 방문하는 곳의 영수증은 1건당 10원씩이 적립된다. 첫 네이버 영수증 리뷰 적립을 하면 500원을 준다. 하루에도 한 개 이상의 물건을 소비하고 사는 우리가 벌 수 있는 가장 적은 단위의 부수입 활동이다. 영수증 한 장에 10원에서 50원을 버는 셈이다. 쌓인 적립금은 네이버페이로 사용할 수 있는데, 네이버 사이트나 스마트스토어에서 물건을 구매할 때 유용하다.

오케이캐쉬백 적립

사무실에서 일하다 보면 믹스커피를 많이 주문해서 먹게 된다. 대한민국 어느 사무실에서든 맥심커피를 마시지 않는가. 맥심커피를 사면 상자 앞에 출입구가 있다. 그걸 뜯어내면 쿠폰번호가 적혀 있는 걸 확인할 수 있는데 그게 바로 OK캐쉬백 적립을 위한 포인트다. 포인트는 곧 돈이다.

1) 휴대폰에 'OK캐쉬백' 앱을 설치한다.
2) 매일 출석체크 해서 3포인트를 적립한다.
3) 커피를 한 박스씩 살 때마다 쿠폰번호를 적립한다.

출입구 종이 뒤에 적힌 쿠폰번호를 입력하고 적립을 누르면 황금 동전이 돌아가면서 적립완료가 뜬다. 1개의 쿠폰당 100원이며 세금을 떼고 90원이 쌓인다. 500원 모으려고 별짓 다한다고 생각하는 사람들도 있을 거다. 그럴 때마다 드는 생각, '땅 한번 파봐라! 10원 한 장 나오나!' 진정한 짠테크 달인으로 살아온 어르신들의 명언이다. 그분들의 말씀을 가슴에 새긴 나의 짠테크 모토는 바로 '푼돈이 목돈 된다'이다. 쿠폰 한 장에 90원씩 모아서 천 원이 되면 문화상품권으로 교환할 수 있다. 인터넷 서

점에서 책을 살 때 사용하면 그 기분이 얼마나 좋은지 모른다. 아는 사람만 아는 내 돈 얼마 안 들이고 새 책 사는 기쁨은 그렇게 푼돈을 소중하게 대하는 마음에서 시작된다.

내가 잠자는 사이에 돈을 벌어주는 네이버 애드포스트 (adpost.naver.com)

만 19세 이상의 블로그를 하는 사람이라면 누구나 애드포스트 가입이 가능하다. 단, 처음에 바로 승인되지 않을 수도 있다. 꾸준히 블로그에 글을 쓰면서 한 달 후에 다시 신청하면 된다. 네이버 애드포스트 시스템은 쿠팡, 유튜브 등 수익화가 가능한 플랫폼들과의 경쟁을 위해 탄생했다. 매일 하나의 글을 쓰면 내 게시글에 여러 개의 광고가 달린다. 그 광고를 보고 클릭을 해서 구매하거나 홈페이지에 방문하면 나에게 수익이 생기는 구조다. 전월 말일을 기준으로 잔여수입이 5만 원 이상 적립됐을 경우 수입지급 대상자가 되어 현금으로 계좌이체 해준다. 단 연간 12만 원 이상의 지원금을 받을 경우 세금 원천징수 및 부가세를 제하고 입금된다.

내가 본격적으로 네이버 블로그를 시작한 건 2018년 가을이었다. 첫아이를 낳고 아이가 성장하는

기간	금액	월	지급액 (원)
2019.04.	7,571		
2019.05.	7,229	2020.01.	40,213
2019.06.	7,177	2020.02.	25,070
2019.07.	14,671	2020.03.	35,012
2019.08.	23,940	2020.04.	-
2019.09.	151,451	2020.05.	-
2019.10.	54,186	2020.06.	53,677
2019.11.	83,659		
2019.12.	31,286		

모습을 사진으로 찍어서 올리고 몇 줄 올리던 때와는 다르게 매일 가계부를 쓰고 절약하며 집밥 하는 이야기를 한두 개씩 올렸다. 그렇게 3개월을 하니 습관이 됐고 글이 쌓이기 시작했다. 그렇게 2019년에는 381,170원을 2020년에는 153,972원을 벌었다.

정보성 글과 상업적인 포스팅을 꾸준히 올리면 그만큼 더 수익을 낼 수 있다. '내 글을 누가 읽겠어?'라고 생각하지 말고 그냥 일상 이야기일지라도 꾸준히 주제를 가지고 블로그를 시작해보자. 열정보다 더 강력한 게 꾸준함이다. 꾸준함이 곧 돈이 되는 세상이다.

설문조사와 패널조사

서베이링크(surveylink.co.kr)

모바일과 PC를 통해 진행되는 설문조사로 최소 50원부터 조사 의뢰처의 성격과 질문응답에 따라 가격이 책정된다. 요즘은 영화시사회도 하는 것 같아 영화 관람이 취미이신 분들에게 추천한다. 최소 5천 원부터 현금 전환이 가능하다.

엠브레인 패널파워(panel.co.kr)

PC 설문조사와 패널조사를 하고 돈을 버는 방식이다. 패널조사란 조사대상을 고정시키고 동일한 조사대상에 대하여 동일질문을 반복 실시하여 조사하는 방법으로, 정해진 날에 집결장소에 가서 자신의 의견을 주고 회사의 마케팅에 일정 부분 도움을 주는 거다. 예를 들어, 피자나 음료의 맛 테스트 패널로 선정되면 정해진 장소에 가서 조사에 응하면 된다. 최소 5천 원부터 할애되는 시간에 따라 금액 차이가 발생한다. 나는 드라이 샴푸 제품의 패널 조사에 참여한 적이 있다. 그 상품에 대한 안내를 받고 소비자로서 어떤 느낌이나 생각이 드는지 한두 시간 정도 솔직하게 이야기하면 된다.

현금 전환은 최소 1만 원부터 가능하고 상품권 신청은 3천 원과 5천 원 단위로 온라인과 모바일 문화상품권으로 전환이 가능하다. 엠브레인 패널파워는 평일에 패널조사가 가능한 분에게 추천한다. 아이들이 어린이집에 있는 동안 시간 활용이 가능한 전업주부, 아직 아이가 없는 신혼 초 외벌이 가정, 마케팅 관련 공부를 하는 사람이라면 좋은 경험이 될 거다.

**책 읽고 서평까지,
일거양득**

나는 책 사는 돈도 아까워 주로 도서관에서 책을 빌려 읽던 사람이었다. 그런데 내 책이 아니라 메모를 할 수도 없고 두세 번은 더 보고 싶은데 빌려 읽은 책은 그럴 수 없으니 아쉬움이 크게 남았다. 그 아쉬운 마음을 달래려 서평단 활동을 시작했다. 네이버 검색창이나 카페 앱에 '서평단 모집'을 검색해보면 출판사에서 모집하는 서평단 신청 정보가 나온다. 마음에 드는 책이 있으면 일단 신청하고 결과를 기다리면 된다.

나는 운이 좋게도 독자 에디터로 선발되어 1년 동안 신간 도서를 가장 먼저 읽을 수 있었다. 블로그에 서평을 꾸준히 올렸더니 그다음부터는 이메일을 통해 서평에 참여해줄 수 있는지 문의가 들어왔다. 그때부터 내가 읽고 싶은 책에 마음껏 메모하면서 읽고 블로그에 서평을 쓰면서 꾸준히 기록을 남기고 있다. 매달 적게는 두 권부터 많게는 내가 원하는 만큼 책을 받아서 주어진 기간(보통 2주) 안에 블로그와 인터넷 서점에 후기를 남긴다. 단순히 책을 받을 수 있어서 좋다는 걸 넘어서 서평을 의무적으로 남기게 되면서 지식도 쌓고 글쓰기 훈련도 할 수 있어 일거양득이다.

체험단으로 누리는 공짜세상

블로그에 나의 절약 일상 기록이 쌓이면서 기회가 열렸다. 이웃 수가 늘어나고 방문자 수와 조회 수가 500을 넘어서자 하루에도 몇 통씩 메일이 날아들었다. 식당, 베이커리, 카페에 방문해서 체험 리뷰를 써달라는 제안부터 미용실에서 헤어스타일을 바꾸고 후기를 남기는 등의 일을 해줄 수 있겠냐는 제안이었다. 그때부터 종종 남편과 함께 데이트하듯 동네 맛집 체험단 활동을 했다. 분기에 한 번씩 펌도 공짜로 하고 있다. 화장품이 필요하면 전략적으로 화장품 체험단을 신청한다.

체험단 당첨 노하우

블로그 체험단으로 선정되기 위해서는 이웃 수와 방문자 수가 일정

정도를 넘어야 한다. 그 기준은 정확하지는 않지만 이웃수 1천 명과 조회수 1일 100회 이상일 때부터 참여할 수 있다. 내 경우는 1일 조회수 1천 명이 넘으면서부터는 꼭 필요한 책이나 미용실, 맛집 체험단 등을 선택해서 신청했다. 그 전에는 일단 어떤 체험단이든 가리지 않고 신청했었다. 당첨된 다음에는 경험을 쌓는다고 생각하고 성심껏 후기를 남겼다. 체험단 업체에서 제공하는 가이드라인에 따라, 해시태그와 노출을 위한 팁(사진 15장 이상, 영상 첨부 등)을 참고하여 자연스럽게 블로그 글쓰기 노하우도 쌓아갔다.

나만의 블로그 후기 글 쓰는 패턴을 만들어두면 좋다. 미용실 체험의 경우는 찾아가는 길, 가격표, 매장의 전체적인 분위기, 사용하는 제품, 헤어스타일링 전후 사진과 샴푸실과 같은 내부 시설의 상태, 기타 서비스와 전체적인 평 순서로 글을 쓴다. 나는 보통 미용실에서 잠깐 약품을 바르고 기다리는 동안 블로그에 올릴 글을 미리 작성해둔다.

그리고 스타일링이 끝난 후 애프터 사진을 찍고 네이버 예약 상품평 등록과 함께 미용실을 나서는 길에 체험단 후기 글을 바로 등록한다. 신속 정확하게 후기를 남기는 건 업체와의 신뢰를 쌓는 가장 좋은 방법이다. 이렇게 하고 나면 한 번 체험단 활동을 했던 곳에서 또 의뢰가 들어온다.

그리고 여기저기 체험단 사이트를 돌아다니면서 찔러보느라 시간낭비 하기보다는 한 곳에서 경쟁이 낮은 제품(다이어트 관련, 의료보조제 등)의 체험단으로 먼저 시작해서 업체와 신뢰를 쌓는 연습을 하자. 어느 정도 체험단 활동에 익숙해진 다음에는 꼭 필요한 체험단 활동이나 절약을 하는 데 도움이 될 만한 체험단을 골라 신청해보자. 나는 주로 내가 살고 있는 지역을 중심으로 근거리에서 체험할 수 있는 미용실이나 음식점, 카페 후기 체험단에 신청하는 편이다.

가정경제 재무정관의 TIP

 체험단 정보

리뷰통 : reviewtong.co.kr

체험단 닷컴 : chehumdan.com

놀러와 체험단 : cometoplay.kr

미니멀라이프와 중고판매로 물건은 비우고 통장은 채우고!

2019년 3월 처음 당근마켓 앱을 설치하고 판매 목표금액으로 3만 원을 잡았다. 집에 있는 것 중에 팔 수 있는 게 뭘까 고민하기 시작했다. 아이들에게 더는 필요 없는 물건이나 생필품 중에서 잘 사용하지 않는 게 뭘지 이것저것 고민하며 팔 물건을 골랐다.

그렇게 당근마켓 판매자로서 나의 첫 판매 품목은 큰 딸아이의 발레복과 세 아이 키우면서 요긴하게 썼던 기저귀 가방, 그리고 반찬통과 블루투스 스피커였다. 딸아이의 발레복을 야심차게 올렸는데 통 연락이 없었다. 판매 품목 중에서 가장 먼저, 가장 높은 가격으로 팔리지 않

을까 내심 기대했는데 마음처럼 쉽지 않았다. 역시 돈이 오고가는 판매
인지라 내 기대와는 달랐다.

첫 판매 물품은 블루투스 스피커

안 쓰는 블루투스 스피커를 배송비 포함 7천 원에 내놓았는데 구매
자께서 우리 집 근처로 와주어 2천 원이나 빼드려서 팔았다. 당근마켓에
판매 글을 올리고 약 이틀 만에 마수걸이에 성공했다. 그 5천 원은 단순
히 그냥 천 원 다섯 장이 아니었다. 나의 하루 살기 금액과 같은 돈이 안
쓰는 물건을 처분하고 나서 손에 쥐어지니 그 재미가 아주 쏠쏠했다.

그 5천 원을 위해 며칠을 기다린 끝에 가까스로 구매자를 만나서야
손에 쥘 수 있었다. 세상에 그냥 얻어지는 건 없다. 시간과 정성을 쏟아
야 내 것이 된다. 당근마켓 목표 달성 금액 3만 원을 위하여 남은 물품
도 잘 팔리기를 바라는 마음뿐이다. 당근마켓 앱을 설치한 이후로 시간
이 나면 수시로 들여다본다. 이것도 견물생심이다. 팔러 들어가서는 자
꾸 옷이랑 화장품만 검색하게 된다.

"그만 봐~ 그러다가 절약하던 거 다 무너지겠네!"

"복귀할 때 화장은 해야 할 거 아니야~ 화장도 하지 말고 출근해?"

"아직 한 달이나 남았잖아. 그때 가서 사도 되지 뭐!"

'띠잉~'

맞다. 한 달이나 남았는데 복귀를 준비한다는 핑계로 돈 쓸 궁리만
하고 있었다. 모름지기 무지출에는 돈 쓸 시간 없이 바빠야 하거늘 당

근마켓을 통해서 비움과 동시에 또 무언가를 채우려고 하는 나를 발견한다. 경계해야 한다. 그래서 당근마켓을 판매용으로만 쓰기로 하고 휴대폰 화면에서 눈에 잘 띄지 않는 곳으로 옮겨버렸다.

당근마켓에서 두 번째로 판매한 품목은 전자레인지에서도 사용 가능한 반찬통이었다. 반찬통 두 개를 팔아서 1만 원을 벌었다. 그대로 푼돈 적금에 입금하고 나니 그렇게 뿌듯할 수가 없었다. 내 물건을 사간 분들에게 더 좋은 일이 생기기를, 1만 원의 돈이 무럭무럭 불어나기를 기도했다.

가장 큰 금액으로 팔린 건 당연히 큰아이의 발레 치마 두 벌과 타이즈, 발레슈즈였다. 1만5천 원에 내놓았는데 에누리를 요구해서 2천 원 깎아주었다. 첫 당근마켓 거래로 총 2만3천 원의 수익을 거뒀다. 계속해서 막내 육아용품 중에서도 정리할 게 뭐 없나 찾아보았다.

돌이 지난 막내가 썼던 젖병과 젖병 건조대와 집게까지 해서 총 8천 원에 팔았다. 직거래를 원칙으로 하지만 판매하는 품목이 젖병인지라 분유수유를 하는 엄마들이 몸조리 기간이기도 해서 제빨리 택배로 보내주었다. 내가 조금 수고스럽더라도 받는 사람이 편한 방법을 택하는 것도 당근마켓에서 빨리 팔 수 있는 비법이다. 처음에 목표를 했던 3만 원에서 1천 원을 넘겼다. 목표 초과 달성. 또 찬장을 열고 뭐 팔 게 없나 수시로 들여다보게 된다.

중고판매이긴 하지만 직접 판매자가 돼 보니 '수요와 공급'의 원칙을 몸소 느낄 수 있었다. 내가 내놓은 물건을 찾는 사람, 필요로 하는 사람이 얼마나 있느냐에 따라 가격을 조정해야 했고 때로는 사겠다는 사람이 나타날 때까지 기다릴 줄도 알아야 했다. 나의 절약과 가계부에 이렇게 중요한 경제원리가 작용하고 있다는 거에 새삼 놀랐다. '경제 공부, 돈 공부 어렵지 않구나! 당근마켓 하나로도 배울 수 있구나!'라고 생각했다.

끝내 기저귀 가방은 팔리지 않아 중고물품 판매 매장에 기부했다. 가계부 절약과 미니멀 라이프는 환상의 짝꿍과 같다. 나에게 필요 없는 물건을 판매하면 돈이 된다. 집에 그냥 계속 두었다면 먼지 쌓인 고물이었을 테지만 필요한 누군가에게 전달되면 보물이 된다. 중고거래 플랫폼을 통해 소비자가 아닌 판매자로서의 삶도 살아볼 수 있는 값진 시간이었다.

강연의 이벤트 시간에 열심히 손을 들자

강연 또는 이벤트 행사에 가서 오늘 강의가 어떻고 강사는 어떻다는 식으로 비평하고 관람하기만 하는 주변인이 되지 말고 플레이어가 되기로 했다. 나는 어딜 가서든 초롱초롱하게 눈을 뜨고 집중해서 강의를 듣다가 중간에 열리는 퀴즈 이벤트에 열심히 손을 든다. 자연스럽게 내 손에는 여러 가지 선물들이 들린다.

저자의 출간기념회나 블로그 이웃 만남 같은 행사에 가면 질문의 답을 맞히거나 대답을 잘하면 스타벅스 기프트카드 등과 같은 소소한 선물을 준다. 《돈 공부는 처음이라》 책의 저자 강연회에서는 2달러 지폐를 4장이나 받아왔다. 행운의 지폐인 2달러가 든 봉투를 받고 나니 구름 위를 나는 기분이었다. 《1일 1짠 돈 습관》의 출간 기념으로 '짠돌이 짠순이 생활기'를 댓글로 남기는 이벤트에 응모해서 트러플 소금을 받았다. 집에 맛소금이 뚝 떨어졌던 때였는데 정말 신기했다. 우주의 선물은 간절히 원하면 딱! 나에게로 온다. 그럴 때는 정말 감사하다는 말이 절로 나온다.

근로장려금 받고 저축까지, 행복한 부자 되기!

"근로장려금하고 자녀장려금이 꽤 많이 들어왔어!"

추석을 이틀 앞두고 남편이 신난 목소리로 연락을 해왔다. 나는 바로 국민은행에 가서 '국민행복적금'을 가입하라고 했다. 우리 부부처럼 근로장려금을 받은 분들이 계시다면 가입하기 좋은 적금상품을 소개하고 싶다.

KB국민행복적금과 신한새희망적금

2016년에 둘째를 낳고 받은 근로장려금 통지서로 만든 적금이다.

KB국민행복적금은 1년 만기 상품으로 2023년 7월 기준, 월 1만 원 이상 30만 원 이하 단위로 매달 정해진 액수를 적립하는 정액적립식으로 가입하면 연 5.75%(기본 이율 3.75%, 우대이율 2%)의 이자를 받는다.

또는 1천 원 이상 월 30만 원까지 자유롭게 저축하는(적립금액 변동 가능) 자유적립식으로 저축하면 세전 연 4.75%(기본 이율 3.75%, 우대이율 1%)의 이자를 받을 수 있다. 본인의 상황과 성향에 따라 정액적립식과 자유적립식 중 선택하면 된다.

신한새희망적금은 3년 만기에 월 1천 원 이상 월 20만 원까지 내면 2023년 7월 기준, 세전 이자 4.0%이고, 여기에 자동이체 설정을 하면 1.5%의 이자를 추가로 준다. 2019년에 받은 근로장려금 결정통지문을 가지고 나는 이렇게 두 곳의 은행에 적금을 들었다.

가입할 수 있는 사람이 제한돼 있다

일단 근로장려금이 무엇인지, 어떤 분들이 받을 수 있는지 알아야 한다. 우선 근로장려금을 받으려면 세 가지 가구 유형 중 하나에 해당되어야 한다. 우선 단독가구는 배우자와 부양자녀, 70세 이상 직계존속 중 아무도 함께 살지 않는 혼자 사는 가구여야 한다. 홑벌이가구는 총급여액 등이 300만 원 미만인 배우자와 함께 사는 가구이거나 연 소득금액이 100만 원 이하인 70세 이상 직계존속 또는 18세 미만 부양자녀와 함께 사는 가구가 해당된다. 맞벌이가구는 각 배우자의 총 급여액 등이 3백만 원 이상인 가구가 해당된다.

소득기준으로는 보자면 총 소득금액이 단독가구는 2천만 원 미만, 홑벌이가구는 3천만 원 미만, 맞벌이가구는 3천6백만 원 미만이어야 한다. 자녀 양육을 지원하는 자녀장려금은 부부의 합산 총 소득금액이

4천만 원 미만이고 18세 미만의 부양자녀가 있는 경우 지급받을 수 있다. 재산기준으로는 가구원 재산(토지, 건물, 자동차, 예금, 전세보증금 포함) 합계가 2억 원 미만이어야 한다. 매년 5월 국세청에 신청해서 그해 9월에 수령한다. 혹시라도 신청기한을 넘겼을 경우 수령액의 10%를 차감하고 받을 수 있다. 그렇게 근로장려금과 자녀장려금을 수령한 분들만 위 상품을 가입할 수 있는 자격이 주어진다.

근로장려금 수급사실 증명서 발급하기

국민행복적금, 신한새희망적금을 가입하기 위해서는 홈택스 또는 무인민원발급기에서 '근로장려금 결정통지서'를 한 통 떼야 한다. 홈택스를 이용해 온라인에서 손쉽게 준비할 수 있다.

홈택스(hometax.go.kr) 홈페이지 로그인 → 민원증명 → 국세증명신청 → 근로(자녀)장려금 수급사실 신청하기 순으로 클릭해서 기본 인적사항을 기재한 다음에 신청내용 중 과세기간을 '2019년~2019년'으로 설정한다. 사용용도는 '금융기관제출'을 선택하고 제출처는 '금융기관'을 선택한 다음 수령방법을 선택한 후 인터넷 발급을 신청하면 끝이다. 혹시라도 인터넷을 이용하기 어려운 분이라면 주거지에서 가까운 주민센터에 방문해서 무인발급기를 통해 발급받을 수 있다.

이렇게 발급받은 근로장려금 수급사실 증명서를 가지고 국민은행에 가서 '국민행복적금 가입하러 왔다'고만 말하면 된다. 국민은행뿐만 아니라 신한은행과 농협에서도 관련 상품을 판매한다. KB국민행복적금을 기준으로 내용을 다시 한번 살펴보면, 정액적립식과 자유적립식이 있다. 나는 매월 최대 50만 원까지 1년 동안 납입하는 정액적립식을 추천한다. 왜냐하면 이자가 1% 정도 더 높고 저축할 때는 모름지기 '선 저축 후 절약'이니만큼 최대한 이자가 높은 상품을 선택해서 1년 동안 최대한 많은 금액으로 열심히 돈을 모아보는 거다.

그리고 바로 통장에 이름을 붙여주도록 하자. 자신이 목표하는 바를 적어주면 좋은데, 나는 만기금액이 600만 원이라 이사 비용을 미리 모으는 용도로 쓰면 딱 좋겠다 싶어 "2020년 이사를 부탁해~♥"라고 이름 붙였다.

사실 2016년에 처음 이 상품을 가입할 때 주저하기도 했었다. 내 안에 '장려금 수급자라고 사람들이 뭐라고 하는 거 아니야?'라는 생각이 있었기 때문이다. 그러나 내가 주저하는 사이에 이율은 7%에서 조금 더 아래로 떨어졌었다.

시간이 갈수록 금리가 인하되는 만큼 이자도 떨어지고 있으니 혹시라도 그때의 나처럼 근로장려금이나 자녀장려금을 받은 게 부끄러워서 은행에 가기 꺼려지는 분들이 있다면, 부끄러워하지 마시길 바란다. 이미 은행원들이 잘 알고 있는 상품이라 10분도 안 걸린다. 그리고 은행원들도 "이율 좋은 상품 가입할 수 있어서 좋으시겠어요!"라며 덕담을 건넨다. 우리에게 혜택을 주기 위해 만들어진 상품인데 가입하지 못할 이유가 뭐란 말인가. 그리고 겪어봐서 알 테지만 대부분의 은행원들은 모르는 내용에 대해 친절하게 설명해준다. 그러니 마음 편히 은행에 다녀

오시라고 말하고 싶다.

　나의 생활이 더 나아지면 다른 사람들을 위해서 나누고 세금도 더 내면 된다. 그렇게 긍정적으로 생각하면 돈이 더 잘 모인다. 그리고 더 잘 모으고 싶어진다. 적금이 만기돼 돈을 돌려받을 때는 세금도 낸다. 내가 낸 세금이 누군가의 장려금으로 쓰일 거라는 마음으로 적금을 유지한다. 선순환이라고 생각한다. 이번엔 장려금을 받으면서 '이번이 마지막이겠구나! 앞으로도 아이들 키우면서 알뜰살뜰 아끼고 주변 사람들과 더 나누면서 살아야겠다'고 다짐했다. 그런 마음으로 행복한 부자가 되어간다고 믿는다.

Chapter 5

내 집 마련을
넘어
내 꿈 마련으로

01 꿈을 찾는 질문의 시작

2013년에 처음으로 우리 집 행복 미래도를 그릴 때의 꿈은 단 하나였다. '내 집 마련.' 그때는 그 목표가 가장 중요했다. 2018년에 꿈에 그리던 내 집을 마련했지만 지금까지도 종잣돈 모으기는 계속 되고 있다. '1년에 3천만 원 모으기'는 현재 진행 중이다. 하루 살기 금액으로 살면서 매일 가계부를 쓴다. 지금까지 해왔던 그대로 변함없이.

내 집을 마련하고 난 뒤에 다시 하얀 종이 한 장을 펼쳐 놓고 나와의 대화를 시작했었다. '내 집도 마련했고 돈도 충분히 있다면 무엇을 하고 싶지?'라고 스스로에게 질문했다. 어렴풋이 신혼여행 때 남편이 3년 후에 다시 오자고 했던 말이 떠올랐다. 그래, 여행이다. 그래서 결국 아이들 다 키우고 둘이서 오붓하게 다시 신혼여행지로 여행을 떠나겠다는 마음으로 한 달에 5만 원씩 적금을 들기 시작했다.

대학 때 가슴에 품었던 꿈이 떠올랐다. 아시아 국가를 여행하면서 한국어를 가르치는 봉사를 하며 살고 싶었다. 하지만 서른의 나는 결혼을 선택했고 아이들을 낳았다. 자연스럽게 나보다는 가족이 먼저였다. 우리 가족의 건강과 행복에 집중된 삶이었다.

예전에 기록했던 가계부에서 여유가 있었으면 좋겠다고 써놓은 부분을 발견했다. 우리 아이들이 크면서 뭔가를 하고 싶거나 사고 싶다고 했을 때 돈 때문에 지레 겁먹고 포기하는 삶이 아니라 해볼 수 있는 가능성을 줄 수 있는 정도의 '여유' 말이다. 그래서 돈이 필요할 때를 대비해 미리 준비해야 한다는 마음이 컸다. 어쩌면 그런 이유 때문에 내 집 마련에 그렇게 집중했는지도 모른다.

이제는 아이들이 학교에 입학하고 하나둘 크면 남편과 나 둘 중에 한 명은 일을 쉬어도 되는 월 고정수입을 만들고 싶다. 그게 준비되면 세계 여행도 떠나고 함께 더 넓은 세상을 보면서 더 큰 꿈을 꾸는 가족과 내가 되길 바란다. 그리고 노후에도 남편과 함께 여행하고 주변 지인들과 함께 지역에서 커뮤니티를 형성하면서 외롭지 않게 살고 싶다. 남편의 꿈인 전원주택에서 메밀 농사를 짓고 악기도 연주하며 행복한 부자가 되는 꿈을 꾼다.

내 꿈은 뭐였지?

청약으로 내 집을 마련한 2018년, 그때부터 가족의 꿈에 밀려 까맣게 잊고 지낸 나의 꿈을 다시금 적어가기 시작했다. 대학 때는 멋진 커리어우먼이 돼 내 삶을 당당하게 꾸려가고 싶었다. 무슨 일이든 다 잘 해낼 자신이 있었다. 그런 내가 시민사회 활동가가 되고 결혼과 임신, 그리고 출산을 겪으면서 안정적인 월급이 나오는 일을 찾아 지금의 직장에 다니기 시작했다. 사회복지사로 살면서 크고 작은 보람을 느꼈다. 그러나 '정말 내가 원하는 삶이 뭐지?' '내 꿈이 뭐였지?'란 생각이 꼬리를 물고 이어졌다.

하루 5천 원의 생활비로 살면서 한 달에 17만5천 원으로 살던 내가, 한 달에 꿈 지출로만 생활비보다 더 많은 22만2천 원을 썼다. 꿈을 위해 투자하기로 마음먹은 후로 평소보다 더 많은 지출을 했는데도 불구하고 큰 만족감이 들었다. 예전이었다면 아낀다고 만나고 싶은 사람, 가고 싶은 곳도 안 가고 방구석에만 있었을 거다. 경조사비에서 안 쓰고 남은 돈을 꿈 지출에 쓸 수 있어서 감사하다. 우리 집의 돈이 막혀 있지 않고 통하고 있다는 뜻일 테니까. 매달 책을 사서 읽고 강연을 들으며 나를 성장시키는 데 집중했다. 내 용돈은 없어도 되지만 꿈 지출은 멈출 수 없다. 밥을 안 먹고 살 수 없듯이 이제는 꿈 없이는 살기 힘들다.

내가 가장 즐거워하는 일이 뭐였지?

엄마들의 놀이터라는 곳에서 '경력 환승 플랫폼'이라는 주제로 강의를 들었다. 나처럼 엄마였던 사람들이 강사, 회사 대표, 작가로 변신해 자신의 이름으로 살아가게 된 과정을 이야기해주는 시간이었다. 그

곳에서 강의를 듣고 오는 날이면 설렘을 주체할 수 없어 심장이 벌렁거렸다. 그런 날에는 쉽게 잠들지 못하고 '내가 진짜 하고 싶은 게 뭐지?' '내가 진짜 좋아하는 게 뭐였더라?' '내가 뭘 잘하지?'라는 질문들을 종이 위에 토해냈다. 그곳에서 송수용 대표님의 특강을 들으면서 눈물을 쏟았다. 내 인생의 상처와 아픔, 결핍이 곧 내 인생의 사명이 된다고 격려해주셨기 때문이다.

첫날 강의에서 10분 동안 앞에 나가 나의 어린 시절의 결핍에 대해서 이야기했었다. 그날 이후로 블로그에 '나의 어린 시절'과 '돈에 관한 나의 경험'을 주로 기록했다. 이 책의 첫 장에서 이야기한 내용들도 대부분 그때 집중적으로 돌아본 생각들을 표현한 거다.

강의를 들으면서 계속 내가 지금까지 꾸준히 즐겁게 해왔던 게 무엇이었는지 찾으려고 했다. 그랬더니 어느 순간 한 가지 생각이 떠올랐다. 바로 '가계부'였다. 결혼과 동시에 얼마 안 되는 돈으로라도 잘 살아보겠다는 생각으로 8년 동안 가계부를 손에서 놓지 않았다. 중간에 금융복지상담사로 일하면서 누군가 겪고 있는 돈에 대한 어려움을 들어주고 함께 해결책을 찾아나갔던 과정에서 많이 성장했던 기억이 떠올랐다. 내가 어렸을 때 겪었던 가난 때문에 힘들었던 기억들이 누군가와 공감할 수 있는 뜨거운 연료가 되는 경험이었다.

머니잇수다 프로그램을 하면서도 가계부를 쓴 내 경험이 누군가에게는 큰 도움이 된다는 것만으로 새벽 1시에 일어나서 글을 쓰고 피드백을 주고받는 일이 전혀 힘들지 않았다. 오히려 졸린 눈을 비비면서도 또 어떤 걸 나눌 수 있을까 생각하며 하루를 사는 원동력이 돼주었다.

그러면서 차츰 내 경험과 인생을 담은 책을 쓰고 강의를 통해 누군가에게 필요한 사람이 되고 싶다는 꿈을 품었다. 대학 시절에 지녔던 꿈도 하나씩 준비하고 싶어졌다. 나는 내 나이 60살에는 해외봉사단원으로 다른 나라에 가서 한국어를 배우고 싶은 사람들에게 직접 한국어를 가르쳐주는 길잡이가 되고 싶다. 그와 동시에 다양한 나라의 사람들을 만나면서 세계를 여행하는 여행생활자가 되고 싶다. 죽는 날까지 계속해서 글을 쓰고 사진으로 기록하며 내 인생을 남기고 싶다.

'나는 매일 책을 읽고 실천하는 사람이다. 나는 책을 쓰고 내 경험을 사랑으로 나누는 사람이다. 나는 건강하고 행복한 사람이다. 나는 1년에 3천만 원을 모으고 내 집 마련에 성공한 경험을 통해 종잣돈을 모아 내 집 마련을 꿈꾸는 사람을 돕는 사람이다. 2023년부터 세계여행을 하는 경제적 여유를 가진 디지털 노마드의 삶을 산다. 내 모든 경험을 글로 쓰고 강의하며 내가 꿈꾸는 대로 살겠다'고 매일 꿈을 외친다.

꿈을 꾸는 데는 돈이 들지 않는다. 시간과 장소에 구애받지 않고 거기에다 공짜인데 못할 이유가 없다. 나는 많은 꿈을 꾸려고 한다. 그래서 욕심 많은 꿈쟁이가 되려고 한다. '꿈꾸는 가계부 머니잇수다'를 통해 꿈에 그리던 우리 가족의 집을 마련했다. 꿈꾸는 대로 이루어지는 삶, 그 무한한 가능성을 믿게 됐다. 그래서 나는 하루 5천 원으로 살지만 꿈은 늘 꾸고 있다. 그리고 누군가 꾸는 그 꿈도 소중하게 이루어질 수 있도록 돕고 있다.

02

나로 성장하고 싶어, 나에게 돈을 쓰기 시작했다

이걸 선택할까? 저걸 선택할까? 가계부 쓰기는 선택의 힘을 기르는 과정이다. A를 선택할지, B를 선택할지. 그중에서 나를 가장 행복하게 하는 걸 선택하는 연습을 한다.

결혼과 함께 극기에 가까운 절약을 해야만 했던 나는 자기계발에 돈을 쓸 수가 없었다. 배우고 싶은 열망은 철저하게 독서로 한정했다. 책도 사서 보지 않고 빌려서 봤다. 그렇게 2020년에 내 나이 마흔이 되면 내 집을 마련하겠다는 꿈을 이루었다. 그리고 그때부터 나의 꿈을 위한 지출에 더 가치를 두고 소비를 시작했다.

《엄마도 퇴근 좀 하겠습니다》의 저자 정경미의 로미책방 3p 바인더 강의가 첫 시작이었다. 회사 복귀를 앞두고 일과 양육을 함께 하기 위해서 24시간을 조금 더 알차게 관리하고 싶었다. 그 강의는 2019년 나

의 첫 꿈 지출이었던 만큼 이 강의를 선택하기 전에도 어김없이 머니수
다를 했다.

'3p 바인더 쓰는 방법을 꼭 돈을 주고 배워야 하나?'

'책으로 읽으면 되지 않겠어?'

'강의료에 3p 바인더와 여분의 속지가 포함됐네?'

'강의를 통해 내가 얻고자 하는 건 뭐지?'

'그녀가 로미책방을 어떻게 운영하고 강의는 어떻게 진행할지 궁금
하긴 하다.'

이렇게 나와 머니수다를 나누고 생각을 정리하면서 직접 가서 들어
보자는 결론을 내렸다. 강의를 다 듣고 나오면서 내게는 일단 3p 바인
더가 생겼고 나만의 가계부 양식을 만들어서 공유하려는 꿈이 더 커
졌다. 그렇게 꿈 지출을 해서 무엇이든 배우고 나면 내 삶에서 그 귀한
가르침들을 어떻게 적용하고 실천할 건지 항상 고민했다. 아끼고 절약
해서 모은 피 같은 내 돈으로 듣는 수업이니 다른 건 모르겠고 본전을
생각하지 않을 수 없었다. 그래서 내 인생에 직접적인 도움이 될 수 있
도록 한 번 듣고 흘려보내는 게 아니라 여러 번 곱씹어 고민하고 꼭 실
천했다.

**나를 위한 투자,
꿈 지출**　　　2019년 3월까지 나는 육아휴직 기간을 가졌
다. 남편의 급여와 아이 셋 아동수당, 막내의

가정 양육수당, 거기에 내 휴직급여까지 한 달에 약 350만 원의 수입으로 살았다. 그러다 4월부터 내가 업무에 복귀하고 나면서부터 수입도 늘고 저축도 늘고 지출도 함께 늘어났다.

물론 꿈 지출 비용도 늘었다. 하지만 6개월에 1천5백만 원을 모으겠다는 내 목표는 흔들리지 않았다. 2019년 1월부터 고정비 5만 원에서 시작된 나의 꿈 지출은 아직까지 계속되고 있다. 그동안 배움을 위한 투자에는 인색하게 살아왔다. 그랬더니 여태 참아왔던 배움에 대한 욕망의 물꼬가 터져서 꿈 지출이 확 늘어났다.

회당 수강료 5만 원의 일회성 강의부터 시작해서 평소에 궁금했던 사람을 만날 수 있는 모임에도 나갔다. 그해 6월에는 첫 내 집 마련으로 서울이 아닌 타 지역에서 다자녀 특공을 써버렸다는 아쉬움에 부랴부랴 청약 강의를 들었다. 송수용 대표님의 DID 강연 코칭과 치유 과정을 통해서는 남 앞에서 강의해보고 싶은 꿈에도 도전해보고 싶어졌다. 5주 동안의 과정을 거치고 'DID로 나를 성장시키는 시간'이라는 주제로 15분 동안 강연했다. 나의 첫 강연, 죽을 때까지 잊지 못할 거다.

김형환 교수님의 1인 기업가 과정을 들으면서 직장인으로서의 내가 아닌 경쟁력을 갖춘 개인으로서 독립하고 자립해야 함을 배웠다. 어느 한 집단에 소속되지 않더라도 N잡러 시대를 맞이해 SNS를 통해서만으로도 여러 가지 일들을 해낼 수 있다는 걸 알았다. 거기에 코로나-19 바이러스로 인해 언택트 시대를 맞이하면서 그 가능성은 무한한 연결로 모두에게 이어져 있다는 걸 깨달았다. 일련의 과정에서 나의 꿈을 위한 지출은 몇십만 원 대까지 늘어났다. 하지만 나는 나의 꿈을 선택했다. 꼭 배우고 싶고 하고 싶은 게 있으면 비상금에서 차입을 하는 식으로 배움을 멈추지 않았다. 더 나은 절약 생활을 위해 나에게 도움이 되는 기회들을 놓치고 싶지 않다.

직장인, 엄마, 그리고 나 사이에서

우리 집의 재무장관이기 이전에 나는 세 아이의 엄마다. 9시부터 6시까지는 직장인으로서 일터에서 일을 한다. 그런 나에게 2020년은 특별했다. 바로 첫째 아이가 초등학교에 입학하면서 진정한 학부모로서 첫발을 딛던 해였기 때문이다. 아이는 신이 났고 엄마인 나는 겁이 났다. 워킹맘들이 퇴사를 고민하는 최대 고비의 순간이라는 뉴스 기사를 보면서, 95%의 엄마들이 자녀의 초등학교 입학을 앞두고 퇴사를 고민하지만 75.1%가 "현재 다니는 일을 그만두지 않을 것이다"라고 응답한 거처럼 나 또한 내 일에 대한 열망을 내려놓지 못했다. 욕심 많은 나는 결국 직장인으로, 엄마로, '나'로, 1인 3역을 하며 살아갈 거다.

워킹맘의 시간 쓰는 법

하루 24시간을 삼등분하면 9시부터 6시까지 사무실에서 근무를 해야 한다. 나머지 8시간은 잠을 자고, 또 나머지 시간은 아이들과 함께하는 엄마로서의 삶을 산다. 시간을 쪼개고 붙여도 부족하니 자는 시간을 줄여야 했다. 당장 하루에 10분이라도 엄마로서 아내로서가 아닌 그냥 나 자신에게 집중할 수 있는 시간부터 확보하고 싶었다. 처음에는 5시에 기상해서 7시까지 통으로 두 시간을 확보하기 위해 노력했다.

그러던 중에 퍼스널 브랜딩 전문가인 조연심 대표의 강의를 듣게 된 날이었다. 나와 같은 엄마이자 직장인이었던 대표님은 '조연심'이라는 회사에 입사해서 스스로를 성장시킨 삶의 이야기를 들려줬다. 결과로 증명하기 위해 1년에 한 권의 책을 쓰는 프로젝트를 한다고 했다.

그날부터 나도 '나'라는 회사에 입사해서 내 경험을 담은 책을 쓰고 싶어졌다. 그리고 다음날 나의 새벽기상 시간은 4시로 앞당겨졌다. 평소보다 1시간 일찍 일어나 나의 어린 시절의 이야기부터 가계부를 쓰고 절약하는 지금의 나의 이야기, 내 집에서 살게 될 미래의 나의 이야기, 그리고 내가 진행하고 있는 머니잇수다 프로젝트에 대해서도 정리하게 됐다.

하루 24시간을 48시간처럼 꾸준히 살기 위해서는 쉼이 필요했다. 회사에 복귀한 2019년 4월부터 나는 나를 위한 선물로 혼자만의 시간 속에서 오로지 나를 위해 돈을 쓰기 시작했다. 가정경제를 책임지는 엄마로서의 부담감이 컸다.

하지만 이제는 안다. 충분하지 않은 예산이지만 정말 꼭 필요한 곳에, 나를 즐겁게 하는 것에 돈을 쓰면서 내가 나를 만족시키고 인정해 줘야 한다는 걸. 그래야 누구 때문에 무엇 때문에 절약하느라고 내가 하고 싶은 것도 못하고 먹고 싶은 것도 못 먹었다며 남을 탓하고 비난하지 않을 수 있다. 아끼고 절약하면서도 나를 사랑하고 인정하고 존중할 수 있다. 그건 그리 대단하고 큰 일이 아니다. 한 달에 한 번 나에게 작은 선물을 주는 거만으로도 충분하다.

나에게 어떤 선물을 하겠다는 목표가 생기니까 더 열심히 집밥을 해 먹게 되더라. 하루 이틀 더 아끼고 절약한 대가로 정정당당하게 나만의 시간 속에서 나를 위한 선물을 나 스스로에게 줄 때 나는 내가 대견하고 자랑스럽다. 나를 인정할 때 얻는 그 힘으로 또 하루를 절약할 수 있다.

일주일의 시간 동안 얼마나 많은 시간을 나를 위해 쓰고 있는지 한 번 되돌아보자. 그리고 아껴서 살려고 하는 이유는 무엇인지 생각해보자. 오늘은 그 절약의 목표를 가계부 속에서 떠올려 보자. 그 아낀 돈으로 나를 위해 어떤 선물을 하고 싶은지 상상하는 거만으로도 일주일을 정말 즐겁게 지낼 수 있으니까.

가계부를 쓴다고 해서 무조건 참고 돈을 안 쓰는 게 최선인 게 아니라 절약하는 과정에서 나에게 꼭 필요한 게 무엇이고 내가 정말 원하는 게 무엇인지를 알아가는 나를 위한 선물이라고 생각하면 좋다. 나에게 가계부를 쓰는 시간은 선물과 같다. 그렇게 조금씩 배우고 채워갔다. 조금씩 나를 위한 시간들이 쌓이다 보니 점점 그 시간을 늘려가고 싶었다. 조금씩 나로 살아가는 시간이 늘어나면서 내가 하고 싶은 일, 할 수 있는 일을 찾게 된 거다.

03 블로그에 나를 기록하다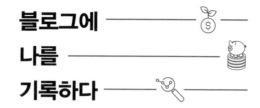

2013년에 첫아이를 낳고 나서 생각날 때마다 아이의 발달 상황을 정리해서 블로그에 올렸다. 아이가 옹알이를 하고 이유식을 혼자 숟가락으로 떠 먹는 소소하지만 행복한 일상을 기록하다가 걷고 뛰면서부터는 기록이 뜸해졌다. 그러다 2018년 9월 15일부터 하루에 한 개씩 블로그 글을 다시 포스팅하기 시작했다. 그리고 지금까지 꾸준히 블로그에 나의 머니잇수다 일상을 기록하고 있다.

내가 좋아하는 일, 잘 할 수 있는 일, 즐겁게 하고 싶은 일이 무엇인지 생각하고 종이 위에 적어 내려가는 시간을 좋아한다. 나는 혼자보다는 여럿이서 함께 이야기 나누고 무언가를 하는 일을 즐기는 사람이다. 내가 나의 이야기를 많이 하기 보다는 다른 사람의 말에 귀를 기울이는 걸 더 좋아하기도 한다. 친구들과 만나서 수다를 떨어도 "네 이야기 좀 해봐!"라는 말을 들을 정도로 리스너를 자청한다. 그렇게 남을 배려하고 남을 먼저 생각하는 내가 정작 나를 위해서는 어떤 일을 꾸준히 해왔는지 기억이 나질 않았다.

처음에는 나의 불안을 숨기기 위해서 가계부를 쓰기 시작했었다. 가계부를 써도 달라지는 게 없을 때 나도 귀찮아 그만 쓰고 싶은 순간들이 있었지만 가계부는 나에게 의미가 남달랐다. 아이를 출산하고 우울했던 마음을 가계부에 쏟아내면서 힘든 시간을 버텼다. 지금의 나를 있게 해준 가계부 쓰는 일이 나를 위해 내가 해준 첫 번째 선물이었다.

9년 동안 꾸준히 해오고 있는 가계부 쓰는 일은 내가 즐기면서 할 수 있는 거 중 가장 잘하는 일이라는 결론을 얻었다. 자신의 경험과 지식을 다른 사람에게 전하면서 수익을 창출할 수 있는 사람을 '메신저'라고 부른다. 그동안 내가 혼자서 가계부를 쓰면서 겪어온 과정들을 다듬어 블로그 상에서 가계부 절약 모임을 시작하게 됐다.

2019년 6월에 처음 시작한 머니잇수다 모임은 나에게 새로운 일상이 됐다. 밤 9시 30분에서 10시 사이에 아이들을 재우면서 같이 잠들었다가 다시 새벽 1시에 일어나 매주 참여자들에게 드릴 미션을 글과 사진으로 정리했다. 내가 원해서 한 새벽기상이었다. 그렇게 '머니잇수다 가계부 프로젝트'를 시작했다.

나의 머니잇수다 가계부를 쓰는 방법을 블로그에 올리자 '나도 가계부를 써보고 싶다' '용기 내서 써보겠다' '가계부 쓰기가 두렵고 무섭다'며 한두 분씩 반응을 보내주기 시작했었다. 하루 5천 원으로 세 아이와 남편과 행복하게 사는 이야기에 용기를 얻는다고 했다. 그 한마디에 이번에는 내가 힘을 내서 '함께' 가계부를 써보자고 독려하는 글을 올렸다. 혼자서 가계부를 쓰던 지난 7년의 시간과 달리 블로그 댓글로 보내주는 여러 이웃들의 응원에 신이 났다.

"블로그 글을 보고 저도 가계부 쓰기 시작했어요."

"저도 하루 살기 금액을 정해보려구요."

"가계부도 쓰고 집밥도 해 먹어 볼게요."

나의 일상을 보고 자신의 일상도 바꿔보겠다고 나서는 분들을 보면서 나 또한 다시 꿈을 꾸기 시작했다. 하나같이 내 글에 자극을 받아 가계부를 쓰게 됐다는 댓글들이 나를 또 움직이게 했다. 블로그라는 공간에서 이웃들에게 받은 응원의 힘을 돌려주고 싶었다. '혼자서만 가계부 쓰고 잘 살면 무슨 재미인가. 함께 쓰고 절약하자'는 나의 마음이 통한 거 같다. 그래서 난생 처음 가계부를 써보고 싶은 분, 혼자 쓰다가 멈추신 분, 가계부가 밀린 지 오래되신 분, 가계부를 왜 써야 하는지 잘 모르겠는 분 모두에게 머니잇수다 가계부를 추천한다. 누구나 함께, 쉽게 다시 쓸 수 있다.

내가 진짜 원하는 건 무엇인가?

가정경제 재무장관으로 사는 나는 돈과 대화하는 가계부, 머니잇수다를 통해 새는 돈을 잡고 종잣돈을 모아 꿈을 이루는 돈 관리의 성취감을 경험하도록 도우며 살고 있다. 돈 관리가 어려운 이들에게 실질적으로 도움을 줄 수 있는 내용을 담고자 노력했다. 출간의 꿈을 위해 새벽마다 일어나서 글을 쓰는 지금이 참 행복하다. 그런 내 사명을 위해 머니잇수다라는 프로젝트도 격월로 진행하고 있다. 직장인과 엄마, 그리고 나로 살아가면서 진짜 즐겁게 할 수 있는 일을 선택하며 살고 있다. 그 꿈을 위해서는 하루 24시간을 쪼개고 이어 붙여 나가는 거밖에는 방법이 없다. 어떤 선택이든 후회하지 않도록 즐거움으로 채우는 중이다.

04   왜 머니잇수다예요?

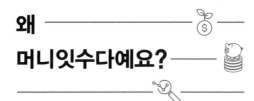

　　'잇수다'는 제주 방언으로 '가지고 있다'라는 뜻이다. 고로 '머니잇수다'는 '돈이 있다'는 뜻이다. 또 다른 의미로는 돈(머니)과의 대화(수다)를 잇는 가계부라는 의미다. 매일 매 순간 우리는 돈 앞에서 많은 선택과 결정을 한다. 그때마다 아무 생각 없이 돈을 쓸 사람이 얼마나 될까? 우리는 선택의 순간을 앞두고 필연적으로 스스로에게 많은 물음을 던진다.

　　그 많은 질문들 속에서 나는 매 순간 머니수다를 나눈다. 사람과 사람 사이에만 소통이 중요한 게 아니라 돈과 나 사이에도 대화가 필요하다. 친구와 부담 없이 수다를 떨듯이 진솔하게 툭툭 이야기를 나눠야 정말 내가 원하는 게 무엇인지 또 정말 필요한 건 무엇인지 찾을 수 있다.

　　함께 쓰는 가계부는 우리 가족들이 함께 머리를 맞대고 세운 공동의 목표를 향해 나아가는 과정이다. 그 순간순간 소통도 많아지면서 그동안 몰랐던 서로를 알아갈 수 있다. 머니잇수다는 그 일련의 과정을 8주에서 12주 동안 뜻을 같이 하는 동료들과 함께 우리 집의 재무 상태를 스스로 점검할 수 있도록 용기를 주는 프로그램이다. 결국 모든 답은 내 안에, 우리 가족 안에 있다. 그 속에 진솔한 '머니×수다'를 이어나갈 수 있도록 돕고 싶은 내 진심이 담겨 있다.

당신의 꿈을 응원합니다

나와 비슷한 30대~40대 결혼을 한 여성이 꿈꾸는 모습은 어딘가 닮았다. 가족들과 행복하게 살면서 그 안에서 자기 자신을 찾고 싶어 한다. 결국은 '행복'에 방점이 찍힌다. 그러나 정작 행복질 수 있는 방법에 대해 구체적으로 생각해보는 경우는 드물다. 평범하게 사는 게 최고라고 강요하는 세상의 기준에 맞춰 살았기 때문일 거다. 아니면 평범하게 사는 거조차 어려운 세상이 된 걸까.

그럼에도 불구하고 이루고 싶은 꿈을 이루고 가지고 싶은 걸 갖기 위해 나와 내 가족이 해야 할 일에 대해 구체적으로 생각한다. 많은 분들이 경제적 자유를 원하고 안정적으로 내 집을 갖기를 원한다. 나 또한 돈 걱정 없이 살 수 있도록, 가족들과 갈등 겪을 일이 없도록, 노년에 자녀들에게 짐이 되지 않도록 경제적 자유를 이루고 싶다. 그 꿈이 지금 우리가 절약을 해야 하는 가장 중요한 이유다. 노년에 돈 걱정 없이 살고 싶다. 정원이 딸린 집에서 나만의 공간에서 책을 읽고 텃밭을 일구며 평화롭게 살아가는 상상을 한다. 또 건강한 몸으로 열심히 여행도 다니며 살고 싶다. 나이 들어 아프기 전에 여행도 하고 캠핑도 하며 즐겁게 살고 싶다. 해외를 돌아다니며 여러 나라에서 한 달 살기를 해보고 싶기도 하고 신랑과 단둘만의 여행을 꿈꾸기도 한다.

난 그 꿈을 현실로 이루기 위해 구체적으로 기한을 정해 예산을 짜고 그에 맞는 적금을 가입하면서 조금씩 더 현실로 만들어가고 있다. 드림보드를 만들면서 꿈을 이미지화 하면 더 확실히 준비하게 된다. 머릿속 꿈이 한눈에 들어올 때 나는 살아갈 용기를 얻는다.

나는 가정경제 재무장관이다

한 남자의 아내, 아이들의 엄마이기 이전에 그냥 한 사람으로서 나 자신을 찾고 싶다. 매년 100권의 책을 읽고, 또 내 책을 쓰면서 내 경험을 다른 이에게 나누는 미래에 대해 생각한다. dream, 꿈이라는 단어가 주는 힘이다. dream이라는 단어는 '꿈'이라는 명사이면서, '꿈을 꾸다'라는 동사가 되기도 한다. 자연스럽게 내가 주체가 되어 꿈을 꾸고, 꿈을 만들어 가고 싶다. 그 꿈을 혼자가 아니라 가족이 '함께' 할 때 더 큰 힘을 낼 수 있다고 믿는다.

"돈은 충분하며 나를 통해 흐르고, 나와 가족 그리고 사회를 더 건강하고 행복하게 한다." 나의 확언대로 모든 이들에게 돈이 흐르고 함께 건강하고 행복한 삶을 살 수 있기를 바란다. "어떻게 하면 그럴 수 있는 데?"라고 묻는 사람들이 있다면, 이미 그 답은 우리 안에 있다. 지금까지 외면한 채 마주하기를 두려워했을 뿐이다. 이제는 혼자가 아니라 가족이 함께, 머니수다를 통해 앞으로 나아갔으면 좋겠다. 나는 가정경제 재무장관이다. 그러니까 "지금, 한번 해보겠어!"라고 선택하는 당신에게 답이 있다. 이 책을 읽는 모든 사람이 우리 집 재무장관이 되는 그날을 상상한다. 당당하게 "내가 우리 집 재무장관이다!"라고 외치는 모습을 그려본다.

마치는 글

마치는 글

'나도 한번 해보자!'
라는 마음으로

행복은 늘 자기 안에서 온다는 글귀를 좋아한다. 종종 생각한다. 우리는 행복에 대한 기대를 다른 이에게 두기 때문에 고통스럽게 사는 거 같다고. 지나온 삶을 돌아보았다. 가계부를 쓰면서 나의 일상을 돌아보는 게 습관이 된 나는 어느새 만족은 늘 자기 안에서 온다고 가계부에 자주 쓰고 있다. 요즘은 어떤 책이나 글을 읽어도 '나의 마음' '만족'이라는 틀로 해석하는 즐거움이 생겼다.

천천히 돌아보고 기억해본다. 가난했던 어린 시절에는 돈을 쓰는 거조차 미안한 일이었다. 그래서 돈을 쓰고 나면 무조건 후회가 먼저 찾아왔다. 돈을 쓰지 않으면 오히려 마음이 편안했다. 엄마에게 짐이 되기 싫었으니 돈을 쓰지 않는 날은 스스로 대견하다며 칭찬까지 하게 된 듯하다. 그렇게 나는 짠순이, 절약 DNA를 후천적으로 만들어갔다. 유

288

전적으로 날 때부터 그랬는지 아니면 아버지가 돌아가신 후에 후천적으로 얻은 생존본능인지는 잘 모르겠다. 무조건 돈을 쓰지 않아야 행복했다. 그래야만 했다.

그리고 나와는 조금 다른 결의 삶을 살던 남자를 만나 결혼했다. 무조건 돈을 쓰지 않아야 한다는 신념으로 살아온 나와는 다른, 문화적 향유를 즐기는 사람이었다. 《씨네 21》을 사서 읽고 CD 사서 음악을 들으면서 영혼을 풍요롭게 하는 사람이었다. 내 기준에서는 쓸데라고는 전혀 없는 만화책까지 사서 모으는 사람과 살게 된 거다. 당연히 충돌이 잦았다. 뭐지? 어쩌다 나는 이렇게도 딴따라 기질이 충만한 사람을 만난 걸까 싶었다. 지금까지도 이해되지 않는 그의 한마디, "만화책에서 지금까지 삶의 화두를 찾았어." 이 무슨 팥으로 메주를 쑤는 이야기인가.

영화 잡지와 음악 CD, 만화책까지, 어느 것 하나 그런 것들에 돈을 써본 적이 없던 나를 만나 세 아이를 낳고 키우면서 약 9년 동안 남편의 그 문화적 취미 생활은 멈췄다. 게다가 그는 고등학교 시절부터 자신과 마음이 맞는 친구들과 방방곡곡 여행을 다녔던 사람이다. 나도 여행을 통해 남편이 마음 심지가 단단한 사람으로 성장했다는 걸 잘 안다. 남편이 가졌을 성장통이 영화 잡지와 음악, 그리고 만화와 여행으로 잘 풀려서 지금의 나와 내 아이들에게 안정감과 평화로움을 선사하는 멋진 남자가 됐다는 걸 인정하기까지 9년이라는 세월이 걸렸다.

결혼하고 부딪힌 건 당연한 결과다. 무조건 돈을 안 쓰고 아껴야 마음이 편한 나와 돈을 쓸 때는 써야 한다는 자기 안에 기준이 확실한 사람이 만나 생겨난 당연한 결과. 결국 돈도 관계의 산물이다. 물건과 사람, 돈과 사람, 그리고 사람과 사람 사이의 관계에 돈은 팽팽하게 줄을 당기고 서 있는 모양새를 취한다. 다양한 선들에 얽히고설킨 나와 남편은 팽팽하게 맞서며 살았다.

결국 남편은 첫아이를 출산하고 1억을 모아 내 집을 마련하겠다는 나의 꿈에 자신을 맞췄다. 여행도, 영화도, 음악도, 만화책도 포기했다. 줄다리기에서 이긴 나는 그런데 어째 영 행복하지 않았다. 될 수 있으면 돈을 안 쓰면서 살면서 "돈이 없는 건 많이 못 벌어오는 당신 탓이야! 왜 매일 잘 안 쓰고 살아도 돈이 없는 건데!" 하면서 짜증을 부리고 날을 새우며 지냈다.

행복의 기준이 나와 내 가족이 아닌 친구들과 주변 사람들의 넓은 집과 좋은 차, 화려해 보이는 여행 사진과 맛스러워 보이는 음식들이었다. 그에 비해 현실의 나와 내 가족이 초라해 보이는 순간들이 힘들었다. 남의 기준에서는 무엇 하나 보잘 것 없어 보이는, 아니 정말 없는 삶을 살고 있는 거 같아 위축됐다. 내가 나를, 내가 우리 가족을 작고 초라하게 짓누르고 있었다.

참 신기하다. 때는 만들어지는 걸까 아니면 만나지는 걸까. 어느 날 내 인생의 멘토들을 만나게 됐고 함께 가계부를 쓰는 동기들 덕분에 나에게 '때'가 생겼다. 그날부터 본격적으로 그동안 외면해왔던 돈과 나, 그 질척한 관계를 들여다보았다. 돈과 내가 줄다리기를 하자면 나는 늘 패자였다. 늘 돈과의 싸움에서 돈은 쓰지 않을 때 행복한 거라고 스스로 항복하고 줄을 놓아버렸다. 아마 돈도 '이 녀석 정말 독하네!'라고 생각하지 않았을까?

돈도 결국 나라는 사람을 통해 살아 움직이는 생물이다. 그런데 자꾸만 나는 '돈, 너는 없어도 괜찮아'라는 식으로 일방적으로 끌려다니거나 지레짐작으로 꼬리를 내리며 거부했다. 그러다 그런 나를 내려놓기로 했다. 당당하게 돈과 매일 대화를 해나갔다.

그 과정에서 자연스레 이제는 돈과 연애하는 사이가 됐다. 무언가를 사야 할 때, "돈아, 진짜 필요한 걸 사야겠지? 아니면 그냥 사고 싶어서 사도 괜찮을까?" 하고 물어보면 돈은 늘 "나한테 말고 네 마음에게 물어봐. 나는 네가 나를 꼭 쓰든 말든 거기엔 관심 없어. 네가 나를 어떻게 다루는지가 더 중요하지"라고 답했다.

그러다가 무언가를 사고 나서 "돈아, 미안한데 이번에는 내가 이걸 괜히 샀나 싶기도 해. 사고 났는데 별로더라고. 사실 청소하다가 집에서 잊고 있었던 걸 찾아버렸거든. 미안하다 돈아. 괜히 너를 잃어버린 기분이야"라고 고백하면 "아니야. 괜찮아. 이번 일이 너에게 더 좋은 경험이 됐다면 그걸로 충분해. 다음에는 조금 더 생각해보고 또 찾아보고 나서 나를 쓰면 되겠네. 사실 나를 이렇게 소중하게 생각하는 네가 나는 참 좋거든. 그래서 네 옆에 찰싹 달라붙어 있고 싶어져"라고 돈도 나에게 고백을 해왔다.

"돈아, 오늘은 네 덕분에 정말 행복한 시간을 보냈어. 남편과 아이들을 회사와 어린이집에 보내고 내가 좋아하는 일을 준비하기 위해서 아침부터 오후까지 카페에서 좋아하는 커피와 빵을 마시면서 일에 집중할 수 있었거든. 그 시간이 정말 행복해서 이렇게 계속 살고 싶다는 생각까지 들 정도였어. 돈아, 이제 나도 네가 참 좋다. 내가 행복할 수 있도록 네가 열심히 일하는 거 같아서 고마워."

"어머나, 이제는 네가 정말 내 진가를 알아주는구나. 맞아. 나는 네가 정말 행복하기 위해서 존재하는 거야. 네가 나를 알아주니 나도 기쁘다. 이제는 우리 정말 친하게 평생 단짝으로 지내자."

행복은 늘 자기 안에서 온다. 만족은 늘 자기 안에 있다. 돈은 중심이 잘 잡혀 있는 사람과 함께 있고 싶어 한다. 이제 자신의 내면을 통해 돈과 허심탄회하게 이야기해보자. 내 이야기가 전해져 '나도 한번 해보고 싶다'는 마음이 생겼으면 참 좋겠다.

감사합니다

물에 세제를 풀고 비볐더니 땟물이 나왔다. 빛바랜 운동화가 물에 젖으니 원래의 진남색이 또렷하다. 양옆 로고는 낡고 떨어져 나가서 솔로 박박 문지르기도 무안하다. 내 손길은, 왼쪽 신발 밑창 엄지발가락 부분에 뚫린 구멍에서 멈췄다. "네 남편 정말 열심히 살았어." 운동화가 말해준다. 이제까지 남편 덕분에 가정경제 재무장관으로 잘 먹고 잘살 수 있었다. 남편은 늘 내 편이었고, 항상 함께였다. 지금 우리 가족이 행복하고 풍족한 삶을 살 수 있는 이유는 바로 당신입니다. 감사합니다. 사랑합니다.

세 아이 덕분에 나를 찾기 위해 더 열심히 살 수 있었다. 지원이, 지용이, 지우. 태어나줘서 고맙고 사랑한다.

우주가 있다면, 시댁과 친정 식구들을 나에게 선물로 보내주었다고 믿는다. 가족이 있기에 더 열심히 성장하려고 노력했다. 존재만으로 감사합니다. 사랑합니다.

흔들릴 때마다 나를 지탱해준 사람들이 있다. 머니잇수다, 세이브머니 챌린지 참여자들과 가계부 다이어트 동기들 그리고 블로그 이웃들이 없었다면 이 책을 출간하기 힘들었을 것이다. 모두 덕분에 매일 가계부와 글을 쓰는 습관을 유지할 수 있었다. 인연에 감사합니다. 사랑합니다.

재무장관을 넘어 나 자신을 찾을 수 있게 해준 사람들이 있다. 부족한 기억력으로 다 담지 못했다가 어느 한 분 서운하게 만들까 싶어 이름을 다 옮기지 못하지만, 책과 강연으로 그리고 만남과 연결로 나를 성장시킨 모든 멘토에게 감사의 인사를 전하고 싶다.

초고를 쓰고 해냈다는 즐거움에 기쁨이 넘쳤으나, 출간기획서 작성부터 투고 그리고 계약까지 고비가 많았다. 퇴고의 산을 넘는 일도 참 외롭고 무서웠다. 그 힘든 산행에 동행해준 황금부엉이 출판사 여러분들께도 감사드린다.

모든 분께 감사합니다. 사랑합니다.

가정경제 재무장관표 홈 재테크 체크리스트

당신의 통장에서 새고 있는 돈을 모조리 막아줄

가정경제 재무장관표 홈 재테크 체크리스트를

이 책을 구입한 독자께만 나눠드립니다!

엑셀 파일로도 제공해드리니 마음껏 출력하여 사용하세요!

★ 한눈에 보는 연간 비정기지출 체크리스트

★ 한눈에 보는 고정비 줄이기 체크리스트

★ 한눈에 보는 우리 집 재무상태표

★ 한눈에 보는 부채내역 정리표

★ 한눈에 보는 부채상환 계획표

★ 한눈에 보는 보험내역 정리표

★ 한눈에 보는 통장목록표

★ 한눈에 보는 연간 결산표

★ 한눈에 보는 우리 집 행복 미래 그리기 표

★ 앞으로 5년 우리 집 행복 미래 그리기 표

'가정경제 재무장관표 홈 재테크 체크리스트'는 저자가 직접 운영하는 네이버 블로그와 출판사 홈페이지에서 무료로 다운받을 수 있습니다.

■ **저자의 블로그에서 다운받기**

❶ 책을 구입하고 저자의 블로그(blog.naver.com/greenly555)에 접속합니다.

❷ 화면 우측 상단의 '메모'를 클릭합니다.

❸ 목록의 '가정경제 재무장관표 홈 재테크 체크리스트'를 클릭합니다.

❹ 페이지가 열리면 첨부파일 '가정경제 재무장관표 홈 재테크 체크리스트' 파일을 다운받습니다.

■ **출판사 홈페이지에서 다운 받기**

❶ 책을 구입하고 황금부엉이 홈페이지(cyber.co.kr)에 접속한 후 회원 가입을 합니다.

❷ 로그인을 한 후 화면 왼쪽에 있는 '부록CD'를 클릭합니다.

❸ '부록CD' 화면이 나타나면 검색창에 '365일 자동 절약 시스템'을 검색하여 클릭합니다.

❹ 페이지가 열리면 '자료 다운로드 바로가기'를 클릭합니다.

한눈에 보는 연간 비정기지출 체크리스트

매달 쓰지 않지만 한 번에 크게 나가는 돈을 꼼꼼히 관리하자!

\multicolumn{8}{c}{연간 비정기지출 체크리스트}							
구분	지출 사항	금액	비고	구분	지출 사항	연 지출 금액	비고
차량유지비					월별		
					1월		
					2월		
					3월		
					4월		
					5월		
병원비					6월		
					7월		
					8월		
					9월		
					10월		
의류/신발 (1, 4, 7, 10월)					11월		
					12월		
					기타		
				경조사	소계		
미용							
생활용품							
교육비							
세금							
연간 비정기지출 총계				\multicolumn{2}{c}{연간 경조사비 총계}		
연간 비정기지출/12개월				\multicolumn{2}{c}{월 경조사비}		

한눈에 보는 고정비 줄이기 체크리스트

안 쓰는 물건들을 정리해 전기세, 관리비를 대폭 줄여보자!

대분류	품목	개수	사용횟수	사용내용	만족도	처리계획(중고판매/지인 나눔/기증/폐기)
		고정비 줄이기 체크리스트				
분류		개수	사용횟수	사용내용	만족도	처리계획(중고판매/지인 나눔/기증/폐기)
거실 가전	TV					
	에어컨					
	공기청정기					
	오디오					
	제습기					
	전동소파					
	전동블라인드					
	안마의자					
주방 가전	냉장고					
	김치냉장고					
	전자레인지					
	오븐					
	인덕션					
	믹서기					
	커피머신					
	커피포트					
	커피머신					
	전기밥솥					
	식기세척기					
	정수기					
	제빵기					
	튀김기					
	요구르트 제조기					
	음식물쓰레기처리기					
	살균기-젖병소독기					
	에어프라이기					
	수제맥주 제조기					
디지털 기기	컴퓨터					
	노트북					
	프린터					
	핸드폰					
	카메라					
	게임기					
	mp3					
	태블릿					
	무선키보드					
기타 가전	건조기					
	스타일러					
	진공청소기					
	스팀청소기					
	로봇청소기					
	세탁기					
	제습기					
	가습기					
	비데					
	연수기					
	족욕기					
	찜질기					
	전기면도기					

한눈에 보는 우리 집 재무상태표

선 파악 후 절약! 가족과 함께 재무상태에 대해 대화해보고 향후 계획을 꼼꼼히 세워보자!

단위 : 원

자 산		부 채	
유동자산		내용	금액
내용	금액	신용카드	
수시입출금		마이너스통장	
예 · 적금		담보/약관대출	
주식펀드		사금 지인대출	
연금저축		회사대출/학자금대출	
기타		주택담보대출/전세자금대출	
		기타	
유동자산 소계			
고정자산			
내용	금액		
전세/월세 보증금			
자가 소유			
고정자산 소계		부채 합계	
자산 합계		순자산 합계(자산−부채)	

한눈에 보는 부채내역 정리표

부채 관리를 잘 하느냐 못 하느냐의 차이로 돈 관리가 좌우된다! 꾸준히 업데이트하며 정리해보자!

부채내역 정리									
연번	구분	대출 명의자	대출일자	사용용도 (부채발생 이유/원인)	대출금액	이자율	납부일	상환 만기일	상환방식
1	마이너스통장								
2	주택담보대출								
3	전세자금대출								
4	신용카드								
5	사금융								
6	보험약관대출								
7	지인대출								
8	회사대출								

한눈에 보는 부채상환 계획표

부채 상황을 파악했다면 꼼꼼히 계획해보자. 무리하지 않는 선에서 지속 가능한 상환 계획을 세울 수 있게끔 도와준다!

1.			상환계획 1		2.			상환계획 2	
	월 상환액 1					월 상환액 2			
회차	원금	이자	월 상환금	대출잔금	회차	원금	이자	월 상환금	대출잔금
1회					1회				
2회					2회				
3회					3회				
4회					4회				
5회					5회				
6회					6회				
7회					7회				
8회					8회				
9회					9회				
10회					10회				
11회					11회				
12회					12회				
13회					13회				
14회					14회				
15회					15회				
16회					16회				
17회					17회				

한눈에 보는 보험내역 정리표

한번 정리해두면 보험약관, 웹 사이트 일일이 뒤지지 않아도 되는 보험내역 정리표로 과다 가입을 방지해보자!

단위 : 원

가입자명	보험명	납부일	가입일	월 납부액
월 보험료				

한눈에 보는 통장목록표

여기저기 흩어져 있는 금융상품을 한 번에 관리하자!

단위 : 원

구분	은행명	계좌번호	계좌명/내용	통장유형	매달 적립금액	만기금액	만기일	비고
예금								
예금 합계								
정기적금								
저축 합계								
기타								
통장 쪼개기								
통장 쪼개기 합계								

한눈에 보는 연간 결산표

반드시 결산하고 넘어가야 12개월간의 절약이 빛을 발한다!

구분	항목	1월	2월	3월	4월	5월	6월	7월	8월	9월	10월	11월	12월	항목별 총계
수입	급여소득													
	기타-정기수입													
	기타-비정기수입													
	이자소득													
	배당소득													
	사업소득													
	연금소득													
	임대소득													
	기타소득													
소득 합계														
빚 갚기	소비성 대출 (신용카드/약관 대출)													
	대출이자													
대출상환 합계														
저축	정기저축													
	비정기저축													
저축 합계														
고정 지출	주거비 /공과금													
	용돈													
	보험료													
	후원													
	교제비													
	의료비													
	경조사													
	양육/교육비													
	교통비													
	꾸밈비(이미용)													
	문화생활/여가비													
	기타지출													
	꿈지출/자기계발													
	예비비													
고정지출 소계														
변동 지출	식비													
	외식비													
	생필품비													
변동지출 소계														
지출 합계														

한눈에 보는 우리 집 행복 미래 그리기 표

가족들과 우리 집의 꿈에 대해 이야기해보고 모든 걸 함께 공유할 수 있도록 표로 만들어 기록해두자!

우리 집 행복 미래 그리기 : 미래설계													
가족	연도	현재											
	남편												
	아내												
	자녀1												
	자녀2												
	자녀3												
세부 계획													
수입	수입 예측												
	예상 지출												
저축	저축 목표 (연간)												
	저축 누적금액												
	대출상환 목표												
	대출 잔액												
꿈목록	내집마련												
	가족 이벤트												
	노후준비												
	버킷리스트												
우리집 행복 미래 그리기													

(* 위의 표는 사회적기업 '에듀머니'의 금융복지상담사 과정을 수료하며 제공받은 원안을 저자가 수정 및 가공하였습니다.)

앞으로 5년 우리 집 행복 미래 그리기 표

장기계획 세우기가 어려우면 최소한 앞으로 5년의 계획만 세워 봐도 충분히 의미 있다!

	연도	현재	1년 후	2년 후	3년 후	4년 후	5년 후
가족	남편	세					
	아내	세					
	자녀1	세					
	자녀2	세					
	자녀3	세					
세부 계획							
수입	수입 예측						
	예상 지출						
저축	연간 저축 목표 금액						
	저축 누적 금액						
	대출상환 목표						
	대출 잔액						
꿈목록	내 집 마련						
	가족 이벤트						
	노후 준비						
	버킷리스트						
우리 집 행복 미래 그리기							

365일
자동 절약 시스템

2023년 10월 4일 개정판 1쇄 인쇄
2023년 10월 11일 개정판 1쇄 발행

지은이 | 오미옥
펴낸이 | 이종춘
펴낸곳 | ㈜첨단

주소 | 서울시 마포구 양화로 127 (서교동) 첨단빌딩 3층
전화 | 02-338-9151
팩스 | 02-338-9155
인터넷 홈페이지 | www.goldenowl.co.kr
출판등록 | 2000년 2월 15일 제 2000-000035호

전략마케팅 | 구본철, 차정욱, 오영일, 나진호, 강호묵
제작 | 김유석
경영지원 | 이금선, 최미숙

ISBN 978-89-6030-623-3 13320

BM 황금부엉이는 ㈜첨단의 단행본 출판 브랜드입니다.

황금부엉이에서 출간하고 싶은 원고가 있으신가요? 생각해보신 책의 제목(가제), 내용에 대한 소개, 간단한 자기소개, 연락처를 book@goldenowl.co.kr 메일로 보내주세요. 집필하신 원고가 있다면 원고의 일부 또는 전체를 함께 보내주시면 더욱 좋습니다. 책의 집필이 아닌 기획안을 제안해주셔도 좋습니다. 보내주신 분이 저 자신이라는 마음으로 정성을 다해 검토하겠습니다.